Effektivitäts- und Effizienzsicherung

Heinz Ahn

Effektivitäts- und Effizienzsicherung

Controlling-Konzept und Balanced Scorecard

PETER LANG
Frankfurt am Main · Berlin · Bern · Bruxelles · New York · Oxford · Wien

Bibliografische Information Der Deutschen Bibliothek
Die Deutsche Bibliothek verzeichnet diese Publikation in der Deutschen Nationalbibliografie; detaillierte bibliografische Daten sind im Internet über <http://dnb.ddb.de> abrufbar.

ISBN 3-631-51788-2

www.peterlang.de

Vorwort

Die vorliegende Arbeit entstand aus meiner Habilitationsschrift heraus, welche im Juli 2003 von der Fakultät für Wirtschaftswissenschaften der RWTH Aachen angenommen wurde. Dargelegt werden großenteils noch nicht veröffentlichte Ergebnisse und Berührungspunkte zweier parallel bearbeiteter Forschungsfelder.

Vor dem Hintergrund, dass das Controlling immer noch um Anerkennung als autonomes betriebswirtschaftliches Teilgebiet ringt, betrifft das erste Forschungsfeld die Frage nach dem Controlling-Kern. Ausgehend vom Verständnis des Controllings als ‚Sicherstellung der Rationalität der Führung' nach Weber/Schäffer wird eine eigenständige Controlling-Konzeption entwickelt. Konkretisiert wird diese Konzeption an Hand einer der Kernfunktionen rationalitätsorientierten Controllings: der Effektivitäts- und Effizienzsicherung.

Das zweite Forschungsfeld bezieht sich auf die Balanced Scorecard. Im Rahmen einer entscheidungstheoretisch motivierten Auseinandersetzung mit diesem strategischen Managementinstrument werden neben dessen Stärken insbesondere dessen Schwächen thematisiert. Detailliert erörtert wird dabei das Problem der hierarchischen Positionierung strategischer Ziele; seine vertiefte Betrachtung erfolgt am Beispiel von Umweltschutzzielen, welche auch die Praxisrelevanz der Thematik zu verdeutlichen vermögen.

Zwischen beiden Forschungsfeldern gibt es interessante Berührungspunkte, die für die vorliegende gebündelte Publikation sprechen. So ist die Balanced Scorecard-Methodik vor allem dienlich für das Aufzeigen von Anwendungsbeispielen der abgeleiteten Controlling-Konzeption. Diesbezüglich wird mit Blick auf die Effektivitäts- und Effizienzsicherung die dem Controlling obliegende Gewährleistung der Kongruenz zwischen der Zielhierarchie einer Balanced Scorecard und den strategisch relevanten Determinanten totaler Effektivität und Effizienz thematisiert.

Die vorliegende Arbeit hätte nicht ohne Förderung von dritter Seite entstehen können. Allen voran gebührt mein Dank meinem akademischen Lehrer, Herrn Professor Dr. Harald Dyckhoff, an dessen Lehrstuhl für Umweltökonomie und Industrielles Controlling der RWTH Aachen ich in der ersten Phase der Habilitationszeit tätig war; er hat durch seine engagierte Betreuung und die gewährten Freiheiten maßgeblich zum

Gelingen des Vorhabens beigetragen. In einer zweiten Phase wurde ich zudem unterstützt von der Deutschen Forschungsgemeinschaft, für deren Habilitationsstipendium ich mich ebenfalls herzlich bedanke.

Bedanken möchte ich mich ferner bei Herrn Professor Dr. Hans-Horst Schröder von der RWTH Aachen und bei Herrn Professor Dr. Jürgen Weber von der WHU Koblenz, die sich der Mühe unterzogen haben, meine Habilitationsschrift zu begutachten.

Nicht zuletzt gilt mein Dank meiner Familie. Sie hat mich nicht nur ideell und materiell unterstützt, sondern es auch verstanden, mir immer wieder den nötigen Abstand zur Thematik zu verschaffen.

Aachen, im August 2003 Heinz Ahn

Inhaltsverzeichnis

Teil B: Konkretisierung der rationalitätsorientierten Controlling-Konzeption

1 Einleitung

1.1 Einführung in die Thematik und Ableitung der Zielsetzung

Controlling auf der Suche nach seiner Identität – auch so hätte der Titel eines im März 2002 stattgefundenen Workshops „Status quo der Controllingforschung" etwas provokanter lauten können. Zu diesem Workshop hatte *Prof. Dr. Jürgen Weber* von der WHU Koblenz eingeladen, um die wissenschaftliche Diskussion über die Inhalte des Controllings aufzugreifen und durch neue Impulse zu beleben. Die Erwartung, einen überschaubaren Kreis von Controlling-Fachleuten zusammenführen zu können, wurde dabei weit übertroffen: Mit mehr als 80 Teilnehmern meist universitärer Herkunft waren weite Teile der wissenschaftlichen ‚Controlling-Community' vertreten.[1]

Die hohe Resonanz auf *Webers* Initiative ist Anhaltspunkt dafür, dass sich die Frage nach der Identität des Controllings als betriebswirtschaftliches Teilgebiet derzeit einer verstärkten Aufmerksamkeit erfreut. Dabei geht es weniger um das Für und Wider einzelner Controlling-Inhalte als vielmehr um die *Bestimmung der originären Problemstellung* des Faches an sich.

Dieser Aufgabe kommt vor allem aus akademischer Perspektive Bedeutung zu. Es gilt, Controlling möglichst überschneidungsfrei zu anderen betriebswirtschaftlichen Teilgebieten abzugrenzen. Dies ist grundlegende Voraussetzung dafür, dass Controlling eigenständige wissenschaftliche Leistungen erbringen und sich damit als spezielle Betriebswirtschaftslehre behaupten kann.[2] Hier sind erhebliche Defizite zu konstatieren, auf die unter anderem der Mangel an selbst entwickelten Controlling-Instrumenten zurückgeführt wird.[3]

Nicht nur aus diesem Grund ist die Thematik auch für die Praxis von Interesse. So sehen sich die Controller im Zuge der Globalisierungseffekte unversehens einem enormen Veränderungsdruck ausgesetzt.[4] Immer häufiger wird ein deutlicher Wandel

---

1 Es sei an dieser Stelle auf die Workshop-Beiträge verwiesen, die als Sammelband herausgegeben wurden; vgl. Weber/Hirsch (2002).

2 Vgl. Küpper (1988), S. 163f.

3 Vgl. Schneider (1991a), S. 771.

4 Vgl. dazu Weber/Schäffer (1999a), S. 30f.

ihres Selbstverständnisses angemahnt,[5] in Einzelfällen sogar schon – mehr oder weniger offen – ein düsteres Bild von ihrer Zukunft gemalt.[6] Um sich unter derart wandelnden Bedingungen behaupten zu können, werden Controller zukünftig verstärkt Wert auf eine theoretische Fundierung ihres Tätigkeitsfeldes seitens der Wissenschaft legen müssen. In diesem Rahmen eröffnet die aktuelle Aufbruchstimmung unter den Controllern die Chance, das Band zwischen Controlling-Forschung und -Praxis enger zu knüpfen.[7]

Die Klärung der Identität des Controllings fällt allerdings nicht leicht, ist Controlling doch kein genuines Konstrukt der Betriebswirtschaftslehre, sondern von der Praxis konzipiert und fortwährend den unternehmensspezifischen Erfordernissen angepasst worden. Demzufolge zeichnen sich die Controller-Aufgaben durch eine ausgesprochen große Heterogenität aus,[8] verbunden mit einer im Zeitverlauf feststellbaren Veränderung der Aufgabenschwerpunkte.[9] Es verwundert von daher kaum, dass sich das Controlling in der Praxis zu einem *schillernden Begriff* entwickelt hat.[10]

Dieses Phänomen fand – wenngleich mit zeitlichem Nachlauf – auch in der Theorie seinen Niederschlag. So beschäftigte sich die Betriebswirtschaftslehre noch zu Beginn der 1970er Jahre vergleichsweise spärlich mit dem Controlling.[11] Einhergehend mit der Publikation umfangreicherer Monographien[12] bahnte sich dann aber ein Veröffentlichungsboom an, der bis heute ungebrochen ist. Bezeichnend ist dabei, dass zunächst eine Reihe zum Teil recht unterschiedlicher Controlling-Ansätze parallel zueinander entwickelt wurde.

---

5 Vgl. z.B. Fischer (1996) und Eberenz (1999).

6 Vgl. Cescutti/Koch/Pfister/Egli (1998), S. 225f., sowie Weber (1999a), insbesondere S. 398, und (2001), insbesondere S. 169f.

7 Diese Aufbruchstimmung äußert sich nicht zuletzt darin, dass der Controller Verein e.V. als *das* zentrales Organ der in der Praxis wirkenden Controller im Jahre 2002 sein Controller-Leitbild überarbeitet hat; vgl. Controller Verein (2002). So wird den Controllern nunmehr explizit *Mitverantwortung* für die Erreichung gesetzter Ziele zugesprochen.

8 Zu einem entsprechenden Überblick vgl. Reichmann/Kleinschnittger (1987), S. 1091ff., und Preißner (1998), S. 218f.

9 Vgl. dazu Weber/Schäffer (1998a), S. 228ff.; vgl. auch die Ausführungen von Lingnau (1998) zur Geschichte des Controllings in der Praxis.

10 Vgl. Schildbach (1992), S. 21f.

11 Stellvertretend für die wenigen Quellen vgl. etwa Scharpff (1961) und Kröckel (1965).

12 Vgl. z.B. Mann (1973) und Horváth (1979).

Erst verhältnismäßig spät setzten Bemühungen ein, Konsens bezüglich des wissenschaftlichen Verständnisses von Controlling herbeizuführen. Zu nennen ist insbesondere ein Aufsatz von *Küpper/Weber/Zünd*, die im Rahmen ihrer ‚12 Thesen zur Konsensbildung' Controlling als *Koordination des Führungsgesamtsystems* verstanden wissen wollten.[13] Anfänglich schien es, als ob die Autoren mit ihren Ausführungen „eine wissenschaftliche Diskussion über die Grundlagen des Controlling"[14] in Gang zu bringen vermochten. So kam es zu einem Disput zwischen *Schneider* und *Weber*.[15] Die Diskussion verstummte jedoch vorerst wieder, da von dritter Seite zwar durchaus bedenkenswerte Kritik an der Konzeption von *Küpper/Weber/Zünd* geäußert wurde,[16] es aber bis auf wenige Ausnahmen[17] an nennenswerten Beiträgen zur theoretischen Fundierung des Controllings mangelte.

Weber selbst setzte sich freilich weiterhin mit dem koordinationsorientierten Ansatz auseinander. Er analysierte die Konzept-Variante von *Horváth*, der dem Controlling – ausgehend von einer differenzierten Betrachtung von Führungsteilsystemen – (noch heute) sowohl eine systembildende als auch eine systemkoppelnde Koordinationsfunktion zuerkennt.[18] *Weber* zog aus seinen Überlegungen das Fazit, dass man als Vertreter der *Horváth'schen* Konzeption dem Controlling in letzter Konsequenz eine *Metaführungsfunktion* zubilligen müsse.[19]

An dieser Schlussfolgerung entzündete sich dann doch noch eine zum Teil vehement geführte Diskussion über das Verständnis und den Aufgabenumfang des Controllings. Dabei beschränkten sich die Diskussionsbeiträge zunächst auf eine Erörterung der einzubeziehenden Koordinationsaufgaben und ihrer Interpretation. Diesbezüglich zu erwähnen ist vor allem die Auseinandersetzung zwischen *Horváth* und *Weber*.[20]

Inzwischen wird aber auch vermehrt die Koordinationsorientierung grundsätzlich in Frage gestellt.[21] Bezeichnenderweise stammt die heftigste Kritik von *Weber* selbst,

---

13 Vgl. Küpper/ Weber/Zünd (1990), S. 283.

14 Küpper/ Weber/Zünd (1990), S. 281.

15 Vgl. dazu Schneider (1991a), Weber (1991) und Schneider (1991b) sowie auch Schneider (1992), S. 12ff., und Weber (1992a), insbesondere S. 44ff.

16 Vgl. Deyhle (1991) und Remmel (1991); vgl. auch Scherm (1993), insb. S. 257f.

17 Vgl. z.B. Dirrigl (1995).

18 Vgl. Horváth (1979), S. 138ff., aber auch Horváth (2001), S. 153.

19 Vgl. Weber (1995), S. 47ff.

20 Vgl. Horváth (1996a), S. V, (1996b), S. 203, Weber (1997), S. 180ff., und wiederum Horváth (1997), S. 184.

21 Vgl. Müller (1996) und Wall (2000).

der von seiner ursprünglichen Position als Verfechter des koordinationsorientierten Ansatzes gänzlich abgerückt ist.[22] Zusammen mit seinem Schüler *Schäffer* kommt er zum Schluss, „dass der koordinationsorientierte Ansatz (unabhängig von der jeweils vertretenen Spielart) nur eingeschränkt praxiskompatibel ist und keine eigenständige Fragestellung darstellt."[23]

Vor dem Hintergrund dieses ernüchternden Fazits wendeten sich *Weber/Schäffer* erneut der Frage zu, was als „der rote Faden in der Arbeit des Controllers"[24] anzusehen sei. Ihre Überlegungen mündeten schließlich in einem neuen Ansatz, gemäß dem sie *Controlling als Sicherstellung der Rationalität der Führung* begreifen. Der besondere Reiz des Ansatzes liegt in seinem Potential, nicht nur die Vielfalt der Controller-Aufgaben, sondern auch der daraus resultierenden Controlling-Konzeptionen auf eine gemeinsame Funktion – die Rationalitätssicherung – zurückzuführen. In ersten Stellungnahmen seitens der Wissenschaft und Praxis wird die Idee von *Weber/Schäffer* denn auch überwiegend positiv gewürdigt.[25]

Der von *Weber/Schäffer* in 1999 vorgestellte *rationalitätsorientierte Ansatz*[26] ist allerdings nur als Grobkonzept zu verstehen, das es weiter zu präzisieren gilt. *Weber* zeigt denn auch zusammen mit seinen Mitarbeitern eine Reihe entsprechender Ansatzpunkte auf. In ihren Bemühungen lösen sie sich freilich bereits in weiten Teilen von der ursprünglichen Intention, den Kern des Controllings herauszuarbeiten, zugunsten einer Thematisierung spezieller Aspekte.[27]

Vor diesem Hintergrund wird in der vorliegenden Arbeit nochmals die soeben angesprochene ursprüngliche Intention aufgegriffen. *Zentrales Anliegen* ist es, die rationalitätsorientierte Controlling-Konzeption, wie sie in 1999 präsentiert wurde, im Hinblick auf die Anforderungen an eine eigenständige Disziplin der Betriebswirtschaftslehre zu konkretisieren. Die Überlegungen sind dabei zweigeteilt: Zunächst wird das Teilziel verfolgt, das Wesen des Controllings zu ergründen, um letztlich eine eigenständige

[22] Vgl. dazu Weber/Schäffer (2000a).

[23] Weber/Schäffer (2000a), S. 115.

[24] So der Titel eines ihrer ersten Aufsätze, mit denen sie ein weiteres Kapitel im Bemühen um eine theoretische Fundierung des Controllings aufschlugen; vgl. Weber/Schäffer (1999b).

[25] Vgl. dazu die Beiträge von Deyhle (1999), Dyckhoff/Ahn (2001) und Pietsch/Scherm (2001a); insgesamt kritisch äußert sich dagegen Irrek (2002).

[26] Vgl. insbesondere Weber/Schäffer (1999c) und (1999d). Auf diese Quellen wird im Folgenden referenziert, wenn vom ‚rationalitätsorientierten Ansatz', von der ‚rationalitätsorientierten Controlling-Konzeption' bzw. vom ‚Ansatz von Weber/Schäffer' die Rede ist.

[27] Vgl. vor allem Kehrmann (2002), Langer (2002), Pritsch (2000) sowie Weber/Liekweg (2001) und Weber (2002a).

Controlling-Konzeption zu entwickeln. Daran schließt sich das Teilziel an, die Einzelaufgaben des Controllings beispielartig zu erschließen und so sein theoretisch abgeleitetes Aufgabenspektrum mit Leben zu füllen.

1.2 Darlegung der Vorgehensweise

Die beiden angesprochenen Teilziele haben aus wissenschaftstheoretischem Blickwinkel unterschiedlichen Charakter. Einerseits dient die Auseinandersetzung mit der Controlling-Funktion dem *theoriebezogenen Wissenschaftsziel*, das konzeptionelle Fundament der rationalitätsorientierten Ansatzes zu stärken; anderseits stellt die Betrachtung des Controlling-Aufgabenspektrums auf das *pragmatische Wissenschaftsziel* ab, die zuvor erarbeiteten Erkenntnisse auf praxisrelevante Problemstellungen zu übertragen. Dies findet seinen Niederschlag in der Struktur der Arbeit, welche sich gemäß Abbildung 1–1 grob in drei Teile gliedert.

Teil A der Arbeit ist den thematisch relevanten Grundlagen des Controllings als Objekt der betriebswirtschaftlichen Forschung gewidmet. Die Ausführungen münden in einer kritischen Analyse der rationalitätsorientierten Controlling-Konzeption.

Die identifizierten Schwächen des Ansatzes bilden den Ausgangspunkt von *Teil B* der Arbeit. Im Rahmen theoretisch-konzeptioneller Überlegungen gilt es, die Rationalitätssicherung als Funktion des Controllings nach Möglichkeit in einen geeigneten Bezugsrahmen einzubinden und gleichzeitig zu konkretisieren. Dazu werden die zentralen Elemente des Ansatzes – Führung, Sicherstellung und Rationalität – sukzessive einer eingehenden Betrachtung unterzogen. Das Ergebnis der Erörterungen wird eine eigenständige Controlling-Konzeption sein, für die *eine* der Kernaufgaben des Controllings – die Effektivitäts- und Effizienzsicherung – herausgestellt wird.

An das Erkenntnisziel von Teil B schließt sich mit *Teil C* der Arbeit ein Gestaltungsziel an. Dahingehend werden typische Aufgaben des rationalitätsorientierten Controllings zur Sicherung der Effektivität und Effizienz unternehmerischen Wirkens angesprochen. Die Ausführungen konzentrieren sich dabei auf das Balanced Scorecard-Konzept, das einer detaillierten Erörterung unterzogen wird, und haben in weiten Teilen eigenständigen Charakter.

Die weitere Strukturierung der drei Teile ist in Abbildung 1–1 festgehalten. Aus ihr gehen sowohl die zentralen Fragenstellungen der einzelnen Kapitel als auch deren Zusammenhänge hervor. Im Folgenden seien die jeweiligen Inhalte kurz beschrieben.

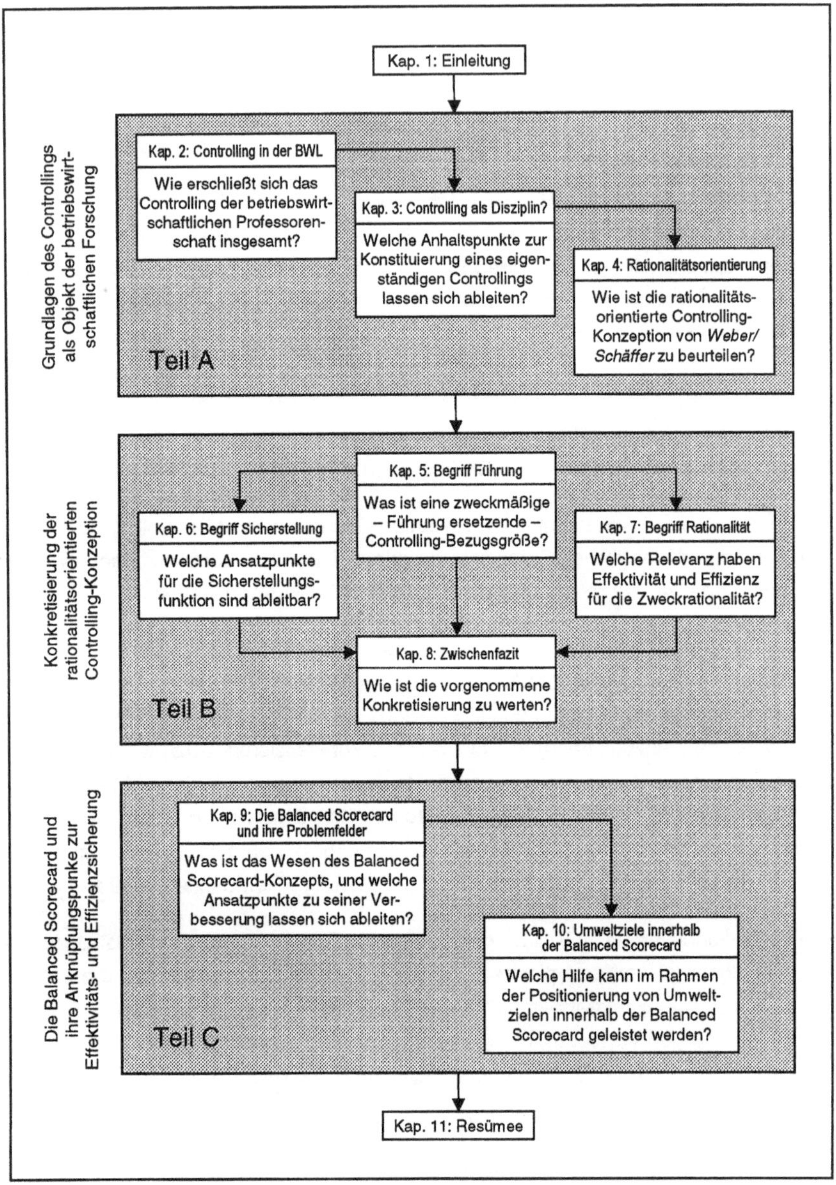

Abb. 1–1: Aufbau der Arbeit

Teil A: Grundlagen des Controllings als Objekt betriebswirtschaftlicher Forschung

Kapitel 2 (Ansehen und Verständnis des Controllings in der Betriebswirtschaftslehre) führt in die Gedankenwelt der Controlling-Forschung ein, indem es die Ergebnisse einer explorativen Studie zum Meinungsbild der betriebswirtschaftlichen Professorenschaft bezüglich Controlling aufbereitet. Vor dem Hintergrund der anhaltenden Diskussion über das Für und Wider verschiedener Controlling-Verständnisse liefert die Studie Erkenntnisse über die grundsätzliche Einstellung der Befragten zum Controlling als Gegenstand wissenschaftlicher Untersuchungen.

Kapitel 3 (Controlling als eigenständige Disziplin?) behandelt die offen stehende Frage nach der Eigenständigkeit des Controllings als betriebswirtschaftliches Teilgebiet aus theoretischer Sicht. Ausgehend von den diesbezüglich zu erfüllenden Anforderungen wird der einheitliche Bezugsrahmen, der den maßgeblichen traditionellen Controlling-Konzeptionen zugrunde liegt, kritisch beleuchtet. Die erzielten Erkenntnisse geben Anlass zur Rückbesinnung auf die Kernkompetenzen der Controller als Basis für die Erarbeitung einer tragfähigen Controlling-Theorie.

Dahingehend stimmen jüngere Entwicklungen in der Controlling-Forschung zuversichtlich. Zunehmend ins Blickfeld rückt vor allem die von *Weber/Schäffer* vertretene rationalitätsorientierte Controlling-Konzeption, welche Gegenstand von *Kapitel 4* (Die rationalitätsorientierte Controlling-Konzeption als vielversprechender Ansatz) ist. Die Konzeption wird zunächst in ihren wesentlichen Zügen vorgestellt, gefolgt von einer Analyse ihrer Weiterentwicklungspotentiale. Diese bilden den Ausgangspunkt für Teil B der Arbeit.

Teil B: Konkretisierung der rationalitätsorientierten Controlling-Konzeption

Kapitel 5 (Controlling und Führung: Ableitung einer zweckmäßigen Bezugsgröße für das Controlling) setzt sich eingehend mit dem in der Controlling-Theorie üblichen Verständnis des Führungs(system)begriffs auseinander. Es wird dargelegt, dass die bisherige, rein funktionale Sicht um eine akteursbezogene Sicht zu erweitern ist. Aus den Überlegungen resultiert ein neu durchdachtes Gefüge von Teilsystemen der Unternehmung. In dieses Modell wird das Controlling als eigenständiges Teilsystem eingebunden und dabei der Entscheidungsfindung als Bezugsgröße gegenübergestellt.

Auf Basis dieser Bezugsgröße ist es das Ziel von *Kapitel 6* (Controlling und Sicherstellung: Strukturierung von Ansatzpunkten zur Rationalitätssicherung), die potentiellen Ansatzpunkte des rationalitätsorientierten Controllings strukturiert zu erfassen. Dazu wird ein zentrales Element des Ansatzes von *Weber/Schäffer*, die Differenzierung zwischen intuitiv und reflexiv ablaufenden Managementprozessen, aufgegriffen und in einen größeren Zusammenhang eingebettet. Unter Verzicht auf die Zugrundelegung eines traditionellen Managementschemas werden dabei insbesondere jüngere Erkenntnisse der Neurophysiologie und Soziologie über Intuition und Framing-Effekte fruchtbar gemacht.

Ausgangspunkt von *Kapitel 7* (Controlling und Rationalität: Effektivitäts- und Effizienzsicherung als Kernaufgabe des Controllings) ist die Frage, woran sich die Rationalität der Entscheidungsfindung festmachen lässt. Erörtert wird diesbezüglich das Effektivitäts- und Effizienzkriterium als Rationalitätsmaßstab, der sich unmittelbar aus dem Konstrukt der Zweckrationalität ableitet. Um dem in diesem Kontext vorherrschenden Begriffswirrwarr entgegenzuwirken, erfolgt die Erarbeitung einer zum üblichen Sprachgebrauch in Wissenschaft und Praxis möglichst kompatiblen Definition der Begriffe ‚Effektivität' und ‚Effizienz'. Auf dieser Grundlage wird das Aufgabenspektrum des Controllings weiter konkretisiert.

Als verbindendes Glied zwischen Teil B und Teil C ist *Kapitel 8* (Zwischenfazit: Geleistetes und noch zu Leistendes) zweigeteilt: Zum einen wird die in Teil B geleistete Konkretisierung der rationalitätsorientierten Controlling-Konzeption mit Blick auf den ursprünglichen Ansatz von *Weber/Schäffer* einer kritischen Würdigung unterzogen; zum anderen wird die im Rahmen von Teil C noch zu leistende Arbeit skizziert.

Teil C: Die Balanced Scorecard und ihre Anknüpfungspunkte zur Effektivitäts- und Effizienzsicherung

Im Fokus des Teils C steht die so genannte Balanced Scorecard. *Kapitel 9* (Die Balanced Scorecard: Grundlagen, Fallbeispiel und Kritik) ist der eingehenden Erörterung dieses in der Praxis auf große Resonanz stoßenden strategischen Managementinstruments gewidmet. Es wird zum einen ein tieferer Einblick in das Konzept der Balanced Scorecard vermittelt. Zum anderen werden im Rahmen einer entscheidungstheoretisch motivierten Auseinandersetzung mit dem Konzept systematisch Problemfelder aufgezeigt, deren Bewältigung dem Aufgabenkreis der Effektivitäts- und Effizienzsicherung zurechenbar ist.

Einer der entsprechenden Ansatzpunkte zur Effektivitäts- und Effizienzsicherung resultiert aus der Notwendigkeit zur hierarchischen Positionierung strategischer Ziele innerhalb der Balanced Scorecard. Der Frage, wie diese Aufgabe methodisch unterstützt werden kann, geht *Kapitel 10* (Positionierung von Umweltzielen innerhalb der Balanced Scorecard: Konzeptionelle Grundlagen und Praxisbeispiele) nach. Konkretisiert werden die Überlegungen am Beispiel von Umweltzielen. Zugleich vermag dieses Beispiel die Praxisrelevanz der Thematik vor Augen zu führen.

Die Arbeit schließt mit einem Resümee, das den Erkenntnisfortschritt zusammenfasst, die Überlegungen kritisch würdigt und Ansatzpunkte für die weitere Forschung aufzeigt.

Teil A:

Grundlagen des Controllings als Objekt betriebswirtschaftlicher Forschung

Zentrale Fragestellungen:

- Kapitel 2: Wie erschließt sich das Controlling der betriebswirtschaftlichen Professorenschaft insgesamt?
- Kapitel 3: Welche Anhaltspunkte zur Konstituierung eines eigenständigen Controllings lassen sich ableiten?
- Kapitel 4: Wie ist diesbezüglich die rationalitätsorientierte Controlling-Konzeption von *Weber/Schäffer* zu beurteilen?

2 Ansehen und Verständnis des Controllings in der Betriebswirtschaftslehre: Eine empirische Studie

Die Suche nach der Identität des Controllings ist gewiss ein ebenso reizvolles wie herausforderndes Aufgabenfeld. Man kann sich allerdings des Eindrucks nicht erwehren, dass die Beschäftigung mit diesem Aufgabenfeld nicht nur unter inhaltlichen Gesichtspunkten erfolgt. Die Controlling-Experten unter den Hochschullehrern (für Betriebswirtschaft) scheinen auch die Notwendigkeit zu sehen, ihre Kollegen von der Relevanz ihres Fachgebietes (noch) überzeugen zu müssen.

Über das Meinungsbild der gesamten (betriebswirtschaftlichen) Professorenschaft bezüglich Controlling gibt es bislang freilich keine detaillierteren Erkenntnisse. Insbesondere steht die Frage im Raum, ob sich mittlerweile eine bestimmte *Grundhaltung* durchsetzen konnte. Eine solche Grundhaltung wird zum einen ihren Niederschlag in der Lehre finden und kann damit indirekt – über den Weg der Studierenden – die Einstellung der Praxis zum Controlling prägen; zum anderen kann sie auch die langfristige Überlebensfähigkeit des Controllings als betriebswirtschaftliches Fach sichern bzw. gefährden. Während diesen auf die Zukunft gerichteten Aspekten *allgemeine* Bedeutung zukommt, dürfte es in erster Linie für die Controlling-Experten unter den Hochschullehrern von Interesse sein, welche Unterstützung die jeweils vertretene Controlling-Konzeption augenblicklich in der Professorenschaft findet.

Vor diesem Hintergrund wurde eine explorative Studie zum *Ansehen und Verständnis des Controllings unter den Mitgliedern im Verband der Hochschullehrer für Betriebswirtschaft e.V.* durchgeführt.[1] Zielsetzung der Untersuchung war dabei insbesondere die Gewinnung von Erkenntnissen im Hinblick auf folgende Fragestellungen:

- Welche Relevanz wird dem Controlling insgesamt zugebilligt?
- Kann von einem vorherrschenden Controlling-Verständnis gesprochen werden?

Nach Beschreibung des Untersuchungsdesigns (Abschnitt 2.1) wird die Einstellung zum Controlling aus der Perspektive der Professorenschaft betrachtet (Abschnitt 2.2). Abschließend werden die Ergebnisse im Lichte der Diskussion über die Inhalte des Controllings gewürdigt (Abschnitt 2.3).

---

[1] Die Ergebnisse wurden erstmals in Ahn (1999a) veröffentlicht.

2.1 Untersuchungsdesign

Bezüglich der aufgeführten Fragestellungen müsste eigentlich das Meinungsbild sämtlicher lehrenden und forschenden Professoren eruiert werden. Ein solches Vorhaben erschien jedoch allein schon mangels einer zuverlässigen Adresskartei nicht realisierbar. Deshalb wurde ersatzweise auf das Mitgliederverzeichnis des Verbands der Hochschullehrer für Betriebswirtschaft zurückgegriffen, auf dessen Grundlage sich die Anschriften von insgesamt 673 an einem deutschsprachigen Lehrstuhl wirkenden Professoren ermitteln ließen.

Nicht in die Studie einbezogen wurden unter anderem die gemäß Mitgliederverzeichnis emeritierten, im fremdsprachlichen Ausland tätigen, Honorar- und außerordentlichen Professoren. Ziel war es, nach Möglichkeit nur diejenigen Verbandsmitglieder anzusprechen, die zum Zeitpunkt der Untersuchung an deutschsprachigen Hochschulen sowohl forschten als auch lehrten (also die aktiven Universitätsprofessoren sowie vergleichbare Mitglieder).

Da alle 673 identifizierten Professoren befragt werden sollten, kam als Datensammlungsmethode nur die schriftliche Erhebung in Form eines *standardisierten Fragebogens* in Betracht. Der in Abbildung 2–1a/b wiedergegebene Fragebogen enthielt 11 geschlossene Fragen und wurde nach einem Pre-Test Anfang April 1998 verschickt. Alle bis Ende des folgenden Monats zurückgesandten Bögen wurden in die Auswertung einbezogen, welche mittels des Programms SPSS, Version 7.5.2, erfolgte.

Den einzelnen Auswertungsergebnissen vorweg zu schicken ist das beachtliche generelle Interesse der Professorenschaft an der Thematik der Fragebogenaktion. Einen diesbezüglichen Anhaltspunkt liefert die erzielte Rücklaufquote. Sie wurde auf Basis von 667 Fragebögen errechnet, da sich sechs der 673 versandten Bögen als unzustellbar erwiesen. Insgesamt konnten 411 zurückgeschickte Bögen in die Auswertung einbezogen werden, so dass sich eine *Rücklaufquote von 61,6%* ergab. Dies ist ein außergewöhnlich hohes Resultat, zumal keine – das Antwortverhalten i.d.R. fördernde – Vorabinformation bzw. Nachfaßaktion erfolgte. Die hohe Resonanz fand ihren Ausdruck zudem in einer Reihe von Gesprächen sowie schriftlich geäußerten Anmerkungen zur Untersuchung.

Fragebogen zum Ansehen und Verständnis des Controlling

1. Nachstehend sind die wissenschaftlichen Kommissionen im Verband der Hochschullehrer für Betriebswirtschaft e.V. aufgeführt. Kreuzen Sie bitte diejenige Kommission an, der Sie sich im Hinblick auf ihr fachliches Interesse am ehesten zuordnen können. (Bitte genau eine Kommission auswählen! Abkürzungen gemäß Mitgliederverzeichnis!)

BA-FI ❑	STEU ❑	INT ❑	LOG ❑	MARK ❑	ÖFF.U.u.V. ❑	OR ❑
ORG ❑	PERS ❑	PROD ❑	RECH ❑	UMW ❑	WI ❑	WISS ❑

2. Stehen Sie von Ihren fachlichen Interesse her weiteren Kommissionen nahe?

nein ❑ ja ❑, und zwar den folgenden: 1.) .... 2.) .... 3.) ....

3. Halten Sie Controlling für ein beachtenswertes Teilgebiet der Betriebswirtschaftslehre?

nein ❑ ja ❑ (falls nein, bitte fortfahren mit den Fragen zu Ziffer 8)

4. Wird das Teilgebiet Controlling ihrer Meinung nach durch die z.Zt. existierenden Kommissionen ausreichend abgedeckt? (Bitte genau eine Alternative ankreuzen und ggf. mittels o.g. Abkürzungen ergänzen!)

❑ ja, und zwar durch folgende Kommission(en): 1.) .... 2.) .... 3.) ....

❑ nein; folgende Kommission sollte deshalb entsprechend erweitert werden: ....

❑ nein; es sollte deshalb eine eigenständige Controlling-Kommission gegründet werden.

❑ nein; es sollte deshalb folgendes geschehen: ....

....

....

❑ ich bin unschlüssig.

5. Wie schätzen Sie die Wichtigkeit des Controlling für die folgenden drei Bereiche in der Vergangenheit, Gegenwart und Zukunft ein? (Skala von *1 = gar nicht wichtig* bis *5 = sehr wichtig*)

Bereiche/ Zeitpunkte → ↓	vor 10 Jahren	heute	in 10 Jahren	
Akademische Lehre	❑ ❑ ❑ ❑ ❑	❑ ❑ ❑ ❑ ❑	❑ ❑ ❑ ❑ ❑	unbezifferbar ❑
Akademische Forschung	❑ ❑ ❑ ❑ ❑	❑ ❑ ❑ ❑ ❑	❑ ❑ ❑ ❑ ❑	unbezifferbar ❑
Unternehmerische Praxis	❑ ❑ ❑ ❑ ❑	❑ ❑ ❑ ❑ ❑	❑ ❑ ❑ ❑ ❑	unbezifferbar ❑
	1 2 3 4 5	1 2 3 4 5	1 2 3 4 5	

Abb. 2–1a: Fragebogen zum Ansehen und Verständnis des Controllings, Seite 1

6. Welche Unternehmensziele sollten – ein umfassendes strategisches Zielsystem vorausgesetzt – prinzipiell im Rahmen des Controlling Berücksichtigung finden? (Mehrfachnennungen möglich!)

Erfolgsziele ❑ Finanzziele ❑ weitere Ziele (z.B. Umweltschutz) ❑ ich bin unschlüssig ❑

7. Welches der folgenden, in der einschlägigen Literatur vertretenen Controlling-Konzepte halten Sie für das zweckmäßigste? (Bitte genau eine Alternative ankreuzen und – falls erforderlich – ergänzen!)

instrumentale Sicht: ❑ Controlling als Steuerungsinstrument(arium)

institutionale Sicht: ❑ Controlling als Organisationseinheit

funktionale Sicht im Sinne von Controlling als Betrieb von Führungsteilsystemen:

❑ Controlling als betriebliches Informations(versorgungs)system
❑ Controlling als Planungs- und Kontrollsystem
❑ Controlling als spezielles Prinzip der Unternehmensführung

funktionale Sicht im Sinne von Controlling als Einwirkung auf Führungsgestalt bzw. -ablauf:

❑ Controlling als Koordination des Planungs-, Kontroll- und Informations(versorgungs)systems
❑ Controlling als Koordination sämtlicher Führungsteilsysteme
❑ Controlling als Metaführung, d.h. als Struktur- und Ablaufgestaltung sämtlicher Führungsteilsysteme

folgende Sicht: ❑ ....
....
....

ich bin unschlüssig: ❑

8. Fragen zu Ihrer Universität:

Wo befindet sich Ihr Dienstsitz? in den alten Bundesländern ❑ in den neuen Bundesländern ❑
in Österreich ❑ in der Schweiz ❑

Existiert an Ihrem Fachbereich ein Controlling-Lehrstuhl? ja ❑ nein ❑

9. Abschließende Fragen zu Ihrer Person:

Alter? unter 36 ❑ 36 bis 45 ❑ 46 bis 55 ❑ über 55 ❑

Geschlecht? männlich ❑ weiblich ❑

Vielen Dank für Ihre Mitarbeit!

Dr. Heinz Ahn
RWTH Aachen
Lehrstuhl für Unternehmenstheorie
Tel. 0241/806573
D-52056 Aachen

Abb. 2–1b: Fragebogen zum Ansehen und Verständnis des Controllings, Seite 2

2.2 Controlling aus der Perspektive der Professorenschaft

2.2.1 Ansehen des Controllings

Um auf das Ansehen des Controllings unter den Hochschullehrern insgesamt zu schließen, wurde zunächst gefragt, ob Controlling für ein beachtenswertes Teilgebiet der Betriebswirtschaftslehre gehalten wird. Die entsprechende Antwortverteilung ist in Abbildung 2–2 wiedergegeben. Innerhalb des Teilnehmerkreises von 411 Personen stellt sich demnach eine überwältigende Mehrheit von 95,9% als *Befürworter eines Teilgebiets Controlling* heraus. Lediglich 3,4% nehmen eine ablehnende Haltung ein, und 0,7% machten keine Angaben. Letzteres scheint lediglich ein Versehen zu sein, denn aus den übrigen Aussagen der betroffenen 3 Professoren lässt sich schließen, dass sie der Gruppe der Befürworter zuzuordnen sind. Ihre Bögen wurden dementsprechend in die weitere Auswertung einbezogen.

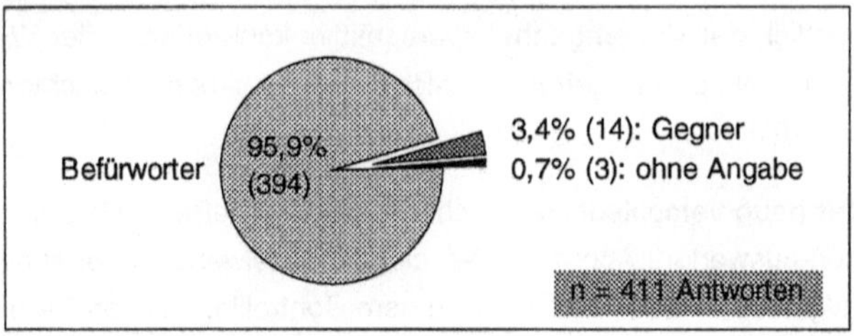

Abb. 2–2: Controlling als beachtenswertes Teilgebiet der Betriebswirtschaftslehre

Fraglich bleibt die Einstellung derjenigen Professoren, die den Fragebogen unbeantwortet gelassen haben. Zwei Aspekte legen die Vermutung nahe, dass es sich dabei vornehmlich um an der Thematik kaum Interessierte handelt:

- Sowohl erklärte Controlling-Gegner als auch entschiedene Controlling-Verfechter werden zum Großteil die Gelegenheit genutzt haben, ihrer Meinung in der wissenschaftlichen Öffentlichkeit Ausdruck zu verleihen.
- Die ‚adressatenfreundlich' gestaltete Untersuchung – vor allem der mit 11 Items für die Controlling-Befürworter bzw. 7 Items für die Controlling-Gegner straff gehaltene Fragenkatalog – wird auch die bezüglich der Controlling-Diskussion etwas weniger Engagierten überwiegend dazu bewogen haben, an der Studie teilzunehmen.

Vor diesem Hintergrund scheint es durchaus vertretbar, einmal alle Professoren, die nicht geantwortet haben, der Gruppe der Desinteressierten zuzuordnen. Bezogen auf den Befragtenkreis von 667 Personen würden sogar in einem solchen Extremfall die Befürworter mit immerhin noch 59,1% die deutliche Mehrheit bilden. Es lässt sich demnach guten Gewissens konstatieren, dass das Teilgebiet Controlling unter den Mitgliedern im Verband der Hochschullehrer für Betriebswirtschaft durchaus als *anerkannt* gelten kann.

Im Hinblick auf das Ansehen des Controllings wurde die Perspektive mittels einer weiteren Frage hin zu einer *Zeitraumbetrachtung* erweitert. Dazu sollte von den Controlling-Befürwortern die Wichtigkeit des Controllings in der Vergangenheit, Gegenwart und Zukunft eingeschätzt werden, bezogen auf die *Bereiche* der akademischen Lehre, akademischen Forschung und unternehmerischen Praxis. Die Messung der in Form einer Matrix abgefragten Wichtigkeiten erfolgte anhand einer von 1 (= gar nicht wichtig) bis 5 (= sehr wichtig) reichenden Likert-Skala; alternativ bestand für jeden der drei Bereiche die Möglichkeit, die Ausweichantwort ‚unbezifferbar' anzukreuzen. Um sicherzustellen, dass den Antworten ein identischer Zeithorizont zugrunde liegt, wurde hinsichtlich der Vergangenheitsperspektive konkret nach der Wichtigkeit des Controllings ‚vor 10 Jahren' gefragt, hinsichtlich der Zukunftsaussichten nach seiner Wichtigkeit ‚in 10 Jahren'.

Bezüglich der neun verschiedenen Wichtigkeitsurteile ließen sich zwischen 353 und 374 Antworten auswerten. Abbildung 2–3 gibt die Mittelwerte dieser subjektiv empfundenen Wichtigkeiten wieder. Danach wird dem Controlling in allen Bereichen eine *im Zeitverlauf steigende Relevanz* zugesprochen. Dies korrespondiert mit in der Realität beobachtbaren Entwicklungen, etwa der steigenden Anzahl controllingbezogener Lehrstühle[2], Publikationen und Stellenanzeigen[3]. Allerdings prognostizieren die Teilnehmer an der Studie für das nächste Jahrzehnt eine gegenüber den vergangenen 10 Jahren durchweg schwächere Bedeutungszunahme, was aber aufgrund des bereits für die Gegenwart bescheinigten hohen Bedeutungsniveaus nicht verwundert. Da Controlling allgemein "als eine Erfindung der Praxis"[4] gilt, entspricht es auch den Erwartungen, dass der Bereich ‚Controlling in der unternehmerischen Praxis' permanent als wichtigster der drei bewerteten Bereiche eingestuft wird.

---

[2] So Hahn (1997), S. 31.

[3] Vgl. Weber/Schäffer (1998a).

[4] Müller (1996), S. 139.

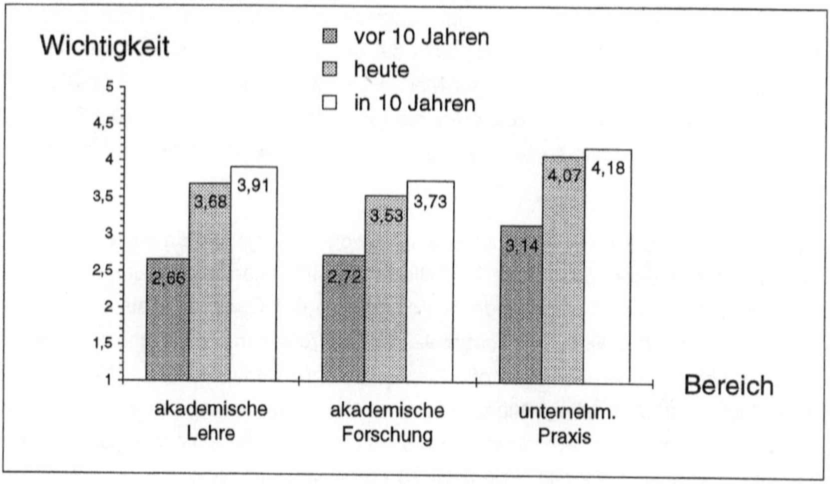

Abb. 2–3: Wichtigkeit des Controllings für Lehre, Forschung und Praxis

Als weiterer Aspekt sollte die wahrgenommene Position des Controllings innerhalb der – auch als Interessengebiete oder ‚spezielle Betriebswirtschaftslehren'[5] charakterisierbaren – wissenschaftlichen Kommissionen des Hochschullehrerverbandes ergründet werden. Dazu wurde den Controlling-Befürwortern die Frage gestellt, ob dieses Teilgebiet durch die zur Zeit der Erhebung existierenden Kommissionen abgedeckt wird. Abbildung 2–4 zeigt das Erhebungsergebnis im Überblick.

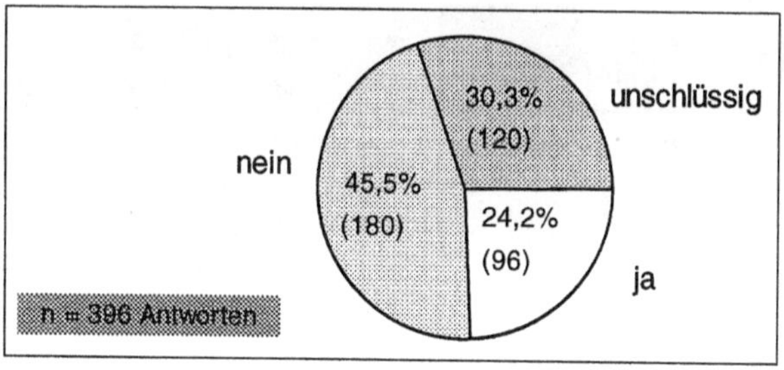

Abb. 2–4: Ausreichende Abdeckung des Controllings durch die Kommissionen?

5 Vgl. dazu Weber (1996).

Lediglich jeder Vierte hält Controlling im Rahmen der gegebenen Kommissionsstruktur für angemessen vertreten, während 45,5% der Befragten, die zu dieser Thematik Stellung genommen haben, gegenteiliger Meinung sind. Auffällig ist die mit 30,3% recht hohe Quote unschlüssiger Professoren; sie resultiert wohl daher, dass die Frage nur von denjenigen eindeutig zu beantworten war, die sich verstärkt mit Controlling auseinandersetzen.

Interessant ist die weitere Aufschlüsselung sowohl der bejahenden als auch der verneinenden Antworten. So konnte im Falle einer zustimmenden Haltung angegeben werden, durch welche bestehende(n) Kommission(en) Controlling als ausreichend abgedeckt betrachtet wird. Dass dabei 92 von 96 Professoren die Kommission *Rechnungswesen* (RECH) anführten, offenbart die empfundene inhaltliche Nähe dieses Teilgebiets zum Controlling. Allerdings wurde Rechnungswesen nur in 51 Fällen alleine genannt, wie aus Abbildung 2–5 ersichtlich ist; am häufigsten ergänzt wurden die Kommissionen *Organisation* (ORG; 16 Fälle) und *Produktionswirtschaft* (PROD; 11 Fälle).

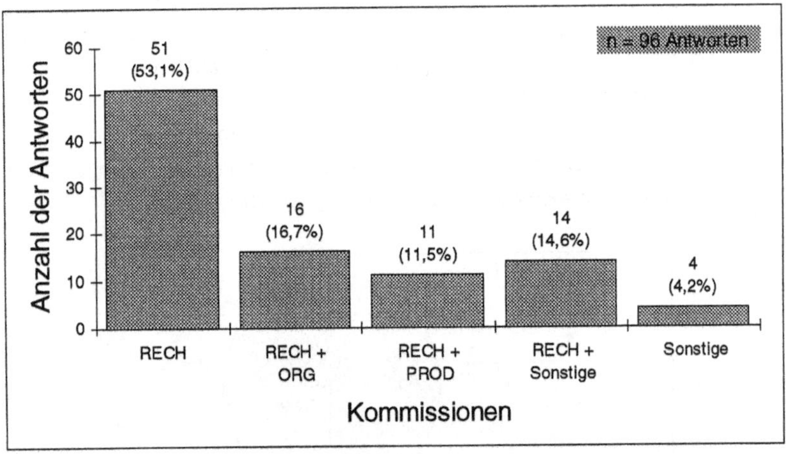

Abb. 2–5: Zuordnung des Controllings zu bestehenden Kommissionen

Bei ablehnender Haltung bezüglich der Frage nach ausreichender Abdeckung des Controllings durch bereits existente Kommissionen standen drei Antwortkategorien zur Verfügung. Man konnte sich für die Gründung einer Controlling-Kommission aussprechen, für die Erweiterung einer bestehenden Kommission plädieren oder einen frei formulierten Vorschlag äußern.

In Abbildung 2–6 ist festgehalten, dass nahezu zwei Drittel – nämlich 117 – der 180 Professoren eine *eigenständige Controlling-Kommission* präferieren; in Relation zu den 411 Teilnehmern an der Studie sind dies immerhin 28,5%. Aber auch die *Erweiterung der Kommission Rechnungswesen* wird noch relativ häufig genannt. Beide Aspekte sind Indizien dafür, dass nicht nur den Controlling-Experten die Stellung ihres Forschungsschwerpunktes innerhalb der speziellen Betriebswirtschaftslehren unzureichend gewürdigt erscheint.

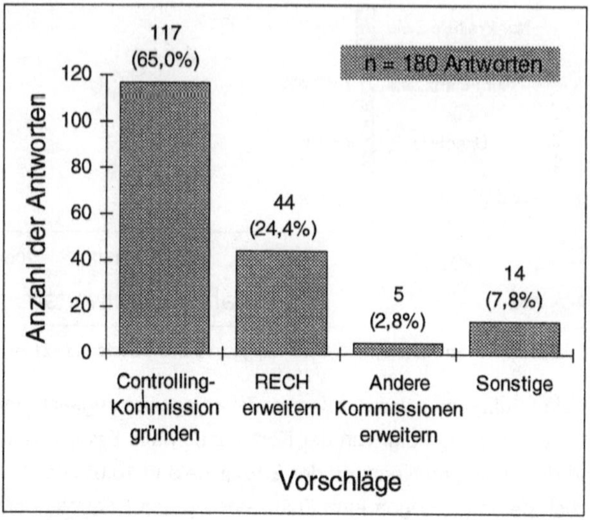

Abb. 2–6: Vorschläge zur Integration des Controllings in die Kommissionslandschaft

2.2.2 Verständnis des Controllings

Ein zweiter Fragenblock bezieht sich auf die inhaltliche Deutung des Controllings. Die Controlling-Befürworter wurden zunächst gebeten, unter der Voraussetzung eines umfassenden strategischen Zielsystems diejenigen Zielkategorien einer Unternehmung anzukreuzen, die im Rahmen des Controllings prinzipiell Berücksichtigung finden sollten. Zur Auswahl standen die Kategorien ‚Erfolgsziele', ‚Finanzziele' und ‚Weitere Ziele',[6] wobei Mehrfachnennungen ausdrücklich zulässig waren; alternativ konnte aber auch die Antwort ‚unbezifferbar' gegeben werden. Abbildung 2–7 verdeutlicht, in welchem Umfang die verschiedenen Antwortmöglichkeiten vorkamen.

6 Zu dieser Einteilung vgl. Zenz (1998), S. 34f.

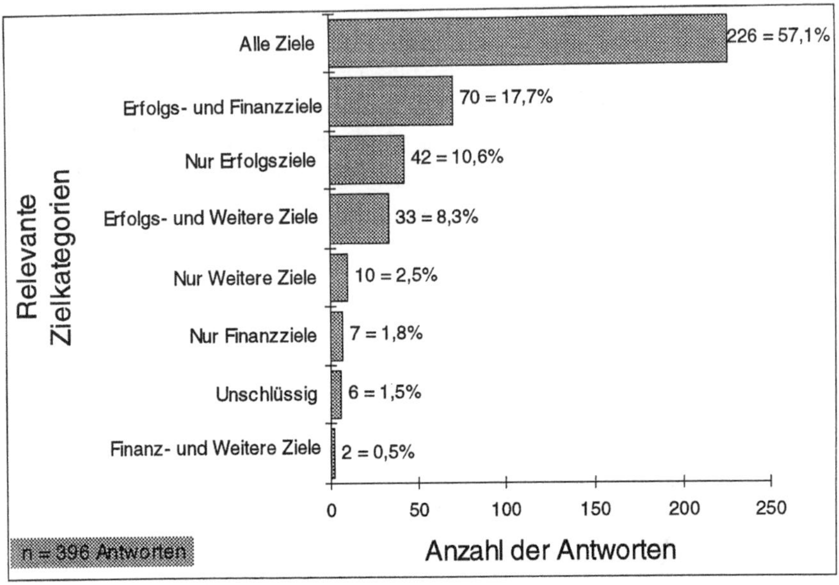

Abb. 2–7: Im Rahmen des Controllings zu berücksichtigende Ziele

Mit Abstand am häufigsten wurden *alle drei Zielkategorien* zugleich angekreuzt, und zwar in 57,1% der Fälle, gefolgt von der Kombination aus Erfolgs- und Finanzzielen in 17,7% und der alleinigen Nennung der Erfolgsziele in 10,6% der Fälle. Die Mehrheit spricht sich demnach gegen eine Fokussierung des Controllings auf bestimmte Ziele aus.

Dessen ungeachtet wird in der Literatur zuweilen die *Erfolgszielorientierung* des Controllings betont.[7] Dass dieser Zielkategorie in der Tat eine herausragende Bedeutung zugesprochen wird, zeigt eine auf die jeweilige Ankreuzmöglichkeit bezogene Auswertung der Daten. So sind 95,1% der Teilnehmer, die mindestens eine Zielkategorie angegeben haben (n = 390), der Meinung, Erfolgsziele sollten im Rahmen des Controllings Berücksichtigung finden. Entsprechend wurden Finanzziele von 78,2% genannt, die Kategorie der weiteren Ziele von 69,5%.

[7] Vgl. z.B. Horváth (2001), insbesondere S. 145ff. Es sei angemerkt, dass Horváth zwar von der ‚Ergebniszielorientierung' spricht, den Begriff ‚Ergebnis' aber dem Begriff ‚Erfolg' gleichsetzt (siehe S. 145).

Im Rahmen einer zweiten inhaltsbezogenen Frage sollte untersucht werden, ob eine bestimmte Controlling-Konzeption besonderen Zuspruch findet. Auf grobem Niveau lässt sich diesbezüglich zwischen einer primär instrumentalen, primär institutionalen bzw. primär funktionalen Sichtweise des Controllings differenzieren. Jede der drei Sichtweisen fokussiert auf einen bestimmten, für die Erreichung der Controlling-Ziele relevanten Gesichtpunkt, nämlich auf die einzusetzenden Methoden und Hilfsmittel, die organisatorische Einbettung des Controllings in die Unternehmensorganisation bzw. die dem Controlling zuzuweisenden Aufgaben.[8]

Für ein funktionales Controlling-Verständnis sprechen sich immerhin 255 und damit fast zwei Drittel (64,2%) der 397 Controlling-Befürworter aus. Dies verwundert nicht, zumal bei der öffentlich geführten Controlling-Diskussion die Funktionsorientierung im Vordergrund steht. Überraschend ist demgegenüber, dass nur ein einziger Befragter (= 0,3%) die institutionale Sicht vertritt, während immerhin 63 Professoren (= 15,9%) die instrumentale Sicht favorisieren. Die übrigen 78 Controlling-Befürworter (= 19,6%) lassen sich nicht eindeutig einer der drei Sichtweisen zuordnen.

Während zur Artikulation der Bevorzugung des instrumentalen bzw. institutionalen Verständnisses nur je eine Ankreuzmöglichkeit vorgegeben war, bestand hinsichtlich der funktionalen Sicht die Wahl zwischen mehreren entsprechend ausgerichteten Konzepttypen. Grundlage dieser Differenzierung ist eine von *Zenz* erarbeitete Klassifikation funktional orientierter Controlling-Ansätze. Solche Ansätze lassen sich in ihrem Kern anhand folgender Merkmale beschreiben:[9]

- Unternehmenszielbezug: Auf welche Ziele sollte sich das Controlling konzentrieren?
- Funktionsbreite: Welche Führungsteilsysteme[10] sollten im Fokus des Controllings stehen?
- Funktionstiefe: Welche Aufgaben sollte das Controlling in Bezug auf die jeweiligen Führungsteilsysteme übernehmen?

Denkbare Ausprägungen dieser Merkmale gibt Abbildung 2–8 wieder. Zu bemerken ist dabei, dass im Rahmen der Zuordnung von führungs(funktions)bezogenen Aufgaben zum Controlling diesem selbst der Status einer Führungsfunktion eingeräumt wird.[11]

---

[8] Vgl. dazu beispielsweise Berens/Bertelsmann (2002), Sp. 284f.

[9] Vgl. dazu Zenz (1998), S. 34ff.

[10] Zum Begriff des Führungsteilsystems vgl. ebenfalls Abschnitt 3.2.

[11] Vgl. dazu auch Horváth (1995), Sp. 214.

Merkmale	Ausprägungen						
Unternehmenszielbezug	Erfolgsziele	Finanzziele	weitere Unternehmensziele				
Funktionsbreite	Planungssystem	Kontrollsystem	Organisationssystem	Informationsversorgungssystem	Personalführungssystem	Gesamtführungssystem	
Funktionstiefe	Systementwurf	Systembewertung	Systemauswahl	Systemintegration	Systembetrieb	Systemkoordination	Systemüberwachung

Abb. 2–8: Schema zur Beschreibung funktional orientierter Controlling-Konzeptionen (nach: *Zenz* (1998), S. 34)

Als exklusive Elemente funktional orientierter Controlling-Konzeptionen zieht *Zenz* die Funktionsbreite und -tiefe heran, um nachstehende Konzepttypen abzuleiten:

- Regelungsorientierter Ansatz:
  Controlling als Betrieb des Planungs-, Kontroll- und gegebenenfalls Informations(versorgungs)systems.
- Informationsversorgungsorientierter Ansatz:
  Controlling als alleiniger Betrieb des Informations(versorgungs)systems.
- Führungsorientierter Ansatz:
  Controlling als spezielles Prinzip der Unternehmensführung im Rahmen des Betriebs aller Führungsteilsysteme.
- Begrenzt führungsgestaltender Koordinationsansatz:
  Controlling als Koordination von Planung, Kontrolle und Informationsversorgung.
- Umfassender Koordinationsansatz:
  Controlling als Koordination aller Führungsteilsysteme.
- Metaführungsorientierter Ansatz:
  Controlling als Struktur- und Ablaufgestaltung aller Führungsteilsysteme.

Die in Abbildung 2–9 in Kurzform aufgeführten Konzepttypen zeichnen sich dadurch aus, dass sie sehr eng an gängige funktionsorientierte Controlling-Definitionen angelehnt sind.[12] Mit der Zugrundelegung dieser Typen im Fragebogen waren zwei Zielsetzungen verbunden: Die im Sinne von Alternativen formulierten Konzepttypen sollten nicht nur eindeutig voneinander abgrenzbar sein, sondern sich auch einer möglichst breiten Bekanntheit erfreuen. Dessen ungeachtet scheint den Befragten die Differenzierung zwischen den Ansätzen nicht immer leicht gefallen zu sein. Denn obwohl explizit gebeten wurde, sich für eine Alternative zu entscheiden, haben nicht wenige Befragte mehrere Typen gleichzeitig angekreuzt. Auch eine Reihe von Kommentaren war dieser Problematik gewidmet.

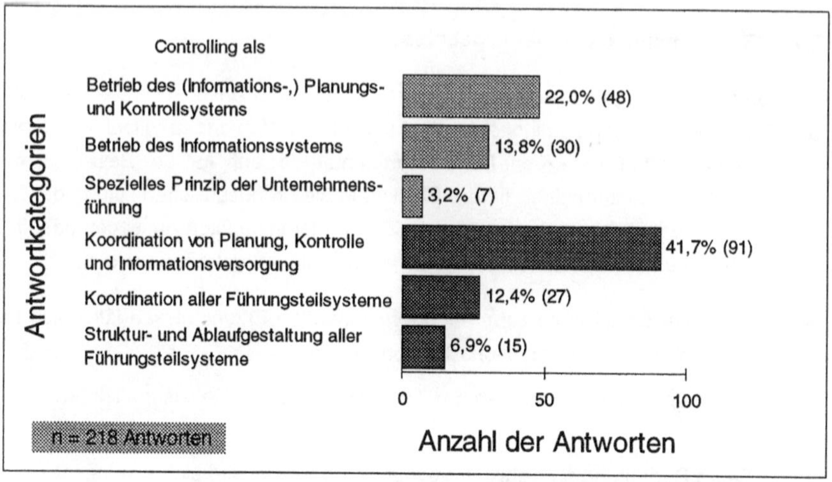

Abb. 2–9: Präferierte funktionale Controlling-Konzeption

Letztendlich ließen sich 218 Fragebögen im Hinblick auf eine differenzierte Betrachtung der funktionalen Sichtweise auswerten. Diesbezüglich haben die unteren drei der in Abbildung 2–9 aufgelisteten Konzepttypen, deren gemeinsames Merkmal die Einwirkung auf Führungsgestalt und -ablauf ist, zusammen einen Anteil von 61,0%. Die übrigen 39,0% verteilen sich auf die oberen drei Konzepttypen, welche Controlling in Verbindung mit dem Betrieb von Führungsteilsystemen bringen.

[12] Bezüglich der Konzepttypen und ihrer maßgeblichen Vertreter sei auf Zenz (1998), S. 38f., verwiesen.

Betrachtet man die Typen im Einzelnen, ist hervorzuheben, dass in immerhin 41,7% der Fälle dem Verständnis des Controllings als *Koordination von Planung, Kontrolle und Informationsversorgung* der Vorzug gegeben wird. Bereits abgeschlagen rangiert an zweiter Stelle die Interpretation des Controllings als *Betrieb von Planungs-, Kontroll- und gegebenenfalls Informations(versorgungs)system* mit 22,0% der Nennungen. Allerdings ist die augenscheinliche Dominanz des erstgenannten Typs zu relativieren: Bezogen auf alle 397 Professoren, die auf die Frage nach der zweckmäßigsten Controlling-Konzeption geantwortet haben, bekennen sich nämlich nur 22,9% zu diesem Ansatz. Über die Präferierung der funktionalen Sichtweise hinaus kann daher kaum die Rede von einem *vorherrschenden Controlling-Verständnis* sein.

2.2.3 Zusammenfassung der Ergebnisse

Die vorgestellten Ergebnisse der empirischen Studie zum Ansehen und Verständnis des Controllings weisen zumindest für die Mitglieder im Verband der Hochschullehrer für Betriebswirtschaft eine recht hohe Repräsentativität auf. Auf der Basis von 411 Fragebögen konnte zum einen tiefere Einsicht in die grundsätzliche Haltung der Befragten zum Controlling gewonnen werden. Zum anderen konnten Aussagen über ihre Einstellung zu unterschiedlichen Controlling-Konzeptionen getroffen werden.

Aus den in ihrer Deutlichkeit zum Teil überraschenden Erkenntnissen lässt sich folgendes Resümee in Form von sechs Thesen ziehen:

- Controlling kann als anerkanntes Teilgebiet der Betriebswirtschaftslehre gelten.
- Seine Bedeutung für Lehre, Forschung und Praxis wird sich zumindest mittelfristig weiterhin auf hohem Niveau bewegen.
- Controlling hat innerhalb der Betriebswirtschaftslehre einen höheren Stellenwert, als nach außen hin – vor allem anhand der Kommissionsstruktur – erkennbar ist.
- Der Kategorie der Erfolgsziele kommt im Rahmen des Controllings eine zentrale Rolle zu, sie hat aber keinen ausschließlichen Charakter.
- Mehrheitlich wird die primär funktionale Sichtweise des Controllings – einhergehend mit seiner Anerkennung als Führungsfunktion – präferiert.
- Über die generelle Funktionsorientierung hinaus konnte sich indessen bislang noch kein bestimmter Ansatz durchsetzen.

2.3 Die Ergebnisse im Lichte der Controlling-Diskussion

Im Hinblick auf den Stellenwert des Controllings innerhalb der Betriebswirtschaftslehre dürfte die durchgeführte Studie das Selbstbewusstsein der Fachvertreter stärken: Über die gesamte Professorenschaft hinweg wird dem Controlling eine *hohe Relevanz* bescheinigt. Bei der Einschätzung der zukünftigen Bedeutung des Controllings scheint allerdings der aus der Praxis wirkende, immer stärker werdende Veränderungsdruck auf die Controllerzunft unberücksichtigt geblieben zu sein. Die Ergebnisse sollten von daher nicht zum Anlass genommen werden, die Frage nach der Identität des Controllings als obsolet anzusehen.

Dafür spricht auch die Tatsache, dass – über die funktionale Sichtweise hinaus und den Äußerungen mancher Fachvertreter zum Trotz – noch kein bestimmtes Controlling-Verständnis vorherrscht; so spiegelt das Meinungsbild der Hochschullehrer die *gesamte Bandbreite der Ansichten* der wissenschaftlichen Controlling-Community wider. Dass diese Bandbreite im Zweifelsfalle positiv ausgelegt wird, scheint wenig wahrscheinlich, zumal vor allem die dem Controlling inhaltlich nahe stehenden Teilgebiete der Betriebswirtschaftslehre[13] dem ‚Selbstfindungsprozess' weitgehend entwachsen sind.

Vor diesem Hintergrund wird die weitere *wissenschaftliche Auseinandersetzung* mit dem Wesen des Controllings als *notwendig* eingeschätzt, um seine Position im Kanon der betriebwirtschaftlichen Teilgebiete zu festigen. Demgemäß widmet sich das folgende Kapitel Aspekten, die in Zusammenhang mit der Etablierung des Controllings als eigenständige Disziplin als zentral anzusehen sind. Die Überlegungen setzen dabei am funktionalen Controlling-Verständnis an und stehen in enger Beziehung zur Suche nach einer Erklärung, warum sich gerade für das Controlling die Frage nach seiner Identität stellt.

[13] Unter anderem die in Ahn (1999b) im Rahmen der Studie gesondert betrachteten Interessengebiete, repräsentiert durch die wissenschaftlichen Kommissionen RECH, BA-FI und ORG.

3 Controlling als eigenständige Disziplin?

Die Frage nach der Eigenständigkeit als betriebswirtschaftliche Disziplin ist kaum mit ja oder nein beantworten, sondern verlangt eine differenziertere Aussage. Um eine solche Aussage treffen zu können, bietet sich eine *zweistufige Vorgehensweise* an: In einem ersten Schritt sind im Hinblick auf das Kriterium der Eigenständigkeit die konzeptionsübergreifend relevanten Aspekte herauszuarbeiten; unter Zugrundelegung dieser Aspekte lassen sich dann in einem zweiten Schritt einzelne Konzeptionen beurteilen, ausarbeiten oder gar neu entwickeln.

Die folgenden Ausführungen betreffen den erstgenannten Schritt.[1] Zunächst werden die Anforderungen an eine eigenständige Disziplin im Überblick dargestellt (Abschnitt 3.1). Darauf aufbauend findet eine kritische Analyse des in der Forschung dominierenden funktionalen Controlling-Verständnisses statt (Abschnitt 3.2). Den Ergebnissen werden dann die Kernkompetenzen der Controller gegenübergestellt (Abschnitt 3.3). Die Erörterungen zielen letztlich darauf ab, fruchtbare Anhaltspunkte zur Konstituierung eines eigenständigen Controllings herauszuarbeiten.

3.1 Anforderungen im Überblick

Bislang wurde pauschal vom Merkmal der *Eigenständigkeit* einer betriebswirtschaftlichen Disziplin – namentlich des Controllings – gesprochen. Mit diesem Merkmal sind freilich mehrere, untereinander in Beziehung stehende Anforderungen verbunden, wie sie etwa bei *Küpper* nachzulesen sind.[2] Die von ihm thematisierten Kriterien gibt Abbildung 3–1 im Überblick wieder.

Als erste Anforderung sollte sich Controlling mit einer *originären wissenschaftlichen Problemstellung* auseinandersetzen. Dieses Kriterium zielt auf die Abgrenzung zu den übrigen betriebswirtschaftlichen Disziplinen ab; plakativ ausgedrückt darf Controlling nicht bloß ‚alter Wein in neuen Schläuchen' sein. Was als originär anzusehen ist, lässt sich allerdings nicht objektiv feststellen. Diesbezüglich wird die Fokussierung auf einen in der Betriebswirtschaftslehre bisher vernachlässigten Sachverhalt durchaus

---

[1] Bezüglich des zweiten Schritts sei auf Kapitel 4ff. verwiesen.

[2] Vgl. dazu und im Folgenden Küpper (2001), S. 4f.

als hinreichend angesehen, um eine neue Disziplin zu begründen; jüngere Beispiele dafür sind die Wirtschaftsinformatik und das Internationale Management. Ob auch dem Controlling eine entsprechende Fokussierung bescheinigt werden kann, ist in Abhängigkeit von der jeweiligen Konzeption zu beurteilen.

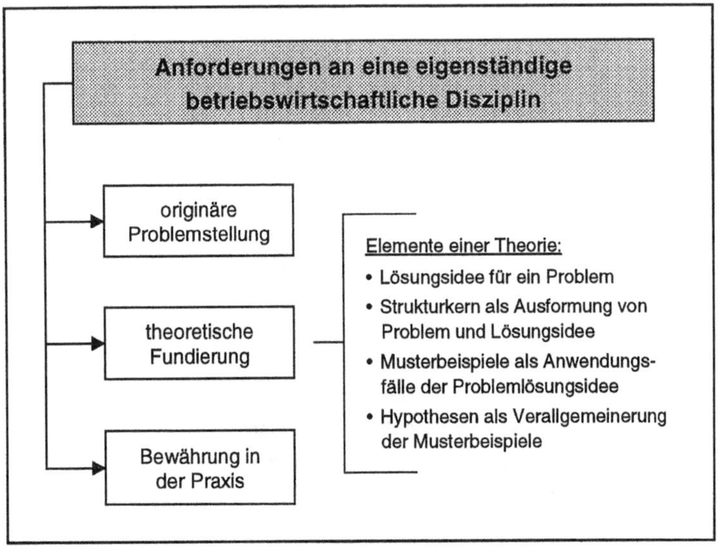

Abb. 3–1: Anforderungen an das Controlling als eigenständige Disziplin (in Anlehnung an: *Küpper* (2001), S. 4)

Die Beschreibung einer originären Problemstellung hat für sich gesehen noch keinen wissenschaftlichen Gehalt. Dazu bedarf es – als zweite Anforderung an eine eigenständige betriebswirtschaftliche Disziplin – der Ausarbeitung einer auf die Lösung der Problemstellung bezogenen *Theorie*. In Abbildung 3–1 ist aufgeführt, welche Elemente eine vollständig entwickelte Theorie nach *Schneider* umfasst.[3] Diese Elemente sollen vereinfachend am Beispiel der koordinationsbezogenen Controlling-Konzeption erläutert werden:

Ausgehend vom *Problem* der ‚zielgerichteten Einflussnahme auf die Abläufe in Unternehmungen' besteht *eine Lösungsidee* in der ‚Koordination der Führungsteilsysteme', bezeichnet als Controlling. Die Ausformung von Problem und Lösungsidee findet seinen Niederschlag in einem *Strukturkern*, in dessen Sinne das Controlling z.B. als ‚ergebniszielorientierte Koordination zwischen Planung, Kontrolle und Informations-

3 Vgl. dazu und im Folgenden Schneider (1995), S. 167ff.

versorgung' verstanden wird;[4] das daraus resultierende Abbild der Zusammenhänge nennt sich auch ‚Modell'. *Musterbeispiele* sind einzelne Erfahrungssachverhalte, welche die Überlegungen zum Strukturkern empirisch bestätigen oder auch widerlegen; letzteres ist etwa der Fall, wenn ausgewählte Controller-Tätigkeiten nicht mit der unterstellten Orientierung an Ergebniszielen korrespondieren. Schließlich sind *Hypothesen* als behauptete Gesetzmäßigkeiten zu formulieren, etwa dergestalt, dass Controlling in der Praxis nur bei primär durch Pläne determinierter Koordination eine Rolle spielt.[5]

Selbst wenn sich eine bestimmte Controlling-Konzeption theoretisch fundieren lässt, besagt das noch nichts über ihre *Bewährung in der Praxis*: Demgemäß müssen für die Unternehmungen umsetzungsfähige Hilfestellungen ableitbar sein. Die Frage nach der Erfüllung dieser dritten der in Abbildung 3–1 genannten Anforderungen ist dabei abermals nur konzeptionsspezifisch zu beantworten.

3.2 Die Problematik der Fokussierung auf die klassischen Führungsteilsysteme

Die Entstehung einer eigenständigen betriebswirtschaftlichen Disziplin kann zweierlei Ursprünge haben: Einerseits ist es möglich, *aus der Forschung heraus* auf eine bis dahin noch nicht eingehend thematisierte Problemstellung zu stoßen; die erste der oben aufgeführten Anforderungen ist dann automatisch erfüllt. Andererseits kann der Impuls von *in der Praxis zu beobachtenden Entwicklungen* ausgehen, wie dies etwa für das Controlling zutrifft; es mag dann zwar eine Problemstellung formulierbar sein, inwieweit sie aber originären Charakter hat, wird sich erst im Verlauf ihrer theoretischen Durchdringung herauskristallisieren.

Damit wird die *Vielfalt der Controlling-Konzeptionen* nachvollziehbar: Jede Konzeption stellt einen weiteren Versuch dar, im Rahmen ihrer theoretischen Fundierung die originären Aspekte der Problemstellung herauszuarbeiten. Dabei stehen die in der Forschung dominierenden funktionalen Ansätze nicht losgelöst voneinander, sondern basieren auf einem *einheitlichen Bezugsrahmen*. Gerade ihre gemeinsame Grundlage könnte allerdings Ursache dafür sein, warum bislang noch keine der (funktionalen) Controlling-Konzeptionen[6] den Anforderungen an eine eigenständige betriebswirt-

---

[4] Vgl. dazu Horváth (2001), S. 153.

[5] Vgl. dazu Weber (1995), S. 47ff.

[6] Im Folgenden wird vereinfachend auf die Charakterisierung der betrachteten Controlling-Konzeptionen als ‚funktional' verzichtet.

schaftliche Disziplin insgesamt gerecht wird. Dieser Gedanke wird nachstehend weiter vertieft.

Der Bezugsrahmen der Controlling-Konzeptionen ist zum einen geprägt durch eine *funktionale Sichtweise*, in deren Fokus Aufgabeninhalte[7] stehen; dagegen bleibt die institutionale Sichtweise, welche Aspekte der Aufgabenträgerschaft – insbesondere die Zuordnung der Aufgabeninhalte zu Akteuren und deren diesbezügliche Beziehungen – betrifft, weitgehend ausgeblendet. Zum anderen erfolgt die *Strukturierung der Aufgaben* unter Rückgriff auf Begriffe der *Systemtheorie*:[8] So wird das ‚System Unternehmung' zunächst grob gegliedert in ein Führungs- und Ausführungssystem, welche beispielsweise *Weber* wie folgt voneinander abgrenzt:

- „Das Ausführungssystem .. umfaßt alle Handlungen, die unmittelbar (z.B. Endmontieren) oder mittelbar (z.B. Anlagen Instandhalten) der Erstellung von Marktleistungen dienen. Das Führungssystem hat die Aufgabe, die Handlungen im Ausführungssystem zu strukturieren und zu koordinieren."[9]

Vor dem Hintergrund, dass dem Controlling gewöhnlich der Status einer Führungsfunktion eingeräumt wird, zeichnet sich der Bezugsrahmen durch die weitergehende Differenzierung des Führungssystems in so genannte *Führungsteilsysteme* aus. Derartige Führungsteilsysteme weisen idealer Weise zwei Merkmale auf:

- Ein Führungsteilsystem beinhaltet gleichartige Führungsaufgaben.
- Diese unterscheiden sich hinlänglich von den übrigen Führungsaufgaben.

Zur Ableitung entsprechender Führungsteilsysteme kann zwar prinzipiell eine Reihe von Kriterien herangezogen werden. Der Einordnung des Controllings liegt aber in aller Regel eine auf *Fayol* zurückgehende *Differenzierung nach Aufgabenarten* zugrunde. Gemäß diesem Ansatz wird zwischen den klassischen Führungsteilsystemen der Planung, Kontrolle, Organisation, Information(sversorgung) und Personalführung unterschieden.[10] Den daraus resultierenden Bezugsrahmen stellt Abbildung 3–2 im Überblick dar.

---

[7] Statt von Aufgaben ist synonym z.B. auch von Funktionen, Tätigkeiten oder Handlungen die Rede. In Abschnitt 5.1 wird allerdings der Handlungsbegriff dem Tätigkeitsbegriff untergeordnet werden.

[8] Zu den beiden genannten Merkmalen des – nicht allein Controlling betreffenden – Bezugsrahmens vgl. Weber (1996), S. 64.

[9] Weber (1996), S. 64.

[10] Vgl. z.B. Küpper (2001), S. 15, der dort auch Varianten der Gliederung nach Aufgabenarten anspricht. Vgl. auch Abb. 2–8.

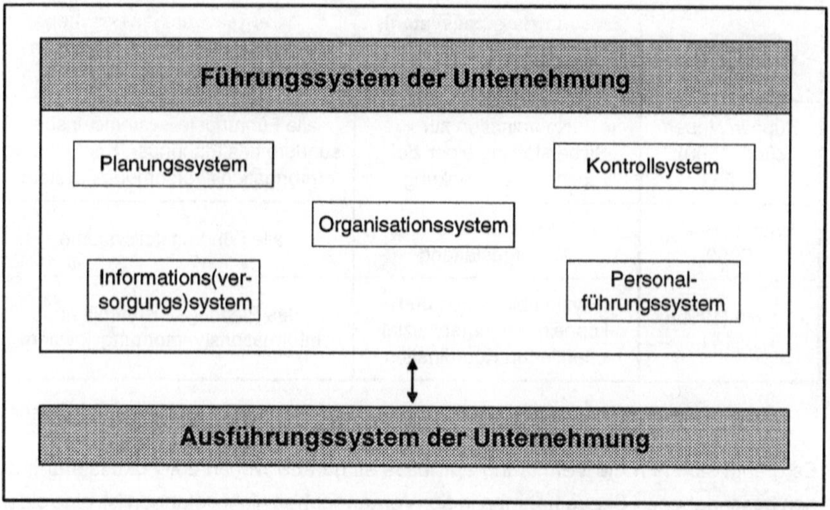

Abb. 3–2: Traditioneller Bezugsrahmen zur Einordnung des Controllings als Führungsfunktion (in Anlehnung an: *Küpper* (2001), S. 15)

Die Entwicklung einer Theorie – namentlich die Suche nach der Lösungsidee für ein Problem und einem geeigneten Strukturkern – ist verbunden mit der Notwendigkeit zur vereinfachten Abbildung realer Sachverhalte. Diesbezüglich stellt der Bezugsrahmen für das Controlling die entscheidenden Weichen: Controlling wird zum einen rein *funktional* betrachtet, zum anderen wird ihm als zusätzliche Aufgabenart auch eine *überschneidungsfreie Beziehung* zu den übrigen Führungsteilsystemen unterstellt. Darauf aufbauend lassen sich nun (lediglich solche) Controlling-Konzeptionen ableiten, die folgende *allgemeine Struktur* besitzen:

- Als Führungsteilsystem beinhaltet Controlling die Funktion der ... .
- Es ergänzt die klassischen Führungsteilsysteme durch Anwendung seiner Funktion auf ... .

Wie sehr die in Abschnitt 1.1 skizzierte Controlling-Diskussion durch diese Struktur determiniert war, zeigt die in Tabelle 3–1 wiedergegebene Einordnung der drei wesentlichen, konkurrierenden Controlling-Konzeptionen.

konkurrierende Konzeptionen	Als Führungsteilsystem beinhaltet Controlling die Funktion der ...	Es ergänzt die klassischen Führungsteilsysteme durch Anwendung seiner Funktion auf ...
Küpper/Weber/ Zünd (1990), S. 283	Koordination zur Sicherstellung einer zielgerichteten Lenkung	alle Führungsteilsysteme, insbesondere das Planungs-, Kontroll- und Informations(versorgungs)system
Weber (1995), S. 50	Struktur- und Ablaufgestaltung	alle Führungsteilsysteme
Horváth (1996a), S. 141	systembildenden und -koppelnden, ergebniszielorientierten Koordination	das Planungs-, Kontroll- und Informations(versorgungs)system

Tab. 3–1: Verdeutlichung der einheitlichen Struktur konkurrierender Controlling-Konzeptionen

Es drängt sich nun die Vermutung auf, dass es gerade *wegen* der Fokussierung auf den beschriebenen Bezugsrahmen in der Vergangenheit nicht gelungen ist, eine eigenständige Controlling-Konzeption zu entwickeln. So haben maßgebliche Tätigkeiten der Controller in der Praxis selbst den Charakter von Planungs-, Kontroll-, bzw. Informations(versorgungs)-Aufgaben; dies belegt z.B. eine neuere empirische Untersuchung von *Matschke*,[11] der als die drei bedeutsamsten Aufgabenfelder des Controllings die operative Planung, die Abweichungsanalyse und das Berichtswesen[12] ermittelte. Es ist von daher *gar nicht möglich*, Controlling von den entsprechend abgegrenzten Führungsteilsystemen trennscharf abzugrenzen!

Sich auf der Suche nach einer Controlling-Konzeption vom traditionellen Bezugsrahmen zu lösen, fällt indes schwer. Er verkörpert quasi ein *Paradigma*, dass den Blick für alternative Ansätze versperrt. Erst wenn man sich dieses Sachverhalts bewusst wird, kann es gelingen, die eingeschliffenen Denkmuster zu überwinden.

Dahingehend steht die Frage im Raum, *wie* fruchtbare Anhaltspunkte für die Entwicklung eines neuartigen, dem Controlling besser gerecht werdenden Bezugsrahmens gewonnen werden können. Der folgende Abschnitt versucht, darauf eine Antwort zu geben.

---

11 Vgl. Matschke (2001), S. 369.

12 Zu verstehen als je ein Beispiel für eine Planungs-, Kontroll- und Informationsversorgungsaufgabe.

3.3 Besinnung auf die Kernkompetenzen der Controller

Die in Tabelle 3–1 aufgeführten Controlling-Konzeptionen vermitteln den Eindruck, dass im Kontext der Bemühungen zur Einpassung der Ansätze in den traditionellen Bezugsrahmen das Kriterium der *empirischen Relevanz* in den Hintergrund getreten ist. Diese Beobachtung erstaunt umso mehr, als Controlling aus der Praxis heraus entstanden ist. Andererseits weist sie aber auch den Weg hin zu alternativen, die Praxistauglichkeit stärker in den Vordergrund rückenden Konzeptionen. Dahingehend liegt es nahe, auf die tätigkeitsübergreifenden Kernkompetenzen zeitgemäßer Controller abzustellen.

Solche Kernkompetenzen werden bereits in einer Reihe empirischer Studien zu Aufgaben und Anforderungsprofilen von Controllern – explizit bzw. implizit – thematisiert.[13] Beim Versuch, die entsprechenden Aspekte strukturiert zusammenzufassen, erwies sich allerdings die übliche Differenzierung in fachliche und persönliche Fähigkeiten als wenig hilfreich: Letzten Endes spiegeln sich nämlich auch die Fachkenntnisse in Persönlichkeitsmerkmalen wider. Deshalb sind im Folgenden allein die wesentlichen *wünschenswerten Persönlichkeitsmerkmale* von Controllern aufgeführt. Wie ersichtlich, gestatten diese Anforderungen – auch zu verstehen als *Kernkompetenzen* – eine Unterteilung in die zwei Kategorien:

- Anforderungen im Rahmen *analytischer Kompetenz*:
  abstrakt denkend, methodisch versiert, quantitativ orientiert, strukturiert vorgehend.
- Anforderungen im Rahmen sich auf Dritte beziehender *Interaktions-Kompetenz*:
  kommunikativ, kooperativ, moderationsfähig, überzeugungskräftig.

Hervorzuheben ist einerseits, dass die Beschreibung der analytischen Kompetenz *ohne Rückgriff auf bestimmte Aufgabenarten* (planen, kontrollieren etc.) auskommt. Andererseits wird durch die Interaktions-Kompetenz die *Relevanz institutionaler Aspekte* betont.

---

13 Vgl. beispielsweise Zettelmeyer/Pfohl (1986), Peemöller (1990), S. 72ff., und Weber/Schäffer (1998a), S. 228ff.

Jede Anforderungskategorie für sich gesehen passt indessen auch zu anderen Berufsbildern. So korrespondieren die genannten analytischen Kernkompetenzen etwa mit dem Anforderungsprofil von Bilanzbuchhaltern, die genannten interpersonellen Kernkompetenzen etwa mit dem Anforderungsprofil von Linienmanagern. Erst aus der *Kombination* beider Kategorien resultiert deshalb die *Besonderheit des Anforderungsprofils* der Controller.[14]

Dieser Erkenntnis ist im Rahmen der Ableitung eines neuartigen Bezugsrahmens für das Controlling Rechnung zu tragen. Insbesondere muss ein solcher Bezugsrahmen zwei Anforderungen erfüllen:

- Er sollte es erlauben, dem Controlling eine Funktion zuzuweisen, die zu den analytischen Kernkompetenzen der Controller komplementär ist.
- Er sollte die institutionale Dimension einbeziehen, damit in der auszuarbeitenden Controlling-Konzeption auch die interpersonellen Kernkompetenzen der Controller zur Geltung gebracht werden können.[15]

Die Anforderungen repräsentieren *zentrale Anhaltspunkte* zur Konstituierung eines eigenständigen Controllings. Zugleich führen sie die Schwächen des traditionellen Bezugsrahmens nochmals vor Augen. So wird die ihm zugrunde liegende Strukturierung nach Aufgabenarten den analytischen Kernkompetenzen nicht gerecht. Mehr noch ist aber seine Beschränkung auf die funktionale Sicht zu kritisieren, die einer weitgehenden Ausblendung der interpersonellen Kernkompetenzen gleichkommt.

Bemerkenswert ist, dass dieses letztgenannte Defizit eigentlich offen zu Tage tritt. Zur Ausarbeitung der auf dem traditionellen Bezugsrahmen basierenden Controlling-Konzeptionen scheinen die jeweiligen Autoren nämlich nicht auf Aussagen institutio-

[14] Ihr Anforderungsprofil ist freilich keineswegs *einzigartig*, da es beispielsweise auch zu beratungsorientierten Stabsstellen passt. In solchen Fällen ähnlicher Anforderungsprofile manifestiert sich die Gefahr, dass die Controller aus ihren angestammten Aufgabenbereichen verdrängt werden könnten. Daher aber eine Spezialisierung hin zur alleinigen Betonung der analytischen Kompetenz oder der Interaktions-Kompetenz zu verfolgen – Weber (1999b), S. 478, spricht in diesem Zusammenhang von einer in der Zukunft möglicherweise stattfindenden Spaltung der Controllerzunft „in einen zahlen- und informationssystemgeprägten ‚Back-Office'-Bereich und ein Consultancy-geprägtes ‚Front Office'" – scheint bedenklich, denn, so Weber (1999b), S. 478, „für beide Felder stehen ... interne Wettbewerber bereit".

[15] An dieser Stelle sei bemerkt, dass mit der Betonung der institutionalen Dimension dem so genannten Self-Controlling – vgl. dazu z.B. Weber (1999c), S. 403f. – nur eine nachrangige Bedeutung zuerkannt werden kann, da in diesem Sonderfall für die interpersonelle Komponente des Controllings kein Platz bleibt.

naler Art verzichten zu können.[16] Beispielsweise leitet *Küpper* eine Servicefunktion für das Controlling ab; durch sie „sollten die Führungspersonen entlastet werden."[17] Sinngemäß lässt sich auch *Horváth* verstehen, wenn er konstatiert: „Controlling stellt eine Unterstützung der Führung dar"[18]. Selbst bei *Weber*, der „betont, dass [seine] Definition rein funktionaler Natur ist"[19], schleicht sich ein institutionaler Aspekt ein, wenn er formuliert, „das Ziel des Controlling besteh[e] darin, Effizienz und Effektivität der Führung zu erhöhen"[20].

Erst in jüngerer Zeit rücken die Kernkompetenzen der Controller stärker in das Blickfeld theoriegeleiteter Überlegungen zum Controlling. Diese Entwicklung mag unter anderem davon getragen werden, dass in der Praxis die Unterstützungsfunktion der Controller weiter an Bedeutung gewinnt; so ermittelten *Steinle/Bruch/Michels* eine beachtliche Steigerung des Anteils an Service- und Beratungstätigkeiten der Controller.[21] Inwieweit die neue Entwicklung vielversprechend im Hinblick auf die Etablierung des Controllings als eigenständige Disziplin ist, wird im folgenden Kapitel am Beispiel des Ansatzes von *Weber/Schäffer* erörtert.

---

[16] Pietsch/Scherm (2002), S. 196, stellen in diesem Kontext die These auf: „Die Controllingforschung unterscheidet in die funktionale und institutionelle Perspektive, hält diese Differenzierung aber nicht konsequent aufrecht."

[17] Küpper (2001), S. 19.

[18] Horváth (2001), S. 153. Weitere dahingehende Zitate von Horváth führen Pietsch/Scherm (2002), S. 196f., an.

[19] Weber (1995), S. 50.

[20] Weber (1995), S. 50; in funktionaler Hinsicht hätte Weber nicht von ‚Führung', sondern von ‚Führen' sprechen müssen.

[21] Vgl. Steinle/Bruch/Michels (1998), S. 451f.

4 Die rationalitätsorientierte Controlling-Konzeption als vielversprechender Ansatz

Die in den letzten Jahren wieder aufflammende Diskussion über die Inhalte des Controllings wurde initiiert durch den bereits in Abschnitt 1.1 angesprochenen Vorschlag von *Weber/Schäffer*, Controlling als Sicherstellung der Rationalität der Führung zu begreifen. Insbesondere kam es zu einem Meinungsaustausch mit *Pietsch/Scherm*,[1] welche die Bezugnahme auf den Rationalitätsgedanken grundsätzlich in Frage stellen und einen Gegenvorschlag unterbreiten: Sie ordnen dem Controlling sowohl die Führungsfunktion der Kontrolle als auch die Führungsunterstützungsfunktion der Informationsaufbereitung zu. Dabei legen sie allerdings ausdrücklich den Schwerpunkt auf die funktionale Sicht und lösen sich nicht von der klassischen Differenzierung der Führungsteilsysteme.[2] Dies steht erkennbar im Widerspruch zu den abgeleiteten Anforderungen an einen Bezugsrahmen für das Controlling.

Vor diesem Hintergrund konzentrieren sich die nachfolgenden Erörterungen auf den rationalitätsorientierten' Ansatz von *Weber/Schäffer*.[3] Abschnitt 4.1 ist den zentralen Elementen ihrer Konzeption gewidmet. Eingegangen wird zunächst auf ihr *Rationalitätsverständnis*, den zugrunde gelegten *Führungszyklus* und die *Kontextabhängigkeit* der Sicherstellungsfunktion als primär funktionale Elemente (Abschnitt 4.1.1); sodann wird ihre *Gegenüberstellung intuitiver und reflexiver Prozesse* angesprochen, die sich als institutionale Aspekte einbringendes Element kennzeichnen lässt (Abschnitt 4.1.2).[4]

---

[1] Vgl. dazu den kritischen Beitrag von Pietsch/Scherm (2000), die Stellungnahme von Weber/Schäffer (2001b) sowie die Replik von Pietsch/Scherm (2001b).

[2] Vgl. Pietsch/Scherm (2000), S. 402 und S. 404. Später greifen sie allerdings die institutionale Sicht auf, um eine Brücke zum Ansatz von Weber/Schäffer zu schlagen; vgl. Pietsch/Scherm (2001b), S. 310f.

[3] Es sei nochmals betont, dass sich dabei auf die grundlegenden Ausführungen von Weber/Schäffer aus dem Jahre 1999 bezogen wird; vgl. dazu Kapitel 1, Fußnote 26. Angemerkt sei zudem, dass auch die Überlegungen von Pietsch/Scherm vielversprechende Ansatzpunkte zur Entwicklung einer eigenständigen Controlling-Konzeption enthalten, die hier aber nicht weiter thematisiert werden.

[4] Die aufgeführten Elemente sind Bestandteile des originären Ansatzes, wie ihn Weber/Schäffer insbesondere in (1999c) und (1999d) vorgestellt haben. Davon abzugrenzen ist die erstmals von Schäffer (2001), insbesondere S. 23 und S. 44ff., in seiner Habilitationsschrift näher dargelegte Auffassung, Controlling sei mit den Führungsphasen der Willensdurchsetzung und Kontrolle gleichzusetzen. Damit löst er sich weitgehend vom originären Ansatz. Zwar wird Schäffers neue Sicht auch in Weber/Schäffer (2001b), S. 77, aufgegriffen, von Weber selbst aber nicht adaptiert, wie die neueste Auflage seines Lehrbuchs zeigt; vgl. Weber (2002a). Auch hier wird Schäffers Sicht nicht weiter verfolgt, zumal sie dem Controlling weitgehend traditionelle Problemstellungen zuordnet.

Eine kritische Würdigung des Ansatzes findet in Abschnitt 4.2 statt. Neben der Erörterung einzelner Stärken und Schwächen (Abschnitt 4.2.1) wird sein Potential zur Etablierung des Controllings als eigenständige betriebswirtschaftliche Disziplin ausgelotet (Abschnitt 4.2.2).

4.1 Die grundlegenden Elemente der Konzeption im Überblick

4.1.1 Die funktionale Basis der Konzeption

Den Kern der Controlling-Konzeption von *Weber/Schäffer* bildet der Begriff der Rationalität.[5] Unter Verweis auf den vorherrschenden Ansatz in der ökonomischen Theorie wollen sie darunter *Zweckrationalität* verstanden wissen.[6] Demgemäß ist eine Handlung „an der effizienten Mittelverwendung bei gegebenen Zwecken"[7] zu beurteilen. Dieser Maßstab ist insofern relativer Natur, als erst im Diskurs einer Handlungsgemeinschaft die Eigenschaft der (Nicht-)Rationalität durch eine Handlungsträgermehrheit Bestätigung findet.

Im Hinblick auf die Zweckrationalität als grundsätzlich anzustrebendes Prinzip wirtschaftlichen Handelns messen *Weber/Schäffer* der Rationalität der *Führung* zentrale Bedeutung bei. Von daher bleiben sie mit ihrem Ansatz dem Merkmal klassischer Controlling-Konzeptionen treu, Controlling in Bezug zur Führung zu setzen. Neu ist aber, dass sie – gegenüber der aufgabenbezogenen Differenzierung von Führungsfunktionen – einer prozessbezogenen Sicht den Vorzug geben. Diese findet ihren Ausdruck in einem *idealtypischen Führungszyklus*, den Abbildung 4–1 wiedergibt. Danach unterscheiden *Weber/Schäffer* zwischen den Führungsphasen der Willensbildung, Willensdurchsetzung und Kontrolle.

In der Phase der *Willensbildung* sind die betriebliche Produktionsfunktion und die in ihr abgebildeten Zweck-Mittel-Relationen festzulegen. Darauf folgt die Phase der *Willensdurchsetzung*; sie bezieht sich auf die Übermittlung des in Form der Zweck-Mittel-Relationen definierten Willens an vollziehende Stellen. Diese besitzen im Rahmen der Willensumsetzung keine Freiheitsgrade mehr und sind deshalb einer *Ausführungsphase* zuzuordnen. Daran schließt sich die Phase der *Kontrolle* an; aus dem Abgleich des tatsächlich Erreichten mit dem ursprünglich Gewollten werden in ihr Erkenntnis-

5 Vgl. dazu und im Folgenden Weber/Schäffer (1999c).

6 Tiefer gehende Überlegungen finden sich in Weber/Schäffer/Langenbach (2001).

7 Weber/Schäffer (1999c), S. 734.

se gewonnen, welche im Form endogener Daten in die zukünftige Willensbildung und -durchsetzung einfließen.

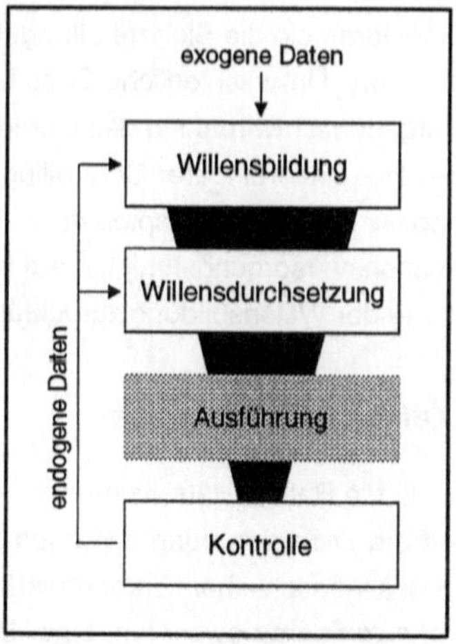

Abb. 4–1: Idealtypischer Führungszyklus (nach: *Weber/Schäffer* (1999c), S. 735)

Während die Willensbildung die *Antizipation*, die Willensdurchsetzung und Kontrolle die *Realisierung* von Führungsrationalität betrifft, kommt dem Controlling die *Sicherstellung* der Führungsrationalität zu. Sie – die Sicherstellung – hat dabei selbst den Charakter einer Führungsfunktion.[8]

Die Einbindung dieser Funktion in den Führungszyklus legen *Weber/Schäffer* anhand von Beispielen dar. Dabei thematisieren sie neben den Führungsphasen im Allgemeinen auch die Datenbereitstellung und andere, insbesondere die Koordination betreffende Führungshandlungen als Ansatzpunkte des Controllings. Dies erweckt zunächst den Anschein einer Vermischung der prozess- und aufgabenbezogenen Differenzierung von Führungshandlungen. Dem kann aber entgegengehalten werden, dass Datenbereitstellung und Koordination aus dem Blickwinkel des Führungszyklus – quasi als spezielle Aspekte der Prozessperspektive – betrachtet werden. So bezieht sich die Datenbereitstellung auf die Einbringung exogener Daten in die Willenbildungsphase (vgl. nochmals Abbildung 4–1), die Koordination auf die Abstimmung mehrerer Führungszyklen.[9]

8 So jedenfalls scheinen die Anmerkungen von Weber/Schäffer (2001b), S. 77, in der Diskussion mit Pietsch/Scherm zu verstehen zu sein.

9 Dies wird von Weber/Schäffer (1999c), S. 739, eingängig visualisiert.

Die gesonderte Betrachtung der Datenbereitstellung und Koordination geschieht wohl vor dem Hintergrund, dass *Weber/Schäffer* mit ihrem rationalitätsorientierten Ansatz die vielfältigen Controlling-Konzeptionen auf einen gemeinsamen Nenner bringen wollen. Dahingehend charakterisieren sie die Sicherstellungsfunktion in ihrer konkreten Ausprägung als *kontextabhängig*: Unterschiedliche Engpässe rationaler Führung bedingen unterschiedliche Aufgabenschwerpunkte des Controllings. Daraus erklärt sich das Nebeneinander vermeintlich unvereinbarer Controlling-Konzeptionen, die jeweils auf einen bestimmten Engpass abstellen. Beispielsweise lässt sich das Verständnis des Controllings als Informationsversorgungsfunktion auf Mängel hinsichtlich der Datenbereitstellung in der Phase der Willensbildung zurückführen.

4.1.2 Die institutionale Öffnung der Konzeption

Im Rahmen ihres Bestrebens, die Rationalitätssicherungsfunktion ‚mit Leben zu füllen', stellen *Weber/Schäffer* auf die *Differenzierung zwischen Intuition und Reflexion* als gegensätzliche Prinzipien der menschlichen Erkenntnisfähigkeit ab.[10] In ihrem Verständnis entspricht die *Reflexion* dem bewussten, einer Beobachtung zugänglichen Prozess des (Nach-)Denkens; ein solcher Prozess bedarf expliziten Wissens, welches zum Teil unmittelbar ins Bewusstsein gerufen werden kann, zum Teil erst erarbeitet werden muss. Der *Intuition* liegt hingegen ein unbewusster und damit nicht analysierbarer Erkenntnisprozess zugrunde; dieser vollzieht sich keineswegs unfundiert, sondern beruht auf Erfahrungen, die aber unterhalb der Bewusstseinsschwelle verarbeitet werden.

Zwischen intuitiven und reflexiven Prozessen besteht aufgrund ihrer Verschiedenartigkeit ein besonderes *Spannungsverhältnis*. Aufgabe des Controllings ist es nun, dieses Spannungsverhältnis in den Phasen des Führungszyklus auszubalancieren und so einen Beitrag zur Rationalitätssicherung der Führung zu leisten. Dabei verstehen *Weber/Schäffer* unter ‚Ausbalancieren' den Abgleich zwischen rein intuitiv und rein reflexiv gewonnenen Einsichten.

Die Öffnung der rationalitätsorientierten Controlling-Konzeption für institutionale Aspekte findet ihren Ausdruck unter anderem darin, dass Intuition und Reflexion verschiedenen Akteuren zugeordnet werden. Dies ist zwar nicht zwingend notwendig; aber zur vollen Entfaltung des Spannungsverhältnisses zwischen intuitiven und reflexiven Prozessen kommt es erst im Zusammenspiel von Handlungsträgern, welches von daher im Hinblick auf die Rationalitätssicherung zusätzlichen Nutzen verspricht.

---

[10] Die folgenden Erläuterungen beziehen sich auf Weber/Schäffer (1999d).

Weber/Schäffer erläutern ihren Ansatz ausführlich am Beispiel der Phase der Willensbildung, in der etwa über eine mögliche Investition zu befinden ist. Diesbezüglich wird der intuitive Part einem Manager, der reflexive Part einem Controller zugeordnet. Beide nehmen ihre Rolle unabhängig voneinander wahr, so dass sich die zwei resultierenden Vorteilhaftigkeitseinschätzungen gemäß Abbildung 4–2 in einer Matrix gegenüberstellen lassen.

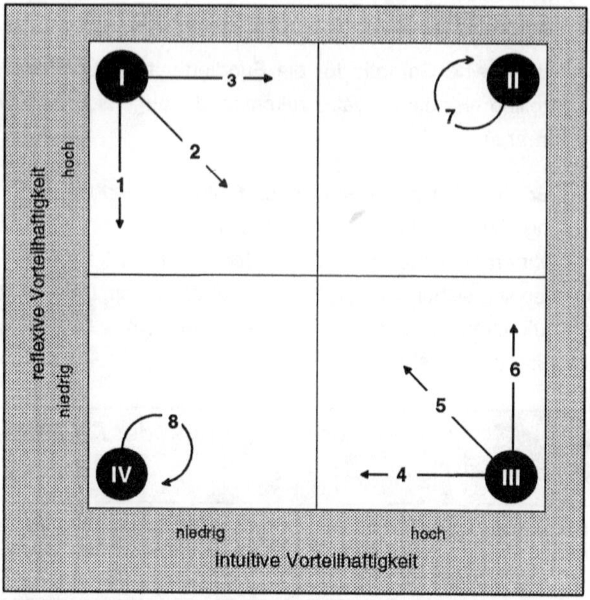

Abb. 4–2: Intuitive versus reflexive Vorteilhaftigkeitseinschätzung und entsprechende Ansatzpunkte des Controllings (nach: *Weber/Schäffer* (1999d), S. 212)

Den in Abbildung 4–2 abgegrenzten Feldern I bis IV sind die Pfeile 1 bis 8 zugeordnet. Sie geben mögliche Ansatzpunkte des Controllings für die Wahrnehmung der Rationalitätssicherungsfunktion wieder. Dabei ist zu unterscheiden zwischen den Feldern II und IV, bei denen *Meinungskongruenz* zwischen Manager und Controller besteht, und den Feldern I und III, die *Meinungsverschiedenheiten* erkennen lassen. Um letztgenannte auszuräumen, hat der Manager bzw. Controller die Wahl zwischen jeweils drei Stoßrichtungen, Intuition und Reflexion zur Übereinstimmung zu bringen:

- Reflexion folgt Intuition (Pfeile 1 und 6);
- Annäherung von Intuition und Reflexion (Pfeile 2 und 5);
- Intuition folgt Reflexion (Pfeile 3 und 4).

Diesbezüglich ist es Aufgabe des Controllings, Irrationalitäten betreffs der Beweggründe zur Verfolgung einer bestimmten Stoßrichtung entgegenzuwirken.

In den durch die Felder II und IV gekennzeichneten Situationen besteht aus Sicht von Manager und Controller kein weiterer Handlungsbedarf; sie sind *nach außen hin* gleicher Meinung, wie folgendes Stichwort umschreibt:

- Es wird Übereinstimmung hinsichtlich Intuition und Reflexion bekundet (Pfeile 7 und 8).

Gleichwohl ist dies keine Garantie für die Fundiertheit beider Einschätzungen, so dass dem Controlling hier die Aufgabe zukommt, die augenscheinliche Einmütigkeit kritisch zu hinterfragen.

Die Ursachen für eine irrationale Angleichung intuitiver und reflexiver Vorteilhaftigkeitseinschätzung können sehr vielfältig sein. Tabelle 4–1 gibt einige der von *Weber/ Schäffer* angeführten Ursachen plakativ wieder.[11] Dabei ist zunächst der jeweilige Mechanismus der Angleichung aufgeführt, gefolgt von einem Beispiel für einen diesbezüglichen irrationalen Beweggrund, welcher mittels eines Schlagworts und einer kurzen Erläuterung umschrieben wird.

Mechanismus der Angleichung	irrationaler Beweggrund der Angleichung	
	Schlagwort	Skizzierung
Pfeile 1 und 6: Reflexion folgt Intuition	„jede Zahl lässt sich rechnen“	durch – unbegründete – Veränderung unsicherer Annahmen wird das reflexive Urteil der intuitiven Einschätzung angepasst
Pfeile 2 und 5: Annäherung von Intuition und Reflexion	„fauler Kompromiss“	drohenden Konflikten wird aus dem Weg gegangen, indem wechselseitig Zugeständnisse gemacht werden
Pfeile 3 und 4: Intuition folgt Reflexion	„Zahlengläubigkeit“	ein intuitives Störgefühl bezüglich der reflexiven Einschätzung wird aufgrund der vorgelegten quantitativen Daten verdrängt
Pfeile 7 und 8: hinsichtlich Intuition und Reflexion wird Übereinstimmung bekundet	„Illusion der Einmütigkeit“	man ist überfordert, sich eine eigene, intuitive bzw. reflexive Meinung zu bilden, und schließt sich daher unbegründet der jeweils anderen Einschätzung an

Tab. 4–1: Beispiele irrationaler Angleichung von intuitiver und reflexiver Vorteilhaftigkeitseinschätzung

[11] Vgl. Weber/Schäffer (1999d), S. 213ff.

Die institutionale Dimension des Ansatzes von *Weber/Schäffer* spiegelt sich nun auch in Aussagen zur Übernahme der Controlling-Funktion durch Handlungsträger wider. Diesbezüglich ordnen sie den Controllern eine herausgehobene Bedeutung zu.[12]

4.2 Kritische Würdigung der Konzeption

4.2.1 Einzelne Stärken und Schwächen der Konzeption

Bereits die beiden Gliederungspunkte des Abschnitts 4.1 deuten an, worin eine wesentliche Stärke der Controlling-Konzeption von *Weber/Schäffer* gesehen wird: Sie leiten einen Bezugsrahmen ab, der es erlaubt, in Zusammenhang mit der Spezifikation des Controlling-Begriffs sowohl den analytischen als auch den interpersonellen Kernkompetenzen der Controller Rechnung zu tragen. So gehen mit der Funktion der Sicherstellung von Zweckrationalität Aufgaben einher, die ausgeprägt *analytischen Charakter* haben.[13] Darüber hinaus ist die Ausfüllung der Funktion durch die Zuordnung intuitiver und reflexiver Meinungsbildung zu verschiedenen Akteuren unmittelbar mit einer *institutionalen Komponente* verbunden.[14]

In diesem Kontext billigen *Weber/Schäffer* den Controllern eine Doppelrolle zu:

- „Die Intuition des Managers sollte durch ‚harte' Analysen des Controllers hinterfragt werden, Intuition allein kann leicht in die Irre führen."[15]
- „Die Sicherung des Ausgleichs bei sich widersprechender Intuition und Analyse sowie das kritische Hinterfragen von Gleichgewichten erfordert eine angemessen herausgehobene Gegenposition (‚Contre Rôle'). Hier besteht grundsätzlich die Wahlmöglichkeit zwischen
  • einem spezialisierten Controller oder Berater, ...".[16]

Einerseits werden die Controller also mit der reflexiven Willensbildung selbst, andererseits mit der Prüfung der – reflexiven und intuitiven – Willensbildung im Hinblick auf mögliche Rationalitätsdefekte in Verbindung gebracht.

---

[12] Vgl. Weber/Schäffer (1999c), S. 743.

[13] Siehe dazu auch die bei Weber/Schäffer/Langenbach (2001), S. 76, genannten Beispiele für Controlling-Aufgaben.

[14] Das Wechselspiel zwischen Intuition und Reflexion auf ein und denselben Akteur zu beziehen, ist zwar denkbar, stellt aber nur einen Sonderfall dar; vgl. Weber/Schäffer (1999d), S. 217.

[15] Weber/Schäffer (1999a), S. 36.

[16] Weber/Schäffer (1999a), S. 40.

Hinsichtlich des erstgenannten Aufgabenbereichs steht die *analytische Kompetenz* des Controllers im Vordergrund; beispielsweise geht er zur Bewältigung von Problemstellungen strukturiert und methodisch vor, sammelt und bereitet Daten auf, zieht logische Schlussfolgerungen. Er übernimmt damit zumindest einen Teil der reflexiven Willensbildung und trägt so zur *Entlastung* der Manager bei.

Der zweite Aufgabenbereich verlangt dem Controller auch *Interaktions-Kompetenz* ab; z.B. muss er die Ergebnisse seiner Analyse sich widersprechender Vorteilhaftigkeitseinschätzungen glaubhaft kommunizieren bzw. eine von ihm selbst vertretene Meinung überzeugungskräftig vermitteln können. Er agiert auf diese Art als Counterpart zu den Managern, die in ihm eine – sowohl funktionale als auch institutionale – *Ergänzung* erfahren.

Ungeachtet der Kompatibilität von Bezugsrahmen, Controlling-Verständnis und Controllerkompetenzen weisen die Überlegungen von *Weber/Schäffer* im Detail freilich auch Ansatzpunkte zu Kritik auf. Diese betreffen zum einen den Führungsbegriff, zum anderen die Sicherstellungsfunktion. So lösen sich *Weber/Schäffer* zwar von der klassischen aufgabenbezogenen Differenzierung von Führungsteilsystemen, halten aber an der *Unterscheidung zwischen Führung und Ausführung* fest. Daraus entsteht folgendes Problem:

Während Controlling *aus funktionaler Sicht* der Führung zugeordnet werden kann, ohne größere Einwände entkräften zu müssen, gilt dies für Controlling als *Institution* nicht; es widerspricht zu sehr der Realität, wenn den Controllern insgesamt ein Platz in der Führungsriege eingeräumt würde. Dennoch besitzen die Tätigkeiten der Controller erhebliche Freiheitsgrade und sind deshalb auch nicht der Ausführung zuzuordnen.

(Nicht nur) *Weber/Schäffer* lösen das Problem, indem sie die Controllertätigkeit als *Führungsunterstützung* kennzeichnen. Damit bleibt jedoch die in der Controlling-Forschung schon als traditionell zu bezeichnende Trennung zwischen funktionaler Sicht[17] und institutionaler Sicht[18] auch für die rationalitätsorientierte Controlling-Konzeption letztlich unvermeidbar.[19] Diese Trennung ist insofern kritikwürdig, als sie leicht zu Fehlinterpretationen theoriegeleiteter Aussagen zum Controlling führen kann und mittelbar einer generellen Skepsis gegenüber der Controlling-Forschung den Weg ebnet.

---

[17] In Form der Gegenüberstellung von Führung und Ausführung.

[18] In Form der Gegenüberstellung von Führung, Führungsunterstützung (im Sinne der Unterstützung bestimmter Akteure durch andere Akteure) und Ausführung.

[19] Zu dieser Trennung vgl. Weber/Schäffer (2001b), S. 77.

Einen Vorteil hat die Trennung allerdings: Sie unterstützt das positive Merkmal des Ansatzes von *Weber/Schäffer*, eine integrative Klammer um die traditionellen Controlling-Konzeptionen zu bilden, indem deren strukturelle Gemeinsamkeit auch in der rationalitätsorientierten Konzeption ihren Niederschlag findet.

Die Kritik im Hinblick auf die Sicherstellungsfunktion des Controllings betrifft das noch erhebliche Konkretisierungspotential. So wird von *Weber/Schäffer* in zweifacher Hinsicht nur ein *Sonderfall* im Führungszyklus eingehender thematisiert: Zum einen betrachten sie nur die Willensbildung *detailliert*, zum anderen gehen sie – innerhalb dieser Phase – von der Existenz einer rein intuitiv und einer rein reflexiv gebildeten Meinung aus. Es bleibt noch zu prüfen, ob sich unter Aufhebung beider Restriktionen generelle Teilaufgaben der Rationalitätssicherung ableiten lassen. Dabei wird dem *Phänomen intuitiver Entscheidungsfindung* auch aus einer interdisziplinären Perspektive heraus erhöhte Aufmerksamkeit zu schenken sein.

In diesem Kontext ist auch das zugrunde liegende Konstrukt der Zweckrationalität näher zu beleuchten. Insbesondere stellt sich die Frage nach seiner Operationalisierbarkeit. Dahingehend liegt es nahe, die *Entscheidungstheorie* stärker in die Überlegungen einzubinden und ihre Erkenntnisse für die Controlling-Theorie fruchtbar zu machen.

4.2.2 Zwischenfazit: Controlling auf dem Weg zur Eigenständigkeit

Ungeachtet einzelner Stärken und Schwächen sei der Ansatz von *Weber/Schäffer* abschließend mit Blick auf die Anforderungen an eine eigenständige betriebswirtschaftliche Disziplin beurteilt. Ausgehend von der Frage nach dem Gegenstand des Controllings lässt sich diesbezüglich die Sicherstellung der Rationalität der Führung als *Lösungsidee* – im Sinne einer Basis für eine Controlling-Theorie – begreifen. Zwar ist die Verknüpfung von Controlling- und Rationalitätsbegriff grundsätzlich nicht neu;[20] aber allein *Weber/Schäffer* bemühen sich, die Idee als Ankerpunkt ihrer Überlegungen auch inhaltlich auszufüllen. So kann die abgeleitete Controlling-Aufgabe, das Spannungsverhältnis zwischen Intuition und Reflexion auszubalancieren, als *Strukturkern* einer entsprechenden Theorie interpretiert werden.

Die Ausführungen zum Strukturkern haben freilich noch eher Beispielcharakter. Damit wird es Außenstehenden schwer gemacht, das Wesen der Sicherstellungsfunktion von den übrigen Führungsfunktionen abzugrenzen. Nur so ist es z.B. erklärbar,

---

[20] Vgl. Harbert (1982), S. 237ff., und Schmidt (1986), S. 61ff., aber auch Schildbach (1992), S. 22f.

warum *Horváth* die Koordination per se der Rationalitätssicherung zuordnet.[21] Vor diesem Hintergrund sind weitergehende Forschungsanstrengungen zur Ausformung des Strukturkerns nötig. Erst dann lässt sich eine Aussage treffen, inwieweit das rationalitätsorientierte Controlling als *originäre Problemstellung* trägt.

Ebenso kann der Ansatz noch nicht im Hinblick auf seine *Bewährung in der Praxis* beurteilt werden. Zumindest aber stimmt seine Kompatibilität mit den Kernkompetenzen der Controller zuversichtlich. So entspricht die den Controllern aus den theoretischen Überlegungen heraus zugewiesene Doppelrolle, die Manager einerseits zu entlasten und andererseits zu ergänzen, der von *Weber/Schäffer/Prenzler* vorgenommenen Typisierung realer Controlleraufgaben.[22]

Zusammenfassend lässt sich bildhaft konstatieren, dass *Weber/Schäffer* das Controlling auf dem Weg zu seiner Eigenständigkeit ein gutes Stück vorangebracht haben. Wenn auch noch eine nicht zu unterschätzende Strecke bewältigt werden muss, so scheint es vielversprechend, der eingeschlagenen Richtung konsequent weiter zu folgen. Dahingehend wird nachstehend versucht, einen weitere Etappe des Weges zu absolvieren. Teil B der Arbeit hat dabei das theoriebezogene Wissenschaftsziel vor Augen, die konzeptionelle Basis des rationalitätsorientierten Controlling-Ansatzes zu stärken. Als pragmatisches Wissenschaftsziel geht es dann in Teil C um die Nutzbarmachung von Erkenntnissen für das Controlling in der Praxis.

[21] Vgl. Horváth (2002), S. 368.

[22] Vgl. Weber/Schäffer/Prenzler (2001).

Teil B:

Konkretisierung der rationalitätsorientierten Controlling-Konzeption

Zentrale Fragestellungen:

- Kapitel 5: Welche Bezugsgröße kann dem rationalitätsorientierten Controlling an Stelle der Führung zugrunde gelegt werden?
- Kapitel 6: Welche Ansatzpunkte zur Wahrnehmung der Sicherstellungsfunktion lassen sich ableiten?
- Kapitel 7: Welche Bedeutung kommt dem Effektivitäts- und Effizienzkriterium im Hinblick auf die Rationalitätssicherung zu?
- Kapitel 8: Wie ist die vorgenommene Konkretisierung zu werten?

5 Controlling und Führung: Ableitung einer geeigneten Bezugsgröße für das Controlling

In seiner Struktur orientiert sich Teil B der Arbeit an den drei zentralen Begriffen der Controlling-Definition von *Weber/Schäffer*, namentlich Sicherstellung, Rationalität und Führung. Letztendliches Ziel ist es, die Aspekte der Controlling-Funktion möglichst umfassend abzubilden und gleichzeitig zu konkretisieren. Diesbezüglich bildet das Führungssystem – als die bisherige grundlegende Bezugsgröße für das Controlling – den Ausgangspunkt der Überlegungen.[1]

Zunächst wird verdeutlicht, dass dem Führungssystem keineswegs „zwangslogisch"[2] das Ausführungssystem als sein Komplement gegenübersteht (Abschnitt 5.1). Ausgehend von diesem Befund wird ein neues Modell des ‚Systems Unternehmung' entworfen, das die bisherige rein funktionale Sicht um eine akteurbezogene Sicht erweitert (Abschnitt 5.2). Wie sich das rationalitätsorientierte Controlling in dieses Modell einfügt, wird in Abschnitt 5.3 erörtert.

5.1 Die Problematik der Differenzierung zwischen Führungs- und Ausführungssystem

Wie bereits in Abschnitt 4.2.1 dargelegt, bringt die Unterscheidung zwischen Führung und Ausführung bzw. zwischen Führungs- und Ausführungssystem Probleme bei der Einordnung des rationalitätsorientierten Controllings mit sich. Es kann freilich gezeigt werden, dass bereits die Differenzierung *an sich* – unabhängig von einem bestimmten Controlling-Verständnis – kritikwürdig ist, wenn man von folgenden, zumindest implizit oft unterstellten Prämissen ausgeht:

---

[1] Gegenüber den traditionellen Controlling-Konzeptionen stellen Weber/Schäffer im Rahmen ihres rationalitätsorientierten Ansatzes keinen Bezug zum Systemgedanken mehr her. Sie differenzieren aber weiterhin zwischen Führung und Ausführung, (welche man durchaus als Teilsysteme des Gesamtsystems Unternehmung verstehen kann,) so dass die folgenden Erörterungen zu diesen Begriffen auch das Gedankengebäude von Weber/Schäffer betreffen.

[2] So Link (2002), Sp. 608.

- Unter den Begriff *Führung(ssystem)* – verstanden als Gesamtheit von Führungstätigkeiten und ihrer Beziehungen – werden alle Tätigkeiten subsumiert, welche der Einflussnahme auf andere Akteure dienen.[3] Dabei findet vornehmlich in der Controlling-Literatur der Begriff ‚Management(system)' synonym Verwendung.[4]

- Unter den Begriff *Ausführung(ssystem)* – verstanden als Gesamtheit von Ausführungstätigkeiten und ihrer Beziehungen – werden alle Tätigkeiten subsumiert, die keinerlei Freiheitsgrade mehr aufweisen und als solche der Erbringung von Marktleistungen dienen. Das Ausführungssystem entspricht damit dem ‚Leistungssystem'.[5]

Demnach wird zur Beschreibung von Führungstätigkeiten das Kriterium der Weisungskompetenz, zur Beschreibung von Ausführungstätigkeiten das Kriterium der Entscheidungskompetenz herangezogen. Weisungs- und Entscheidungskompetenz verkörpern allerdings zwei verschiedene, nicht überschneidungsfreie Aspekte organisatorischer Gestaltung. Daraus resultiert, dass Führungs- und Ausführungstätigkeiten *keine* sich ergänzenden Mengen von Tätigkeiten darstellen. Nachstehend sei dies verdeutlicht:

Der Begriff *Weisungskompetenz* umschreibt das Potential eines Akteurs zur Lenkung des Verhaltens anderer Akteure; mit anderen Worten: Führungstätigkeiten betreffen stets das Verhältnis zwischen Akteuren.[6] Dagegen umschreibt der Begriff *Entscheidungskompetenz* das Potential eines Akteurs zum Fällen und Umsetzen von Entscheidungen.[7] Beide Kompetenzarten können auf formell festgelegten Regeln beruhen; man spricht dann von Weisungs- bzw. Entscheidungs*befugnissen*. Sie können aber auch unabhängig davon faktisch vorhanden sein, und zwar im Rahmen infor-

---

3 Dieses Verständnis korrespondiert etwa mit dem von Küpper (2001), S. 13ff., zugrunde gelegten Führungsbegriff. Dabei geht aus der Abbildung bei Küpper (2001), S. 15, auch unmittelbar hervor, dass er unter Führung mehr als nur Personalführung versteht. Auch im hier vertretenen Verständnis beschränkt sich das Führungs(gesamt)system nicht auf die Inhalte eines Teilsystems ‚Personalführung', sondern umfasst auch Inhalte anderer Teilsysteme, z.B. eines Planungssystems. So kann auch die Planung der gezielten Einflussnahme auf andere Akteure dienen; man denke nur an die Intention, durch anspruchvolle gesetzte Planziele die Motivation der Mitarbeiter zu fördern.

4 So z.B. bei Steinmann/Scherer (1996), S. 140, Hahn/Hungenberg (2001), S. 28, und Küpper (2001), S. 14; eine differenziertere Sicht vertritt jedoch z.B. Dellmann (1992), S. 115.

5 Diese Gleichsetzung findet sich explizit z.B. bei Weber (1996), S. 64, Anmerkung [10], Wielpütz (1996), S. 36, und Ossadnik (1998), S. 16.

6 Man kann z.B. keine Computer führen; dieses Beispiel mag deutlich machen, dass der Begriff der Führung nicht abkoppelbar von akteursbezogenen Aussagen ist, ihm ist die institutionale Sicht sozusagen immanent.

7 Vgl. Kieser/Kubicek (1992), S. 83.

meller Autorität von Akteuren; z.B. ist denkbar, dass Stabsstellen sowohl in Bezug auf die Verhaltenslenkung als auch in Bezug auf die Entscheidungsfindung erhebliche Einflussmöglichkeiten haben, ohne mit entsprechenden Weisungs- bzw. Entscheidungsbefugnissen ausgestattet zu sein.[8]

Mit der Thematisierung einzelner der vorgenannten Weisungs- und Entscheidungsaspekte gehen bestimmte Sichtweisen einher. So bietet sich die Einnahme einer *funktionalen Sicht* an, wenn die Entscheidungskompetenzen im Mittelpunkt der Betrachtung stehen. Dagegen erfordert die Betrachtung von Weisungskompetenzen die Einnahme einer *institutionalen Sicht*. Davon abgrenzbar ist eine zweite – umfassendere – *institutionale Sicht*, welche auch Fragestellungen der auf einzelne Personen zu verteilenden Weisungs- und Entscheidungsbefugnisse einbezieht.

Die übliche Differenzierung zwischen der funktionalen und der – als umfassend charakterisierten – institutionalen Perspektive erfährt damit hier eine inhaltliche Erweiterung um die engere institutionale Perspektive; letztere sei zur besseren Unterscheidung nachstehend als *akteursbezogene Sicht* bezeichnet.[9]

Im Hinblick auf die theoretisch-konzeptionelle Auseinandersetzung mit dem Controlling sind im Weiteren die beiden abstrahierenden Sichten von Relevanz. Diesbezüglich kann das potentielle Tätigkeitsspektrum eines Akteurs in Tätigkeiten untergliedert werden, die a) Weisungskompetenz erfordern/nicht erfordern bzw. b) Entscheidungskompetenz erfordern/nicht erfordern. Diese vier Tätigkeitskategorien lassen sich wie folgt skizzieren und benennen:

a) Aspekt der Weisungskompetenz:

- Tätigkeiten, in welchen sich die Nutzung von Weisungskompetenzen widerspiegelt, betreffen ‚Dritte'; sie lassen sich als Tätigkeiten der unmittelbaren *Einflussnahme* des tätigen Akteurs *auf andere Akteure* kennzeichnen.[10]

- Tätigkeiten, die keinerlei Weisungskompetenz erfordern, betreffen ausschließlich den tätigen Akteur selbst; sie lassen sich als Tätigkeiten der unmittelbaren *Einflussnahme* des Akteurs *auf die Leistungserbringung* kennzeichnen.

---

[8] Vgl. zu diesem Beispiel Braun/Beckert (1992), Sp. 651, und Steinle (1992), Sp. 2316f.

[9] Auch im Rahmen der rationalitätsorientierten Controlling-Konzeption von Weber/Schäffer wird eine akteursbezogene Sicht thematisiert, allerdings in einem anderem Kontext; vgl. Bach et al. (2001).

[10] Es ein angemerkt, dass diese Einflussnahme entscheidungsunterstützenden und verhaltenssteuernden Charakter haben kann.

b) Aspekt der Entscheidungskompetenz:

➢ Tätigkeiten, in denen sich die Nutzung von Entscheidungskompetenzen widerspiegelt, betreffen die Gestaltung (d.h. Reduzierung) vorhandener Freiheitsgrade anderer Tätigkeiten; sie lassen sich als Tätigkeiten der *Entscheidungsfindung* kennzeichnen.[11]

➢ Tätigkeiten, die keinerlei Entscheidungskompetenz erfordern, sind ohne noch gestaltbare Freiheitsgrade; sie lassen sich als Tätigkeiten des *Entscheidungsvollzugs* kennzeichnen.

Zwischen den vier Tätigkeitskategorien bestehen Zusammenhänge, die in Form einer Matrix abbildbar sind. Dies wird in Tabelle 5–1 aus dem Blickwinkel eines bestimmten Akteurs – bezeichnet als Akteur 1 – verdeutlicht.

Tätigkeiten von Akteur 1 hinsichtlich	Einflussnahme auf Akteur 2	Einflussnahme auf die Leistungserbringung
Entscheidungs-findung	Entscheidungsfindung von Akteur 1 bezüglich seiner Einflussnahme auf Akteur 2: ‚Willensbildung'	Entscheidungsfindung von Akteur 1 bezüglich seiner Einflussnahme auf die Leistungserbringung: ‚Leistungsplanung'
Entscheidungs-vollzug	Entscheidungsvollzug von Akteur 1 bezüglich seiner Einflussnahme auf Akteur 2: ‚Willenskommunikation'	Entscheidungsvollzug von Akteur 1 bezüglich seiner Einflussnahme auf die Leistungserbringung: ‚Leistungserstellung'

Tab. 5–1: Klassifikation von Tätigkeiten nach ihrem Bezug zu Entscheidungs- bzw. Weisungskompetenzen aus dem Blickwinkel von Akteur 1

[11] Es wird bewusst von ‚betreffen' gesprochen, da der Begriff der Entscheidungsfindung weit ausgelegt wird: Neben der eigentlichen Reduzierung der Freiheitsgrade von Tätigkeiten, die einzelnen Auswahlentscheidungen entspricht und damit der *Selektion* im Sinne von Pietsch/Scherm (2000), S. 404, gleichkommt, lassen sich weitere Teilaspekte identifizieren; vgl. dazu näher Kapitel 6.

Es ergeben sich folgende vier Matrixsegmente, die überschneidungsfreie Teilmengen des potentiellen Tätigkeitsspektrums eines Akteurs darstellen:

- Die Tätigkeit der *Willensbildung* kann als eine im Kopf des Akteurs 1 stattfindende Überlegung charakterisiert werden, wie das Verhalten von Akteur 2 im Hinblick auf die existierenden Freiheitsgrade zu beeinflussen ist. Sie stellt von ihrer Eigenart her keine Handlung im Sinne eines nach außen hin wahrnehmbaren Aktes dar.
- Eine solche Handlung ist hingegen die Tätigkeit der *Willenskommunikation*, die der Übermittlung eines gebildeten Willens von Akteur 1 an Akteur 2 entspricht. Sie kann auf unterschiedlichste Weise erfolgen, z.B. mündlich, schriftlich oder auch durch Körpersprache.[12]
- Die Tätigkeit der *Leistungsplanung* findet als Überlegung wiederum im Kopf des Akteurs 1 statt. Er denkt hinsichtlich existierender Freiheitsgrade vor, wie von ihm selbst Leistungen zu erstellen sind.[13]
- Jene Tätigkeit der *Leistungserstellung* ist dagegen abermals nach außen hin wahrnehmbar. Entsprechende Handlungen des Akteurs 1 können sich dabei unmittelbar auf Marktleistungen beziehen, sie können diese aber auch indirekt – vermittels innerbetrieblicher Leistungen – betreffen.[14]

Unter Zugrundelegung der eingangs spezifizierten Begriffsinhalte von Führungs- und Ausführungssystem ist nun aus Tabelle 5–1 leicht ableitbar, dass sich beide Systeme nicht komplementär zueinander verhalten: Einerseits werden die der Einflussnahme auf andere Akteure dienenden Führungstätigkeiten – namentlich Willensbildung und Willenskommunikation[15] – durch die mittlere Spalte der Tabelle erfasst; andererseits finden sich die dem bloßen Entscheidungsvollzug dienenden Ausführungstätigkeiten

---

[12] Allerdings bestehen im Rahmen der Willenskommunikation keine Freiheitsgrade mehr, d.h. auch die Art der Willenskommunikation wird im Rahmen der Willensbildung festgelegt.

[13] Mit Link (2002), Sp. 609, könnte man auch von Selbstentscheidungen als Residualgröße der Fremdbestimmung des Verhaltens sprechen.

[14] Unter den Begriff ‚Leistungen' werden hier also Marktleistungen und innerbetriebliche Leistungen zusammengefasst.

[15] Analog zu den Begriffen der Leistungsplanung und -erstellung müsste eigentlich von ‚Einflussplanung und -erstellung' gesprochen werden; da dies aber dem Sprachgefühl zuwider läuft, wird im Folgenden der Willensbildung und -kommunikation als Bezeichnungen der Vorzug gegeben, wohlwissend, dass der Begriff des Willens damit gegenüber seiner üblichen Bedeutungsbreite eingeschränkt wird. Zudem wird ‚Willensbildung' hier breiter verstanden als bei Weber/Schäffer (vgl. nochmals Abschnitt 4.1.1). Der Begriff beinhaltet nämlich auch insoweit die Willensdurchsetzung, wie diese mit Freiheitsgraden verbunden ist; soweit die Willensdurchsetzung dagegen keine Freiheitsgrade mehr beinhaltet, ist sie der Willenskommunikation zuzuordnen.

– namentlich Willenskommunikation und Leistungserstellung – in der unteren Zeile der Tabelle wieder. Daraus ergibt sich der in Abbildung 5–1 nochmals hervorgehobene Überlappungsbereich, welcher den Entscheidungsvollzug von Akteur 1 bezüglich seiner Einflussnahme auf Akteur 2 – also die Willenskommunikation – betrifft.

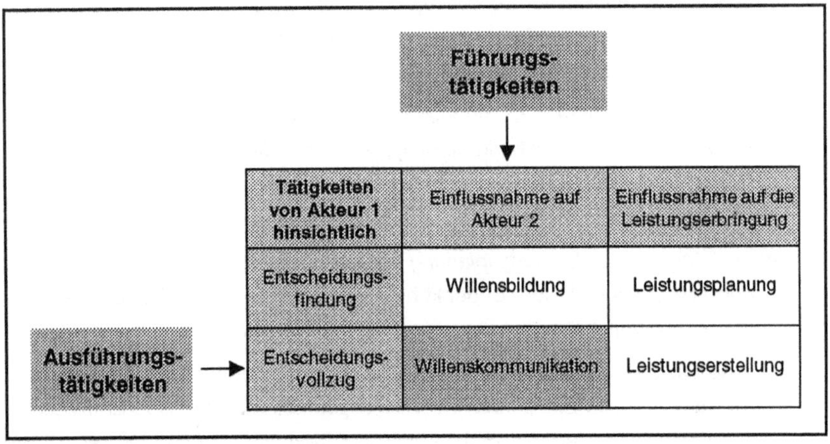

Abb. 5–1: Willenskommunikation als Überlappungsbereich von Führungs- und Ausführungstätigkeiten

Die landläufige Differenzierung zwischen Führungs- und Ausführungstätigkeiten im Sinne überschneidungsfrei voneinander abgrenzbarer Tätigkeitskategorien ist somit nicht haltbar. Dass diese Erkenntnis bislang nicht offen zu Tage trat, beruht auf der – vor allem in der wissenschaftlichen Controlling-Community gepflegten – strikten Trennung von funktionaler und institutionaler Perspektive bzw. der Vernachlässigung der akteursbezogenen Perspektive. Bei rein funktionaler Sicht wird quasi der Aspekt der Weisungskompetenz ausgeblendet, bei rein institutionaler Sicht der Aspekt der Entscheidungskompetenz. Die Differenzierung zwischen Führungs- und Ausführungstätigkeiten entspricht dann im ersten Fall der Unterscheidung in Entscheidungsfindung und -vollzug; im zweiten Fall entspricht sie der Abgrenzung zwischen der Einflussnahme auf Akteure und der Einflussnahme auf die Leistungserbringung. Jeder Fall für sich allein betrachtet suggeriert – wie oben gezeigt fälschlicher Weise – Überschneidungsfreiheit von Führungs- und Ausführungstätigkeiten.

5.2 Ableitung eines neu durchdachten Gefüges von Teilsystemen der Unternehmung

Nachstehend werden die mit der akteursbezogenen Sicht verbundenen Implikationen für die *(Neu-)Strukturierung des Systems Unternehmung* modellhaft ausgearbeitet. Ansatzpunkt des Gedankengangs ist der Befund, dass Führungstätigkeiten von ihrem Charakter her relativer Natur sein können. So *folgt* Akteur 2 dem Akteur 1, indem er dessen Willen umsetzt, z.B. für eine verminderte Ausschussquote zu sorgen. Dabei *führt* Akteur 2 zugleich einen Akteur 3, falls er diesem wiederum *seinen* Willen auferlegt, zur Verminderung der Ausschussquote z.B. die Werkzeuge an den Maschinen häufiger zu wechseln. Der komplementäre Begriff zu ‚führen' ist demnach nicht ‚ausführen', sondern ‚folgen'; anders ausgedrückt: Führungstätigkeiten ziehen Folgetätigkeiten nach sich, die selbst wieder Führungstätigkeiten sein können (aber nicht sein müssen).

Um diesen Gedanken vertiefen zu können, ist der in Abschnitt 5.1 zugrunde gelegte Blickwinkel *eines* Akteurs zu erweitern und das hierarchische Zusammenspiel mehrerer Akteure zu modellieren. Dabei wird gegebenenfalls von realen Sachverhalten abstrahiert. So entspricht ein Akteur nicht unbedingt einer einzelnen Person. Findet z.B. die tatsächliche Willensbildung in einem Team von Personen statt, lässt sich dieses Team wie *ein* Akteur abbilden; in einem solchen Fall bietet es sich an, von einer *Akteursgemeinschaft* zu sprechen. Umgekehrt kann eine bestimmte Person durchaus mehrere, jeweils einzelnen Akteuren zugeordnete Rollen wahrnehmen.

Zunächst sei das hierarchische Zusammenspiel zweier Akteure betrachtet.[16] Für sie lassen sich drei abstrakte *Konstellationen direkter Top-down-Beziehungen* – jeweils in den Varianten a und b – herleiten, die in Abbildung 5–2 auf Basis der Tabelle 5–1 schematisch dargestellt sind.[17]

---

[16] Es sei klargestellt, dass hier *nicht* auf die Konzeption eines hierarchischen Controlling-Ansatzes hingearbeitet wird, wie ihn etwa Homburg (2001a) entwickelt hat.

[17] Aus Vereinfachungsgründen wird hier und im Folgenden insbesondere verzichtet auf
- die Abbildung von Fällen, in welchen der Willensbildung bzw. Leistungsplanung keine entsprechende Willenskommunikation bzw. Leistungserstellung folgt;
- die Abbildung horizontaler Beziehungen, indirekter Top-down-Beziehungen und Rückkopplungen zwischen Akteuren;
- die Abbildung sachlicher Beziehungen zwischen verschiedenen Ebenen der Leistungserbringung.

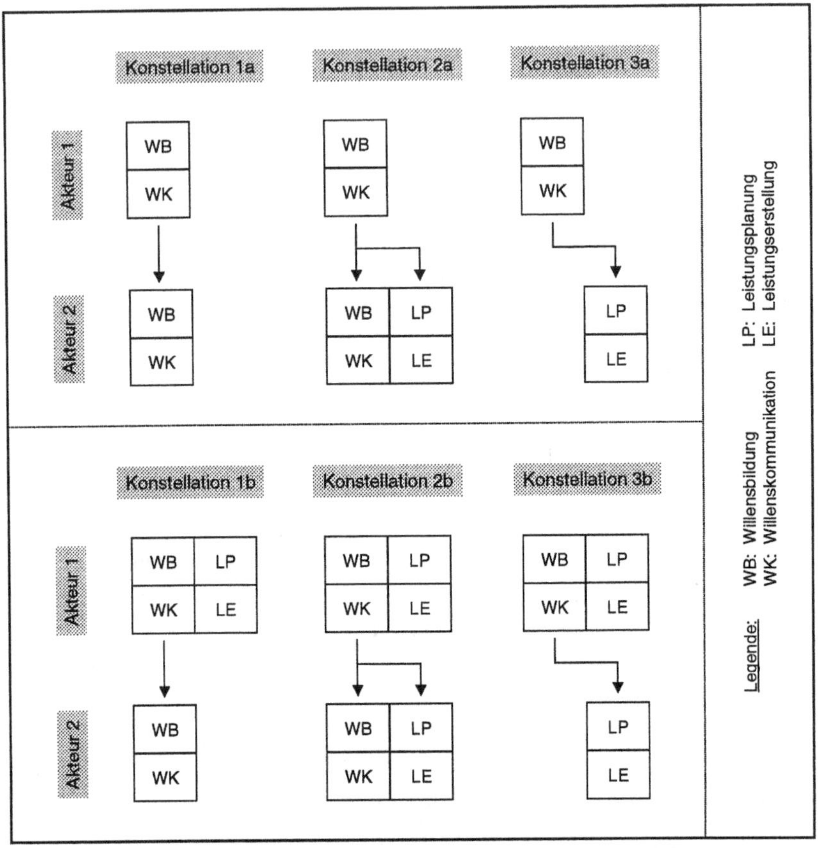

Abb. 5–2: Hierarchische Beziehungs-Konstellationen zwischen zwei Akteuren

Die Konstellationen und ihre Varianten sind wie folgt kennzeichenbar:

- Konstellation 1a/b: Führungstätigkeiten von Akteur 1 ziehen bei Akteur 2 Folgetätigkeiten nach sich, welche allesamt selbst Führungstätigkeiten sind.
- Konstellation 2a/b: Führungstätigkeiten von Akteur 1 ziehen bei Akteur 2 Folgetätigkeiten nach sich, welche zum Teil selbst Führungstätigkeiten, zum Teil die Leistungserbringung betreffende Tätigkeiten sind.
- Konstellation 3a/b: Führungstätigkeiten von Akteur 1 ziehen bei Akteur 2 Folgetätigkeiten nach sich, welche allesamt nur die Leistungserbringung betreffende Tätigkeiten sind.

Das jeweilige Charakteristikum einer Beziehungskonstellation findet in Abbildung 5–2 seinen Niederschlag in der entsprechenden Pfeilverbindung von Akteur 1 zu Akteur 2. Insofern ist es unerheblich, ob Akteur 1 zusätzlich Tätigkeiten der Leistungserbringung verrichtet (Varianten b) oder nicht (Varianten a). Dennoch macht die Unterscheidung der Varianten Sinn: Sie tragen dazu bei, verschiedenste denkbare Sachverhalte der Tätigkeitsverteilung zwischen mehreren Personen(gruppen) in ein Akteursmodell überführen zu können.

Solche Fälle sind in den Abbildungen 5–3a und 5–3b aufgeführt. Es handelt sich um ausgewählte Beispiele, welche die Bandbreite der Modellierungsmöglichkeiten deutlich werden lassen. Die Darstellungen ähneln dabei den in der Organisationslehre verwendeten Organigrammen. Allerdings bilden die grau hinterlegten Kästen keine Stellen, sondern Akteure bzw. Akteursgemeinschaften und ihre Tätigkeitsfelder ab. Im Einzelnen ist zu den Beispielen anzumerken:

- Fall 1: Das Beispiel soll zeigen, wie komplexe Akteursbeziehungen abbildbar sind. Hier wird die Ähnlichkeit der Darstellungsweise zu Organigrammen – man vergleiche das Beispiel mit einem Einliniensystem bei konstanter Leitungsspanne von 5 – besonders deutlich.
- Fall 2: Als umgekehrtes Extrem zu Fall 1 ist vorstellbar, dass lediglich ein einziger Akteur existiert. Dementsprechend ist im Beispiel auch nur ein Kasten dargestellt, der zudem weder Willensbildung noch Willenskommunikation beinhaltet.
- Fall 3: Ähnlich extrem ist das Beispiel zweier Akteure, die in keiner hierarchischen Beziehung zueinander stehen. Dass sie nicht zu einer Akteursgemeinschaft zusammengefasst sind, bedeutet, dass sie sich die im Rahmen der Leistungserbringung zu bewältigenden Aufgaben teilen. Dieser Fall entspricht in der Praxis etwa einem von zwei Personen gleichberechtigt geführten Handwerksbetrieb, bei dem die eine Person die verwaltenden Aufgaben, die andere Person die handwerklichen Aufgaben übernimmt.

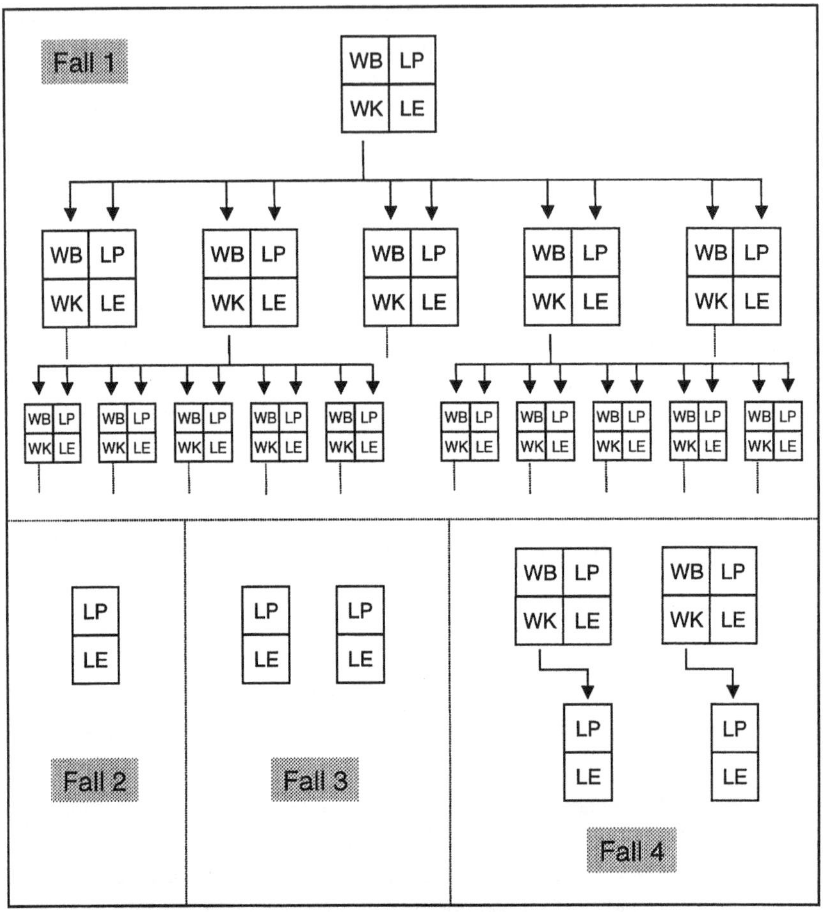

Abb. 5–3a: Ausgewählte Akteursmodelle (Fall 1 bis 4)

- Fall 4: Auf oberer Ebene stehen abermals zwei Akteure ohne hierarchische Beziehung nebeneinander. Im Gegensatz zum vorigen Fall üben sie nun aber auch Tätigkeiten der Willensbildung und -kommunikation aus. Demgemäß ist ihnen auf zweiter Ebene jeweils ein weiterer Akteur zugeordnet. Dies mag – unter Fortsetzung der Überlegungen aus Fall 3 – in der Realität ein Handwerkslehrling bzw. eine Sekretariatskraft sein.

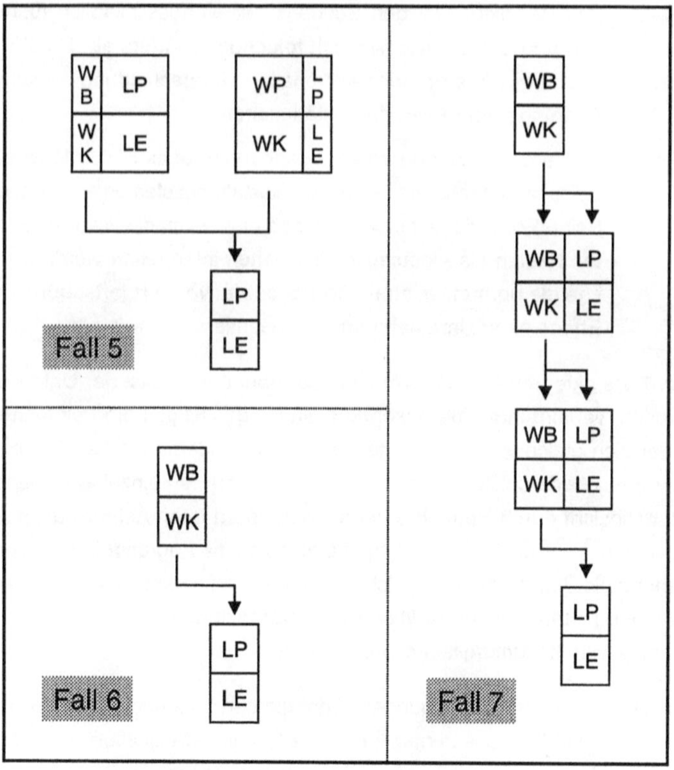

Abb. 5–3b: Ausgewählte Akteursmodelle (Fall 5 bis 7)

- Fall 5: Gegenüber Fall 4 sind zwei Änderungen erkennbar: Zum einen betreffen die – inhaltlich weiterhin abgrenzbaren – Führungstätigkeiten der auf oberer Ebene angesiedelten Akteure nunmehr ein und denselben untergeordneten Akteur; zum anderen soll die unproportionale Kastenaufteilung andeuten, dass sich mit der Darstellungsform auch grobe Aussagen über Tätigkeitsschwerpunkte abbilden lassen. Fall 5 entspricht in der Praxis etwa einer Kanzlei zweier gleichberechtigter Anwälte, die ihre Fälle unabhängig voneinander bearbeiten und dabei gemeinsam, aber in unterschiedlichem Maße, auf einen Anwaltsgehilfen zurückgreifen.

- Fall 6: Das Beispiel bildet den Sonderfall *eines* ausschließlich führenden und *eines* ausschließlich folgenden Akteurs ab. Es ähnelt noch am Ehesten der traditionellen Unterscheidung zwischen Führungs- und Ausführungstätigkeiten.
- Fall 7: Im Vergleich zu den vorangegangenen sechs Fällen lässt das Beispiel zunächst keine neuen Gestaltungselemente erkennen. Seine Besonderheit erschließt sich erst, wenn die vier dargestellten Kästen als Akteursgemeinschaften interpretiert werden, welche die normative, strategische, operative und wertschöpfende Ebene einer Unternehmung repräsentieren.

Den Fall 7 als akteursbezogene Version des ‚Ebenenmodells' der Unternehmung[18] zu begreifen, verleiht ihm eine besondere Stellung:[19] Er gibt eine einfache Struktur vor, in der sich gleichwohl jeder erdenkliche Fall wiederfinden kann – und zwar in vertikaler Hinsicht durch Zuordnung seiner Akteure zu den einzelnen Ebenen, in horizontaler Hinsicht durch Betrachtung der so zugeordneten Akteure als jeweils eine Gemeinschaft.[20] Vor diesem Hintergrund bietet sich die Zugrundelegung von Fall 7 – nachstehend als Standard-Fall bezeichnet – an, um zu veranschaulichen, wie nun die Unternehmung alternativ zur traditionellen Differenzierung zwischen Führungs- und Ausführungssystem[21] untergliedert werden kann.

Den Ausgangspunkt der Überlegungen bildet die bereits erfolgte Kennzeichnung von Willensbildung und Willenskommunikation als Führungstätigkeiten, von Willenskommunikation und Leistungserstellung als Ausführungstätigkeiten. Wie in Abbildung 5-4 visualisiert, umfasst das *Führungssystem* demgemäß sämtliche Willensbildungs- und -kommunikationstätigkeiten sowie deren Beziehungen, verkörpert durch die linke Spal-

---

[18] Gemeint ist die Unterscheidung zwischen normativer, strategischer, operativer und wertschöpfender Ebene; vgl. dazu z.B. Bleicher (1996), S. 73ff., sowie Dyckhoff (1998), S. 87f., welcher von der ‚vertikal integrierenden Sicht' auf die Unternehmung spricht.

[19] Die Gleichsetzung des Falls 7 mit dem Ebenenmodell geht mit Prämissen einher, welche die in Abbildung 5–3b postulierte Tätigkeitsbreite auf den verschiedenen Ebenen betrifft. Beispielsweise wird unterstellt, dass auch auf strategischer und operativer Ebene Leistungen erbracht werden; dabei muss es sich um innerbetriebliche Leistungen handeln, denn die Erbringung von Marktleistungen ist eindeutig der wertschöpfenden Ebene zuzuordnen (in diesem Kontext sei nochmals erwähnt, dass eine einzelne Person durchaus die Rolle mehrerer Akteure übernehmen und somit auf verschiedenen Ebenen agieren kann). Auf die Diskussion einzelner Prämissen wird an dieser Stelle allerdings verzichtet, denn die nachfolgenden Überlegungen lassen sich unabhängig von dem Ergebnis einer solchen Diskussion anstellen.

[20] Bei gleichzeitiger Abstraktion von den in Fußnote 17 erwähnten Aspekten.

[21] Wohlgemerkt verstanden als komplementäre Teilsysteme.

te des Standard-Falls. Das dazu komplementäre Unternehmensteilsystem entspricht der rechten Spalte des Standard-Falls; sämtliche Tätigkeiten der Leistungsplanung und -erstellung beinhaltend, sei es als *Leistungssystem* bezeichnet.

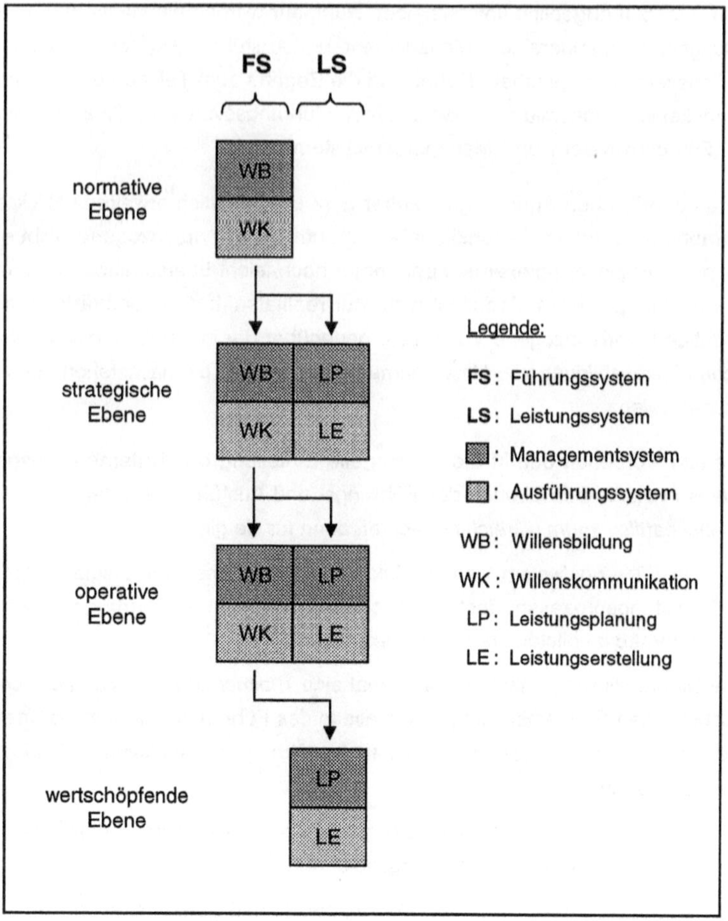

Abb. 5–4: Das abgeleitete Modell der Unternehmung: Führungs- und Leistungssystem bzw. Management- und Ausführungssystem als komplementäre Teilsysteme

Analog zur spaltenweisen Zweiteilung des Standard-Falls lässt sich eine zeilenweise Untergliederung vornehmen. So umfasst das *Ausführungssystem* die Willensbildungs- und Leistungserstellungstätigkeiten – den Entscheidungsvollzug – aller Ebenen. Das dazu wiederum komplementäre Unternehmensteilsystem bildet die Willensbildungs-

und Leistungsplanungstätigkeiten – die Entscheidungsfindung – auf den vier Ebenen ab; es sei als *Managementsystem* bezeichnet.[22]

Abbildung 5–4 gibt damit ein *Gefüge von Teilsystemen* wieder, das sich vom traditionellen Ansatz maßgeblich unterscheidet. Nunmehr werden einerseits Führungs- und Leistungssystem, andererseits Management- und Ausführungssystem als komplementäre Teilsysteme angesehen. Dabei sind die Begriffe zum Teil neu belegt; vor allem besteht keine Synonymie mehr zwischen ‚Ausführungssystem' und ‚Leistungssystem' bzw. ‚Führungssystem' und ‚Managementsystem'.

Mit den begrifflichen Änderungen einher geht der inhaltlich erweiterte Blick auf die Unternehmung. Indem die funktionale Sicht um die akteursbezogene Sicht ergänzt wird, entsteht ein komplexeres, aber immer noch leicht überschaubares *Modell der Unternehmung*. Dieses Modell ist nicht nur realitätsnäher; es entkräftet auch zwei gewichtige theoriebezogene Vorbehalte gegenüber der in der Controlling-Forschung üblichen Herausbildung von Unternehmensteilsystemen, die nachstehend kurz angesprochen seien.

Ein erster Vorbehalt betrifft die traditionelle Einteilung des Unternehmensgesamtsystems in die beiden Ebenen des Führungs- und Ausführungssystems; sie wird als *wissenschaftlich kaum hilfreich* betrachtet, denn für sie gilt:

➢ „Im Führungssystem werden zielorientiert sämtliche Freiheitsgrade des Leistungsprozesses festgelegt, sodass dieser im Ausführungssystem planmäßig vollständig determiniert abläuft"[23].

Diese Differenzierung erlaubt nicht einmal eine *rudimentäre* Aufteilung der betriebswirtschaftlichen Problemstellungen, die alle in das Führungssystem zu verorten sind. Zudem stehen einem derart verstandenen Ausführungssystem keine realen Personen gegenüber, denn:

➢ „Menschliche Arbeitskräfte haben .. anders als Industrieroboter stets noch einen gewissen Handlungsspielraum"[24].

Selbst ein Auszubildender, der ein Metallstück gemäß genau festgelegtem Schema bearbeiten soll, mag z.B. noch entscheiden können, wann und wie gewissenhaft er dies tut bzw. ob er es überhaupt tut.

---

[22] Einer mit dieser Differenzierung korrespondierende Unterscheidung zwischen ‚Entscheidungs- und Ausführungsaufgaben' findet sich bei Heinen (1965), insbesondere S. 32f.

[23] Dyckhoff (2000), S. 7.

[24] Dyckhoff (2000), S. 7.

Der Kritik an der traditionellen Einteilung des Unternehmensgesamtsystems kann der hier präsentierte Ansatz entgegengesetzt werden. So beinhaltet jede Ebene des Standardfalls wenigstens *ein* Tätigkeitsfeld, das sich durch Freiheitsgrade auszeichnet; diese Freiheitsgrade lassen sich in Abhängigkeit von der jeweiligen Ebene als mehr oder weniger stark ausgeprägt und bestimmte betriebswirtschaftliche Problemstellungen betreffend verstehen. Damit einher gehen Anhaltspunkte zur Zuordnung realer Personen zu den Ebenen; war zuvor selbst die Unterscheidung zwischen einem Auszubildenden und einem Top-Manager nur graduell möglich, lassen sie sich nunmehr in verschiedene Ebenen verorten.

Der zweite Vorbehalt betrifft die Nutzung des *Systemansatzes* zur Strukturierung von Tätigkeiten innerhalb einer Unternehmung. Es wird bemängelt, dieser Ansatz diene lediglich als ordnender Bezugsrahmen, ohne zur Erklärung und Prognose betriebswirtschaftlicher Sachverhalte beizutragen. Dabei seien die abgeleiteten Teilsysteme des Führungssystems[25] weitgehend willkürlich voneinander abgegrenzt und stellten weniger eigenständige Teilsysteme als vielmehr Klassen von Tätigkeiten dar.[26]

Die aufgeführten Kritikpunkte verlieren im Lichte des neu durchdachten Gefüges von Teilsystemen der Unternehmung zumindest teilweise an Gehalt. So resultieren bereits aus der vorgenommenen Neustrukturierung des Unternehmensgesamtsystems nicht nur über Tätigkeitsarten eindeutig charakterisierte und damit nachvollziehbar voneinander abgegrenzte Teilsysteme; diese Teilsysteme sind auch – wie etwa der Standard-Fall andeutet – in eine komplexe Beziehungsstruktur einbindbar, für deren weitere Durchdringung die Zugrundelegung des Systemgedankens hilfreich erscheint. Noch nicht zu beurteilen ist allerdings, ob der Ansatz im betrachteten Kontext letzten Endes auch erklärende bzw. prognostische Kraft besitzen wird.

5.3 Controlling als Sicherstellung der Rationalität der Entscheidungsfindung

Es bleibt zu klären, wie sich das rationalitätsorientierte Controlling in das abgeleitete Modell der Unternehmung integrieren lässt. Da die Rationalitätssicherungsfunktion noch nicht weiter spezifiziert wurde, kann die Frage hier nur auf abstraktem Niveau erörtert werden. Diesbezüglich stehen *vier Teilfragen* im Raum:

---

[25] Vgl. diesbezüglich nochmals Abbildung 3–2.

[26] Vgl. Schäffer (1996), S. 10ff., und Irrek (2002), S. 46.

- Auf welche Art von Tätigkeiten anderer Akteure wirken ,Controlling-fokussierte' Akteure unmittelbar ein?
- Wie lassen sich die Tätigkeiten eines Controlling-fokussierten Akteurs charakterisieren?
- In welches hierarchische Verhältnis ist ein Controlling-fokussierter Akteur zu einem anderen Akteur zu stellen?
- Wie ist der Standard-Fall entsprechend ergänzbar?

Zur Beantwortung der *ersten Teilfrage* bietet sich die Betrachtung der in Tabelle 5–1 klassifizierten Tätigkeitsarten an. Dahingehend lässt sich ein direkter Bezug der auf die Ausübung des (rationalitätsorientierten) Controllings fokussierenden Akteure zur Willenskommunikation und Leistungserstellung anderer Akteure ausschließen, da diese Tätigkeiten keine gestaltbaren Freiheitsgrade mehr aufweisen und insofern hinsichtlich ihrer Rationalität nicht mehr verbesserbar sind. Im Umkehrschluss bieten sowohl Willensbildung als auch Leistungsplanung anderer Akteure – mithin deren *Tätigkeiten der Entscheidungsfindung* bzw. deren *Managementtätigkeiten* – potentielle Ansatzpunkte für die Controlling-fokussierten Akteure. In der Praxis kommt dies dadurch zum Ausdruck, dass Controller einerseits z.B. in Budgetierungsüberlegungen – als Facette der Willensbildung – involviert sind, andererseits z.B. in Qualitätssicherungsüberlegungen – als Facette der Leistungsplanung.

Auch zur Beantwortung der *Teilfrage nach dem Charakter der Controlling-Tätigkeiten* selbst scheint es nahe liegend, das Klassifikationsschema aus Tabelle 5–1 heranzuziehen. Dabei tauchen allerdings Probleme auf. Im Mittelpunkt Controlling-fokussierter Akteure steht nämlich weder die Beschränkung vorhandener Freiheitsgrade anderer Akteure, also die Willensbildung und daraus resultierende Willenskommunikation; im Gegenteil kann Rationalitätssicherung bedeuten, bislang nicht bewusst wahrgenommene Freiheitsgrade aufzudecken. Noch gehört die unmittelbare Erbringung von Marktleistungen und der dazu notwendigen innerbetrieblichen Leistungen – gekennzeichnet als Leistungsplanung und -erstellung – zum Kerngeschäft eines Controlling-fokussierten Akteurs; zwar erbringt dieser auch eine bestimmte Art von Leistungen, deren Dreh- und Angelpunkt ist aber nicht das herzustellende Produkt, sondern die ,herzustellende' Rationalität von – wie zuvor erläutert – Tätigkeiten der Entscheidungsfindung.

Die abgeleitete Tätigkeitsklassifikation mag deshalb nicht ohne weiteres die direkte Einordnung der Leistungen Controlling-fokussierter Akteure erlauben, sie ist jedoch demgemäß *erweiterbar*. Auch Controlling-fokussierte Akteure werden schließlich Entscheidungskompetenzen hinsichtlich der Fragestellung besitzen, wie zur Rationalität der Entscheidungsfindung anderer Akteure beizusteuern ist. Entsprechende ‚rationalitätssichernde Überlegungen' eines Controlling-fokussierten Akteurs gehen einher mit seinen ‚rationalitätssichernden Handlungen', die sich auf den Vollzug der von ihm getroffenen Entscheidungen beziehen. Diesen Tätigkeitsarten kann im Klassifikationsschema durch Ergänzung einer weiteren Spalte Rechnung getragen werden.

Im Rahmen der *dritten Teilfrage* sei von einem Akteur 1 ausgegangen, der die in Tabelle 5–1 aufgeführten Tätigkeiten ausübt. Wird diesem ein Controlling-fokussierter Akteur – nachfolgend als Akteur 3 bezeichnet – angegliedert, stehen in hierarchischer Hinsicht folgende Alternativen zur Disposition: Dem Akteur 1 kann in Bezug auf Akteur 3 eine übergeordnete, gleichrangige oder sogar inferiore Position eingeräumt werden. Während in der Realität die Wahl zwischen den drei Alternativen von unterschiedlichsten Kriterien abhängig ist, kann hier aus theoretisch-konzeptioneller Sicht allein auf den ‚Fit' zu den Kernkompetenzen der Controller abgestellt werden.

Dahingehend sollte ein Bezugsrahmen für das Controlling – wie in Abschnitt 3.3 thematisiert – den analytischen und den interpersonellen *Kernkompetenzen der Controller* gleichermaßen Rechnung tragen. *Weber/Schäffer* haben mit ihrem rationalitätsorientierten Ansatz bereits einen Schritt in diese Richtung getan: Nunmehr in der hier eingeführten Terminologie ausgedrückt, billigen sie dem Controlling-fokussierten Akteur 3 die Doppelrolle zu, den Akteur 1 einerseits zu entlasten, andererseits in Form eines Counterparts zu ergänzen.

Im Hinblick auf die Wahrnehmung der *Counterpartfunktion* kommt es maßgeblich auf die Interaktion zwischen Akteur 1 und Akteur 3 an. Dabei sollte es möglichst keine Barrieren geben, die Akteur 3 von der Einnahme einer kritischen Position gegenüber Akteur 1 abhalten (und umgekehrt). Es ist von daher nahe liegend, beide Akteure hierarchisch auf gleicher Ebene anzusiedeln.

Diese Lösung steht auch der Wahrnehmung der *Entlastungsfunktion* grundsätzlich nicht entgegen. Mehr noch: Sie stellt die entsprechenden Tätigkeiten von Akteur 3 gegenüber solchen entlastenden Tätigkeiten heraus, die Akteur 1 an ihm untergeordnete Akteure delegiert. Sinn macht eine solche Abgrenzung freilich nur, wenn sie auch inhaltlich nachvollziehbar ist. So kann Akteur 3 im Rahmen seiner Entlastungsfunktion z.B. dann als gleichgestellter Partner von Akteur 1 gesehen werden, wenn er *auf eigene Initiative hin* bestimmte Tätigkeiten für Akteur 1 ausübt.

Die bisherigen Überlegungen seien wie folgt zusammengefasst:

- Controlling-fokussierte Akteure wirken auf die *Entscheidungsfindung* anderer Akteure ein.
- Die Tätigkeiten eines Controlling-fokussierten Akteurs sind mit Blick auf den Aspekt der Entscheidungsfindung als *rationalitätssichernde Überlegungen*, mit Blick auf den Aspekt des (eigenen) Entscheidungsvollzugs als *rationalitätssichernde Handlungen* charakterisierbar.
- In Bezug auf die Wahrnehmung seiner Doppelrolle ist ein Controlling-fokussierter Akteur prinzipiell als *gleichgestellter Partner* eines anderen Akteurs zu sehen.

Wie das abgeleitete Schema zur Klassifikation von Tätigkeiten entsprechend erweitert werden kann, ist in Abbildung 5–5 dargestellt.

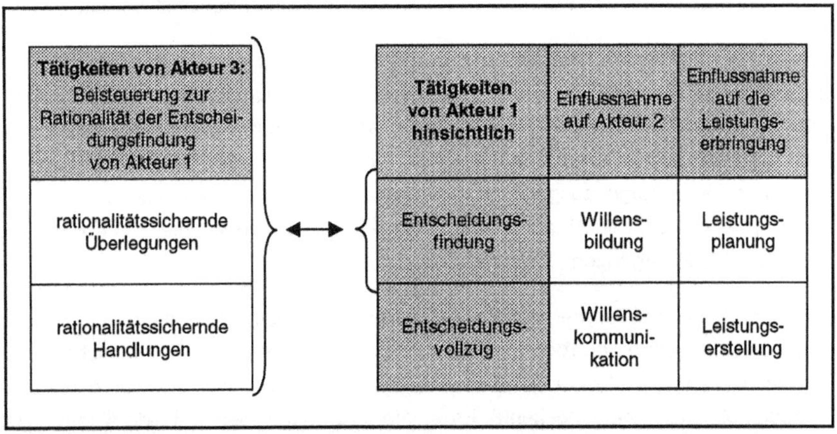

Abb. 5–5: Controlling-Tätigkeiten von Akteur 3 und ihr Bezug zum Tätigkeitsspektrum von Akteur 1

Es gilt nun noch erörtern, wie der Standard-Fall um Controlling-fokussierte Akteure zu ergänzen ist. Diese *vierte Teilfrage* lässt sich insofern nur exemplarisch beantworten, als es in einer Unternehmung – und damit auch im Standard-Fall – kein Controlling geben *muss*: Während die Tätigkeiten der Willensbildung und -kommunikation sowie der Leistungsplanung und -erstellung im Hinblick auf den Standard-Fall konstitutiven Charakter haben, sind rationalitätssichernde Überlegungen und Handlungen als derivative Tätigkeiten zwar auf jeder Ebene denkbar, aber prinzipiell auch verzichtbar. Darüber hinaus können Controlling-fokussierte Akteure je nach Zentralisierungsgrad jeweils einer Ebene, aber auch mehreren Ebenen gleichzeitig zugeordnet sein.

Daraus resultiert eine Vielzahl möglicher Ergänzungen des Standard-Falls. Als Beispiel ist in Abbildung 5–6 die *vollkommen dezentrale Variante* dargestellt. Mit dieser Bezeichnung soll zum Ausdruck gebracht werden, dass auf allen Ebenen Controlling-fokussierte Akteure wirken, von denen jeder Einzelne aber nur auf einer Ebene seine Tätigkeiten ausübt.

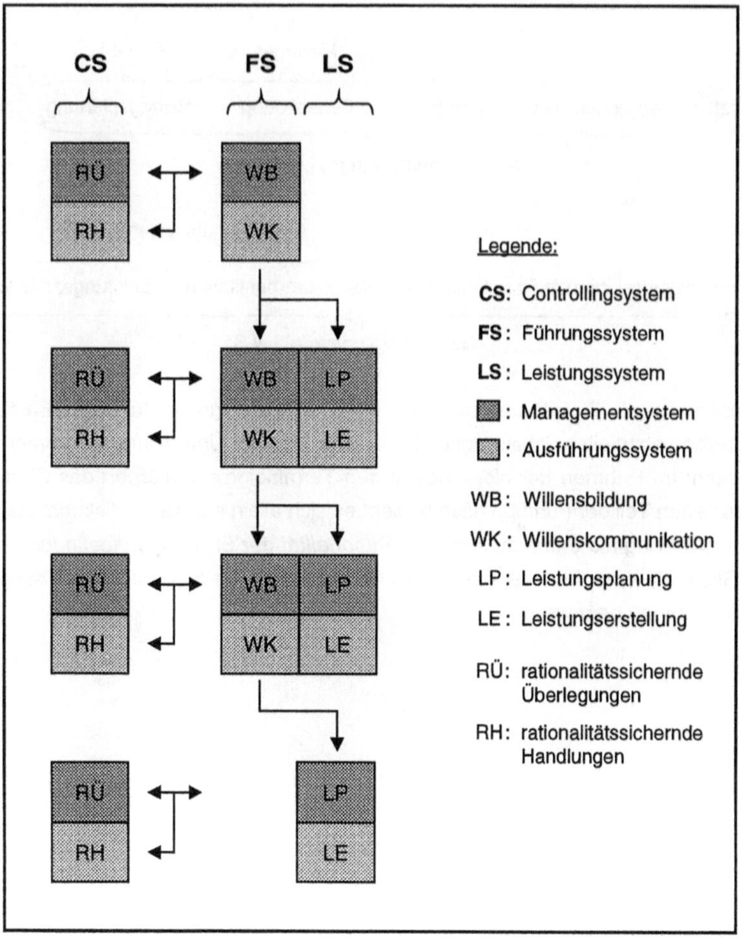

Abb. 5–6: Einordnung des Controllings in das Gefüge von Teilsystemen der Unternehmung

Die in Abbildung 5–6 entsprechend aufgeführten rationalitätssichernden Überlegungen und Handlungen bilden in ihrer Gesamtheit das *Controllingsystem*. Als eigenes Teilsystem der Unternehmung ergänzt es einerseits das Führungs- und das Leistungssystem. Andererseits ist es teils dem Managementsystem, teils dem Ausführungssystem zuzuordnen. Demgemäß lässt sich wie folgt zwischen einem Managementsystem bzw. Ausführungssystem im engeren Sinne und im weiteren Sinne unterscheiden:

Management(system) i.e.S.

rationalitätssichernde Überlegungen + Willensbildung + Leistungsplanung

Management(system) i.w.S.

Ausführung(ssystem) i.e.S.

rationalitätssichernde Handlungen + Willenskommunikation + Leistungserstellung

Ausführung(ssystem) i.w.S.

Mit Blick auf die Zielsetzung des Kapitels 5, eine geeignete Bezugsgröße für das Controlling abzuleiten, ist als wesentliches Ergebnis der Überlegungen nunmehr festzuhalten: Im Rahmen der hier eingeführten Terminologie verkörpert das Controlling weder einen Teil der Führung noch bezieht es sich allein auf diese. Vielmehr lässt sich das Controlling als *Sicherstellung der Rationalität der Entscheidungsfindung* – bzw. als Sicherstellung der Rationalität des Managements i.e.S. – auf allen Ebenen der Unternehmung begreifen.

6 Controlling und Sicherstellung: Strukturierung von Ansatzpunkten zur Rationalitätssicherung

Als zweiter zentraler Bestandteil der Controlling-Definition von *Weber/Schäffer* ist der Begriff ‚Sicherstellung' zu konkretisieren. Diesbezüglich widmen sich *Weber/Schäffer* – wie in Abschnitt 4.2.1 angesprochen – detailliert nur einem Sonderfall im Rahmen des von ihnen zugrunde gelegten Führungszyklus: Sie konzentrieren sich auf eine Betrachtung der Willensbildung und gehen innerhalb dieser Phase von der Existenz einer rein intuitiv und einer rein reflexiv gebildeten Meinung aus.[1]

Dies resultiert jedoch nicht aus dem Bestreben, die Rationalitätssicherungsfunktion des Controllings derart stark einzugrenzen. So antworten *Weber/Schäffer* auf entsprechende Kritik von *Pietsch/Scherm*[2], dass sie „das Ausbalancieren des Spannungsverhältnisses von Intuition und Reflexion explizit als Aufgabe «in den einzelnen Phasen des Führungszyklus» ... verortet"[3] haben. In einem Atemzug konstatieren sie zudem, dass die Nutzung des fruchtbaren Zusammenspiels beider Prinzipien der Erkenntnisfähigkeit auch schon für die Phase der Kontrolle angedacht wurde.

Weber/Schäffer verfolgen demnach bewusst die Strategie, die – an der Differenzierung von Intuition und Reflexion ansetzende – Rationalitätssicherungsfunktion anhand markanter Problemstellungen *schrittweise* zu operationalisieren. Hier soll hingegen ein anderer Weg beschritten werden: nämlich solche Aspekte intuitiver und reflexiver Prozesse und ihres Zusammenspiels herauszuarbeiten, welche die Rationalitätssicherungsfunktion in ihrer *Gesamtheit* einer Konkretisierung zugänglich machen.

Im Hinblick auf diese Zielsetzung ist ein Bezugsrahmen abzuleiten, der die potentiellen Ansatzpunkte des rationalitätsorientierten Controllings[4] strukturiert erfasst. Nach einleitenden Vorbemerkungen (Abschnitt 6.1.1) werden dahingehend die jüngeren neurowissenschaftlichen Erkenntnisse über das Treffen intuitiver Entscheidungen in den Mittelpunkt des Abschnitts 6.1 gestellt. Die diesbezüglichen Überlegungen zur

---

[1] Es sei daran erinnert, dass *Weber/Schäffer* die Begriffe ‚Willensbildung' und ‚Führung' anders verwenden als in Kapitel 5 festgelegt.

[2] Vgl. Pietsch/Scherm (2000), S. 401.

[3] Weber/Schäffer (2001b), S. 76.

[4] Synonym: eines Controlling-fokussierten Akteurs.

Herausbildung intuitiver bzw. reflexiver Kompetenz eines Akteurs (Abschnitt 6.1.2), der nachstehend auch als Entscheidungsträger bezeichnet wird, münden in die Ableitung einer prozessorientierten Struktur möglicher Ansatzpunkte zur Erfüllung der Rationalitätssicherungsfunktion (Abschnitt 6.1.3). Mit dieser Struktur wird ein Bezugsrahmen für das Controlling vorgegeben, der dann in Abschnitt 6.2 in einen idealtypischen Managementzyklus eingebettet wird. Thematisiert werden dabei insbesondere soziologische Erkenntnisse über das Framing-Phänomen (Abschnitt 6.2.1), gefolgt von Gedanken zur Eigenständigkeit bestimmter Teilprozesse der Entscheidungsfindung (Abschnitt 6.2.2). Die Ausführungen schließen mit Abschnitt 6.3, in dem Möglichkeiten zur Verkürzung bzw. Erweiterung des idealtypischen Managementzyklus skizziert werden.

6.1 Entwicklung eines Bezugsrahmens für das rationalitätsorientierte Controlling

6.1.1 Bewusste bzw. unbewusste Selektion als Teilaspekt der Entscheidungsfindung

Eine eher konventionelle Vorgehensweise zur Entwicklung eines Bezugsrahmens für das rationalitätsorientierte Controlling bestünde darin, von der Entscheidungsfindung als Bezugsgröße des Controllings auszugehen und sie in einem ersten Schritt erschöpfend in Teilaufgaben zu zerlegen. Dann stellt sich allerdings zum einen die Frage nach geeigneten Gliederungskriterien; zwar lassen sich Willensbildung und Leistungsplanung als entsprechende Teilaufgaben verstehen, auch sie müssten jedoch noch weiter detailliert werden. Zum anderen ist man der Gefahr ausgesetzt, eingeschliffenen Denkmustern verhaftet zu bleiben, die hinderlich für die Gewinnung neuer Einsichten sind.

Deshalb wird hier einer Vorgehensweise der Vorzug gegeben, die an einem konkreten Teilaspekt der Entscheidungsfindung ansetzt, nämlich an den im Kopf einer Person stattfindenden *bewussten* bzw. *unbewussten Selektionsprozessen.* Selektion kann dabei so verstanden werden, wie es Pietsch/Scherm formuliert haben:

- „Selektion bedeutet die Auswahl aus einer Gesamtheit von Möglichkeiten und erfolgt ... im Zuge des Treffens von Entscheidungen. Dabei bezieht sich die Selektion in entscheidungsorientierter Sicht auf die jeweils betrachteten Ziele, Handlungsmöglichkeiten und Umweltzustände, auf damit verknüpfte Ergebnisse sowie auf die sich ergebende Wahl einer Handlungsoption."[5]

Im Rahmen des genannten Teilaspekts lässt sich das Begriffspaar ‚Intuition/Reflexion' in den Vordergrund der Überlegungen stellen. Diesbezüglich können insbesondere neue Erkenntnisse der Neurophysiologie und Soziologie[6] im Hinblick auf die verfolgte Zielsetzung fruchtbar gemacht werden. Damit einher geht auch das Bemühen, der sich in der Betriebswirtschaftslehre insgesamt abzeichnenden Hinwendung zur Thematik des *intuitiven* unternehmerischen Handelns Vorschub zu leisten; so wird das Stichwort ‚Intuition' nicht mehr nur in der klassischen Managementliteratur behandelt,[7] sondern immer häufiger auch in anderen Zusammenhängen aufgegriffen.[8]

6.1.2 Intuition/Reflexion versus intuitive/reflexive Kompetenz

Während der Begriff der Reflexion weithin positiv assoziiert wird, vermag man die Intuition vor allem aus betriebswirtschaftlicher Perspektive bislang schwerlich einzuschätzen.[9] So entziehen sich intuitive Selektionsprozesse nicht nur der unmittelbaren Einflussnahme, ihr Zustandekommen blieb auch lange Zeit im Dunkeln. Der Neurophysiologie ist es freilich mittlerweile gelungen, etwas mehr Licht in dieses Dunkel zu bringen. Die neuen Einsichten bezüglich der Vorgänge im menschlichen Gehirn lassen deutlich werden, daß Intuition als 'unterbewusstes Erkennen des Wesentlichen' (als Gespür, Gefühl) durchaus Ausdruck ‚emotionaler Vernunft' ist.[10]

---

[5] Pietsch/Scherm (2000), S. 404. Wenn in der Literatur von Entscheidungsfindung gesprochen wird, ist i.d.R. die – hier als Teilaspekt der Entscheidungsfindung charakterisierte – Selektion gemeint. Dementsprechend ließe sich differenzieren zwischen der Entscheidungsfindung i.w.S und ihrem Teilaspekt der Selektion als Entscheidungsfindung i.e.S.

[6] Es sei vorweggenommen, dass hier nur ein kleiner Ausschnitt der thematisch relevante Literatur angesprochen werden kann; im Hinblick auf weiterführende Literatur vgl. Schreyögg/Sydow (2001).

[7] Vgl. z.B. Agor (1986), Simon (1987) und Cappon (1994).

[8] Vgl. z.B. Kuo (1998), Khatri/Ng (2000) und Schmitt (2001). Im Kontext moderner Verfahren der Hirnforschung wird sogar von einer neuen Ära in den Geistes- und Sozialwissenschaften gesprochen; vgl. Breuer (2001). Kontrovers diskutiert wird dies von Roth/Fischer (2001).

[9] Weber/Schäffer gingen gar so weit, unter Berufung auf Gutenberg Reflexion mit Rationalität – und demgemäß implizit Intuition mit Irrationalität – gleichzusetzen; daß dies nur anfänglich geschah, haben sie in Weber/Schäffer (2001b), S. 75, ausdrücklich klargestellt. Zur „Dichotomisierung zwischen rationalem versus irrationalem Entscheiden" siehe auch Nippa (2001), S. 220.

[10] Selbstverständlich können Gefühle auch in die Irre führen, aber dies gilt ebenso für das bewusste Denken.

Mit der Relevanz der entsprechenden Erkenntnisse für Entscheidungsträger in Unternehmungen hat sich – inspiriert durch Überlegungen *Mintzbergs* und basierend auf *Damasio* – unter anderem *Schanz* auseinandergesetzt.[11] Er legt dar, dass jeder Selektionsprozess als symbiotisches Zusammenspiel emotionaler (intuitiver) und kognitiv-analytischer (reflexiver) Vorgänge im menschlichen Gehirn gesehen werden kann.[12] Gefühle dienen dabei quasi als Navigatoren: „Sie leisten *Orientierungshilfe im Dschungel entscheidungsrelevanter Umstände.*“[13]

Zur Ausübung dieser Funktion sind nach *Damasio* im Gehirn so genannte *somatische Marker* verankert, die im Unterbewusstsein wirkende Startsignale bzw. Alarmglocken darstellen. Von einem spezifischen Entscheidungskontext ausgehend, führen letztere zu einer Vorselektion unter den potentiellen Handlungsoptionen, während erstere den Blick für besonders vielversprechende Alternativen öffnen. Damit wird das Entscheidungsfeld für den sich anschließenden Denkprozess eingegrenzt, d.h. es findet eine Reduktion der Entscheidungskomplexität statt.[14]

Die aktuelle Hirnforschung erlaubt die Schlussfolgerung, dass die somatischen Marker – zusammen mit abrufbarem Wissen – im Rahmen von *Lernprozessen* erworben werden.[15] Initiiert werden diese Lernprozesse durch neu gewonnene Eindrücke bzw. Informationen. Analog zur Selektion kann dabei ebenfalls zwischen Lernen kraft Intuition als sich automatisch einstellenden Verknüpfungen im Gehirn sowie Lernen kraft Reflexion als bewussten Denkvorgängen unterschieden werden.

Aus den geschilderten Sachverhalten folgt zum einen, dass Lernen und Selektion zwei separate Wirkungsfelder intuitiver und reflexiver Prozesse darstellen. Zum anderen sind beide Wirkungsfelder als aufeinander aufbauende *Phasen der Entscheidungsfindung* – bzw. *Phasen eines Managementzyklus* – interpretierbar.[16] Aus dieser Perspektive gibt Abbildung 6–1 die skizzierten Aspekte in ihrem Zusammenhang wieder.

---

[11] Vgl. Schanz (1997) und (1998), insbesondere S. 73ff., in Verbindung mit Mintzberg (1991), S. 57ff., und Damasio (1995).

[12] Vgl. einstweilen Abbildung 6–1, in der die wesentlichen Aspekte der Ausführungen von Abschnitt 6.1 in ihrem Zusammenhang dargestellt sind.

[13] Schanz (1998), S. 84 (Hervorhebungen hier wie auch in folgenden Zitaten gemäß Original).

[14] Zum Konstrukt der somatischen Marker vgl. Damasio (1995), S. 227ff. Es existiert eine Reihe anderer, nicht neurobiologisch begründeter Konzepte, die aber von der Wirkungsweise her ähnlich sind; vgl. dazu Ortmann (2001), S. 300.

[15] Vgl. Damasio (1995), S. 238 sowie S. 243ff.

[16] Den Ausführungen in Abschnitt 5.2 und 5.3 folgend, wo die Entscheidungsfindung als Management i.e.S. bezeichnet wurde, sind die kursiv gesetzten Formulierungen synonym zu verstehen.

Mit Blick auf die Intuition erfolgt die Kopplung der Phasen über die somatischen Marker: In der Lernphase wird die wahrgenommene Quintessenz erlebter realer Sachverhalte unbewusst in den somatischen Markern verankert; sie fungieren dann in einem bestimmten Entscheidungskontext – erneut unbewusst – als eine Art vorgelagerter Filter. Anders formuliert geht es um das Erkennen im Grunde vertrauter Muster,[17] welches seinen Niederschlag in der *fallspezifischen, mentalen Prädisposition* des Entscheidungsträgers findet. Dieser Mechanismus führt nicht nur zur angesprochenen Reduktion der Entscheidungskomplexität, sondern erhöht unter der Prämisse defektfreien Lernens zudem die Wahrscheinlichkeit einer guten Entscheidung. Mithin birgt Intuition das Potential für eine bedeutsame Managementfähigkeit, die durchaus als *emotionale Kompetenz* bezeichnet werden kann.[18]

Dass der Begriff der Kompetenz treffend ist, zeigen individuelle Unterschiede in Bezug auf die *Güte* intuitiv gefällter Entscheidungen. Trotz vergleichbarem intellektuellem Niveau setzen nämlich manche Menschen ihr Gespür mit Erfolg ein, während andere kein 'glückliches Händchen' zu haben scheinen.[19] Dies mag z.B. auf fehlerhaftem Lernen beruhen, aber auch auf mangelnden Informationen, ohne die kein Lernprozess stattfinden kann. Die Hirnforschung betont zudem die Bedeutung der Präferenz einer Person für bestimmte Modi des Denkens, denen erheblicher Einfluss sowohl auf emotional bedingte als auch auf kognitiv-analytische Fähigkeiten nachgesagt wird.[20]

Spätestens jetzt wird deutlich, dass zwischen den bloßen Denkvorgängen intuitiver bzw. reflexiver Art und ihrer Güte begrifflich zu differenzieren ist. Vor diesem Hintergrund soll im Folgenden *Intuition* wertfrei als unbewusst ablaufender Denkprozess verstanden werden, *Reflexion* entsprechend als bewusstes Nachdenken.[21] Die Fähigkeit, dabei zu guten Ergebnissen zu gelangen, soll hinsichtlich unbewusster Denkvorgänge als *intuitive Kompetenz*, hinsichtlich bewusster Denkvorgänge als *reflexive Kompetenz* bezeichnet werden. Fehlt es dagegen an derartigen Fähigkeiten, lässt sich von intuitiven bzw. reflexiven Defiziten bzw. Inkompetenzen sprechen.

---

17 Vgl. Schanz (1998), S. 87.

18 Schanz (1998), S. 83, geht in seiner Aussage sogar noch weiter, indem er beispielsweise formuliert: „Managemententscheidungen sind (mehr oder weniger) *emotional gefärbt*, und wir sind gehalten, dies nicht zwangsläufig als Nachteil, sondern als *für rationales Verhalten unentbehrlich* zu begreifen".

19 Vgl. in diesem Sinne auch Gutenberg (1983), S. 131.

20 Zu diesen Modi des Denkens und den damit verbundenen Implikationen für die Arbeitswelt vgl. ausführlich Schanz (1998), S. 91ff. und S. 147ff.

21 Bei Damasio und Schanz ist dagegen der Begriff der Intuition selbst positiv belegt.

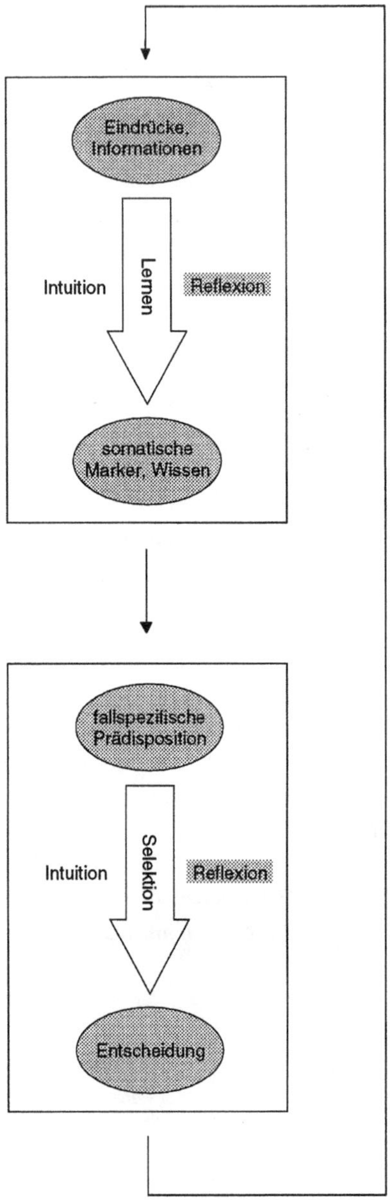

Abb. 6–1: (Schattiert hervorgehobene) Ansatzpunkte des rationalitätsorientierten Controllings in der Lern- und Selektionsphase eines Managementzyklus

6.1.3 Struktur möglicher Ansatzpunkte zur Erfüllung der Rationalitätssicherungsfunktion

Die vorstehenden Erläuterungen sind in zweifacher Hinsicht als Basis zur Operationalisierung des rationalitätsorientierten Controllings dienlich. So werden zum Ersten unterschiedliche Ansatzpunkte deutlich, die sich dem Controlling in Bezug auf eine bestimmte Phase eines Managementzyklus bieten. Diese Ansatzpunkte sind in Abbildung 6–1 für die Prozesse des Lernens und der Selektion durch Grauschattierung hervorgehoben. Demnach können jeweils drei *'Phasenkomponenten'* als denkbare Ansatzpunkte differenziert werden, nämlich

- eine Ausgangskonstellation ('Eindrücke, Informationen'/'fallspezifische Prädisposition'),
- der dadurch angestoßene, reflexive Part des jeweiligen Entscheidungsfindungsprozesses ('Lernen' mittels 'Reflexion'/'Selektion' mittels 'Reflexion') und
- die daraus resultierende Endkonstellation ('somatische Marker, Wissen'/ 'Entscheidung').

Nur der direkte Zugang zu den intuitiven Prozessen bleibt dem Controlling verwehrt.

Zum Zweiten kann die Abgrenzung zwischen Inhalt und Güte intuitiver bzw. reflexiver Vorgänge herangezogen werden, um dem rationalitätsorientierten Controlling eigenständige *Aufgabenfelder* zuzuweisen. Dazu wird auf die in Abschnitt 5.3 vorgenommene Charakterisierung von Tätigkeiten als konstitutiv bzw. derivativ zurückgegriffen. Auf der einen Seite steht die Entscheidungsfindung als Kategorie konstitutiver Tätigkeiten; ihre einzelnen Phasen füllen den – wie auch immer unterteilten[22] – Managementzyklus inhaltlich aus. Auf der anderen Seite steht das Controlling als Kategorie derivativer Tätigkeiten; ihm kommt die Rolle zu, die inhaltliche Güte der innerhalb der Entscheidungsfindung ablaufenden konstitutiven (Management-)Prozesse gezielt zu steigern.[23] Demgemäß können dem Controlling (zumindest) folgende Aufgabenfelder zugeordnet werden:

---

[22] Lernen und Selektion sind als mögliche, noch ergänzbare Phasen zu verstehen; vgl. einstweilen die Ausführungen in Abschnitt 6.2.2.

[23] Diese Funktion ist ausschließlich mittels Reflexion wahrnehmbar. Insofern ist der Begriff der Reflexion doppelt belegt: als 'Reflexion *über* konstitutive Managementprozesse' (im Sinne von Controlling) und als 'Reflexion *im Rahmen* konstitutiver Managementprozesse' (in Abgrenzung zur 'Intuition im Rahmen konstitutiver Managementprozesse'). Wenn nicht anders vermerkt, wird der Begriff der Reflexion hier ausschließlich im letztgenannten Sinne angeführt. Bei Pietsch/Scherm (2000), S. 405, findet er hingegen im erstgenannten Sinne Verwendung.

a) Offenlegung der Inhalte der konstitutiven Managementprozesse,

b) Analyse dieser Inhalte hinsichtlich ihrer Güte,

c) Erschließung diesbezüglicher Verbesserungspotentiale.

Das Controlling richtet damit quasi den Blick von außen auf die konstitutiven Managementprozesse. Es nimmt – um einen Gedanken von *Pietsch/Scherm* aufzugreifen – eine „distanzierend-kritische"[24] Perspektive ein.[25]

Aus der Kombination der betrachteten Phasen der Entscheidungsfindung, ihrer Komponenten sowie der skizzierten Aufgabenfelder des Controllings resultiert die in Tabelle 6–1 dargestellte, drei Ebenen umfassende *Struktur möglicher Ansatzpunkte zur Erfüllung der Rationalitätssicherungsfunktion.* Am Beispiel der Selektion sind zudem einzelne konkrete Aufgaben des Controllings angeführt.

Phasenkomponenten	Phasen der Entscheidungsfindung		
	Lernen	Selektion	...
1. Ausgangskonstellation	**a)** ... **b)** ... **c)** ...	**a)** Einschätzung der vorhandenen Sachkompetenz in Bezug auf einen bestimmten Entscheidungskontext **b)** Analyse möglicher negativer Effekte nur bedingt vorhandener Sachkompetenz **c)** Hinwirken auf Ergreifung von Maßnahmen zur Vermeidung der möglichen negativen Effekte	**a)** ... **b)** ... **c)** ...
2. Reflexiver Part des Managementprozesses	**a)** ... **b)** ... **c)** ...	**a)** Enthüllung der Ausblendung prinzipiell in Frage kommender (Typen von) Alternativen **b)** Suche nach Unplausibilitäten im Hinblick auf die Ausblendung der Alternativen **c)** Hinwirken auf Überdenken der Ausblendung angesichts festgestellter Unplausibilitäten	**a)** ... **b)** ... **c)** ...
3. Endkonstellation	**a)** ... **b)** ... **c)** ...	**a)** Gegenüberstellung unterschiedlicher Vorteilhaftigkeitseinschätzungen **b)** Analyse augenscheinlich übereinstimmender Vorteilhaftigkeitseinschätzungen **c)** Hinwirken auf Revision des Selektionsprozesses angesichts identifizierter Groupthink-Effekte[26]	**a)** ... **b)** ... **c)** ...

Tab. 6–1: Aufgaben des rationalitätsorientierten Controllings: Struktur und Beispiele

---

[24] Pietsch/Scherm (2000), S. 405.

[25] Das Controlling stellt sich sozusagen neben die konstitutiven Managementprozesse. Wollte man es mit einer kennzeichnenden Vorsilbe versehen, könnte man in Abgrenzung zum Begriff der Meta-(Führungs-)Funktion (vgl. Weber (1995), S. 47ff.) von einer Para-Funktion (*para*: altgriechisch für *neben, daneben*) sprechen.

[26] Zum Groupthink-Phänomen als reduzierte Kritikfähigkeit in Entscheidungsgremien vgl. etwa Schulz-Hardt (1997).

In die Übersicht der Tabelle 6–1 lässt sich auch der von *Weber/Schäffer* vertieft betrachtete Aufgabenbereich – das Ausbalancieren des Spannungsverhältnisses zwischen intuitiv und reflexiv gebildetem *Willen* – einordnen. Die drei diesbezüglichen Aufgaben sind durch schattiert hinterlegte Aufzählungspunkte kenntlich gemacht. So entspricht z.B. die ‚Gegenüberstellung unterschiedlicher Vorteilhaftigkeitseinschätzungen' der Erstellung einer Matrix nach dem Muster von Abbildung 4–2, die ‚Analyse übereinstimmender Einschätzungen' den Pfeilen 7 und 8 in Abbildung 4–2.

Die in Tabelle 6–1 wiedergegebene Aufgabenstruktur verkörpert einen wesentlichen Schritt hin zu einer umfassenden Systematik von Ansatzpunkten für das rationalitätsorientierte Controlling. Allerdings wäre es wünschenswert, den Managementprozess nicht nur anhand ausgewählter Phasen, sondern im Sinne eines *geschlossenen Zyklus* in die Betrachtung einzubeziehen. Zwar wurde in Abbildung 6–1 der Lern- und Selektionsprozess bereits als Kreislauf dargestellt, die dünn gezeichneten Pfeile als Verknüpfungen zwischen den beiden Phasen wurden aber in dieser Hinsicht noch nicht explizit thematisiert. Im Folgenden soll das nachgeholt werden, indem zunächst die Verbindung 'Lernen → Selektion', dann die Verbindung 'Selektion → Lernen' angesprochen wird.

6.2 Einbettung des Bezugsrahmens in einen idealtypischen Managementzyklus

6.2.1 Framing als Verknüpfung zwischen Lernen und Selektion

Die Frage, wie Erlerntes in einem spezifischen Entscheidungskontext zur mentalen Prädisposition des Entscheidungsträgers führt, bildet einen der Ausgangspunkte der soziologischen Handlungstheorie. Ihre verschiedenen Ansätze basieren auf der Prämisse, dass die Logik des Handelns von der jeweiligen *Definition der Situation* abhängig ist. Mit diesem auch als *Framing* bezeichneten Automatismus[27] hat sich u.a. *Esser*[28] intensiv auseinandergesetzt. Er führt aus, dass eine Person im Rahmen ihrer individuellen Wahrnehmung eines Entscheidungsproblems – ihrer Definition der Situation – zunächst ein Modell der Situation entwirft, auf dessen Grundlage sie dann einen bestimmten Modus der Informationsverarbeitung auswählt.

---

[27] Unter Framing wird hier also nicht – wie in der Entscheidungstheorie üblich – die unterschiedliche Präsentation inhaltlich gleicher Entscheidungssituationen verstanden; vgl. dazu auch Lüdemann (1997), S. 111, Fußnote 74.

[28] Vgl. vor allem Esser (1996), auf den sich die folgenden Ausführungen beziehen, sowie Esser (1990).

Zu einem *Modell als gedanklichem Bild einer Entscheidungssituation* gehören typisierte Vorstellungen über relevante Oberziele, Mittel, Abläufe und die eigene Rolle.[29] Jede neue Situation wird in Form solcher Vorstellungen erfasst und dann mit im Gedächtnis gespeicherten Modellen abgeglichen.[30] Findet sich darunter ein passendes Modell,[31] kommt der modellspezifische, in der Vergangenheit erfolgreich angewendete *Modus der Informationsverarbeitung* zum Tragen. Im Sinne einer standardisierten Problemlösungsstrategie reicht seine Bandbreite von habituellem Entscheiden bis zur Entscheidungsfindung auf Basis theoretisch ausgefeilter Methoden.

Während das Framing *selbst* intuitiv und damit gänzlich unbeeinflussbar abläuft, ist die Umsetzung des resultierenden Modus der Informationsverarbeitung nicht automatisch determiniert.[32] *Esser* unterscheidet dahingehend *zwei extreme Fälle*: „Das ist erstens die komplette «Auferlegtheit» des einmal gewählten Modells der Situation, bei der es keinen Zweifel ... gibt, die mit dem Modell verbundenen ... Handlungen auch unmittelbar und unreflektiert auszuführen .... Und zweitens gibt es die «rationale» Reflexion eines einmal selektierten Modells der Situation bei aufkommenden Zweifeln und Fragen."[33] Beispielsweise können Veränderungen der gewohnten Umstände oder hohe Kosten einer fehlerhaften Definition der Situation dazu führen, dass der Modus bewusst in Frage gestellt wird.

Das Konzept des Framings korrespondiert in mehrfacher Hinsicht mit den bisherigen Überlegungen. So lässt sich die Wahl von Modell und Modus als Rückgriff auf erlernte Muster zur Vereinfachung neuer Entscheidungssituationen interpretieren. Bezogen auf den Managementzyklus stellt das Framing demgemäß die *Verbindung zwischen dem Lern- und dem Selektionsprozess* her. Mit den Worten aus Abbildung 6–1 formuliert, entsteht die fallspezifische Prädisposition dadurch, dass im Rahmen des Framings situationsabhängig bestimmte somatische Marker aktiviert werden bzw. das vorhandene Wissen gefiltert wird.

---

[29] In anderem Kontext wird z.B. auch von mentalen Modellen bzw. kognitiven Mustern gesprochen; vgl. z.B. Oberauer (1998), S. 185ff., bzw. Schreyögg (1999), S. 397. Dieses Konzept greift auch Weber im Rahmen der Weiterentwicklung seines rationalitätsorientierten Ansatzes auf; vgl. z.B. Weber/Grothe/Schäffer (2001).

[30] Esser selbst vertritt diesbezüglich die extreme Meinung, dass der Abgleich nur auf Basis eines einzigen, dominierenden Oberziels erfolgt; vgl. Esser (1996), S. 17. Dem widersprechen allerdings die Ergebnisse empirischer Studien zum Framing; vgl. z.B. Lüdemann (1997), S. 139ff.

[31] Bezüglich der Wahl zwischen den im Gedächtnis gespeicherten Modellalternativen hat Esser einen interessanten Ansatz auf Basis der so genannten SEU-Theorie entwickelt; vgl. Esser (1996), S. 18ff.

[32] Zur Diskussion dieser Auffassung in der Wissenschaft vgl. Esser (1996), S. 13f.

[33] Esser (1996), S. 17. Es sei klargestellt, dass Esser den Begriff der Reflexion hier im Sinne von 'Reflexion *über* die Entscheidungsfindung' verwendet; vgl. nochmals Fußnote 23 dieses Kapitels.

Darüber hinaus sind auch die *inhaltlichen Aussagen* zum Modus der Informationsverarbeitung konform zu den Ausführungen des Abschnitts 6.1.2. Zum einen spiegelt sich die potentielle Bandbreite des Modus in der vorgenommenen Differenzierung zwischen intuitiven und reflexiven Vorgängen der Selektion wider. Zum anderen kann die gezielte Hinterfragung des jeweils gewählten Modus unter die abgeleitete Funktion des Controllings, die inhaltliche Güte konstitutiver Managementprozesse zu steigern, subsumiert werden. Demgemäß gehört es beispielsweise in den Aufgabenbereich des Controllings, außer Acht gelassene Veränderungen der gewohnten Umstände aufzudecken bzw. die möglichen Konsequenzen einer fehlerhaften Definition der Situation geltend zu machen, um auf diese Weise korrigierend auf die mentale Prädisposition eines Entscheidungsträgers zu wirken.

6.2.2 Verknüpfung von Selektion und Lernen via Kontrolle

Im Hinblick auf die Erarbeitung eines Bezugsrahmens für das rationalitätsorientierte Controlling steht noch die Frage im Raum, welche Phasen der Entscheidungsfindung letztendlich zu unterscheiden sind. Diesbezüglich verkörpern Lernen und Selektion nur mögliche Beispiele, die nicht nur vervollständigt werden müssen, sondern durchaus auch zu hinterfragen sind. So wird zwar das Lernen in seiner grundlegenden Bedeutung für die Entscheidungsträger in Unternehmungen allenthalben gewürdigt;[34] im Gegensatz zur Selektion ist das Lernen jedoch in gängigen Phasenkatalogen nicht als eigenständige Phase aufgelistet.[35] Wenn überhaupt, finden Lernprozesse lediglich im Sinne von Rückkopplungsschleifen Berücksichtigung.[36]

Dies widerspricht freilich dem hier herausgearbeiteten Stellenwert der Lernprozesse. Sie dienen nicht bloß der *Speicherung* persönlicher Eindrücke und Informationen, sondern auch ihrer Einschätzung und Filterung. Damit nehmen sie maßgeblichen Einfluss auf die im Rahmen der Selektion ablaufenden Vorgänge. Mehr noch: Im Extremfall können Framing-Effekte den Selektionsprozess sogar vollständig determinieren. Vor diesem Hintergrund scheint es geboten, Lernen als *eigenständige Phase* der Entscheidungsfindung zu begreifen und so einerseits hinsichtlich seiner Bedeutung ins Bewusstsein zu rufen, andererseits dem rationalitätsorientierten Controlling leichter zugänglich zu machen.

---

[34] Vgl. z.B. Gebert (1991), insbesondere S. 325, und Staehle (1999), S. 207ff.

[35] Die Selektion wird dort zwar auch nicht unbedingt expressis verbis genannt, findet sich aber in ihrer Bedeutung in den aufgeführten Phasen wieder.

[36] Eine Ausnahme bilden Weber/Schäffer (2001b), S. 78, insofern, als sie mit Verweis auf Schäffer (2001) die Kontrolle „grundsätzlich als spezifische Form des Lernens ex post charakterisier[en]".

Bislang konnten sich die Erörterungen auf die Entscheidungsfindung eines einzelnen Akteurs beschränken. Die Einbettung der entsprechend identifizierten Phasen des Lernens und der Selektion in einen geschlossenen Zyklus erfordert nun aber auch die Einbeziehung *unmittelbar nachfolgender Tätigkeiten*. Dazu gehören

- die entscheidungsvollziehenden Tätigkeiten des betrachteten Akteurs selbst,
- die durch die Willenskommunikation des betrachteten Akteurs angestoßenen Tätigkeiten anderer Akteure sowie
- sonstige Akteurs-Tätigkeiten, welche Einfluss auf die zuvor genannten Tätigkeiten ausüben.

Alle drei Tätigkeitsgruppen sind nicht Teil der Entscheidungsfindung des betrachteten Akteurs; sie seien unter das Stichwort *Umsetzung* (seiner Entscheidung) subsumiert.

Die Umsetzung knüpft an die Selektionsphase an, wird nun aber nicht direkt von der Lernphase gefolgt. Bevor nämlich die realisierten Umsetzungsergebnisse in einen Lernprozess einfließen können, sind sie den im Rahmen der Selektion als gewollt festgelegten Ergebnissen gegenüberzustellen. Eine solche Aufgabe wird regelmäßig der *Kontrolle* zugeordnet, hier verstanden als wertender Abgleich von Soll-Größen (‚Selektionsergebnissen') und Ist-Größen (Umsetzungsergebnissen).[37]

Nach vorstehender Definition weist die Kontrollfunktion einen 'ex-post-orientierten' Charakter auf. Diese Auffassung steht zwar im Widerspruch zu neueren, ex-ante-orientierten Kontrollkonzepten; es erleichtert jedoch erheblich die Abgrenzung zwischen den Kontrollaufgaben, denen nach hier zugrunde gelegtem Verständnis stets eine Umsetzungsphase vorangegangen sein muss, und den Aufgaben des rationalitätsorientierten Controllings. Überspitzt ließe sich sogar formulieren, dass ex-ante-orientierte Kontrollkonzepte originäre Aufgabenfelder des Controllings besetzen.[38]

Wird Abbildung 6–1 entsprechend erweitert, ergibt sich der in Abbildung 6–2 dargestellte, *idealtypische Managementzyklus*. Auch in Bezug auf die Kontrolle als dritte Phase der Entscheidungsfindung weisen die mittels Grauschattierung gekennzeichneten Ansatzpunkte des rationalitätsorientierten Controllings die bereits in Abschnitt 6.1.3 herausgearbeitete Struktur auf. [39] So kann das Controlling auf das Umsetzungsergeb-

[37] In Anlehnung an Hahn/Hungenberg (2001), S. 47.

[38] Zur grundsätzlichen Infragestellung der ex-post-Orientierung neuerer Kontrollkonzepte vgl. die Replik von Weber/Schäffer (2001b), S. 77f., auf die von Pietsch/Scherm (2000), S. 401, geäußerte Kritik an ihrem 'traditionellen' Kontrollverständnis.

[39] Die letzte Spalte von Tabelle 6–1 lässt sich demgemäß ergänzen.

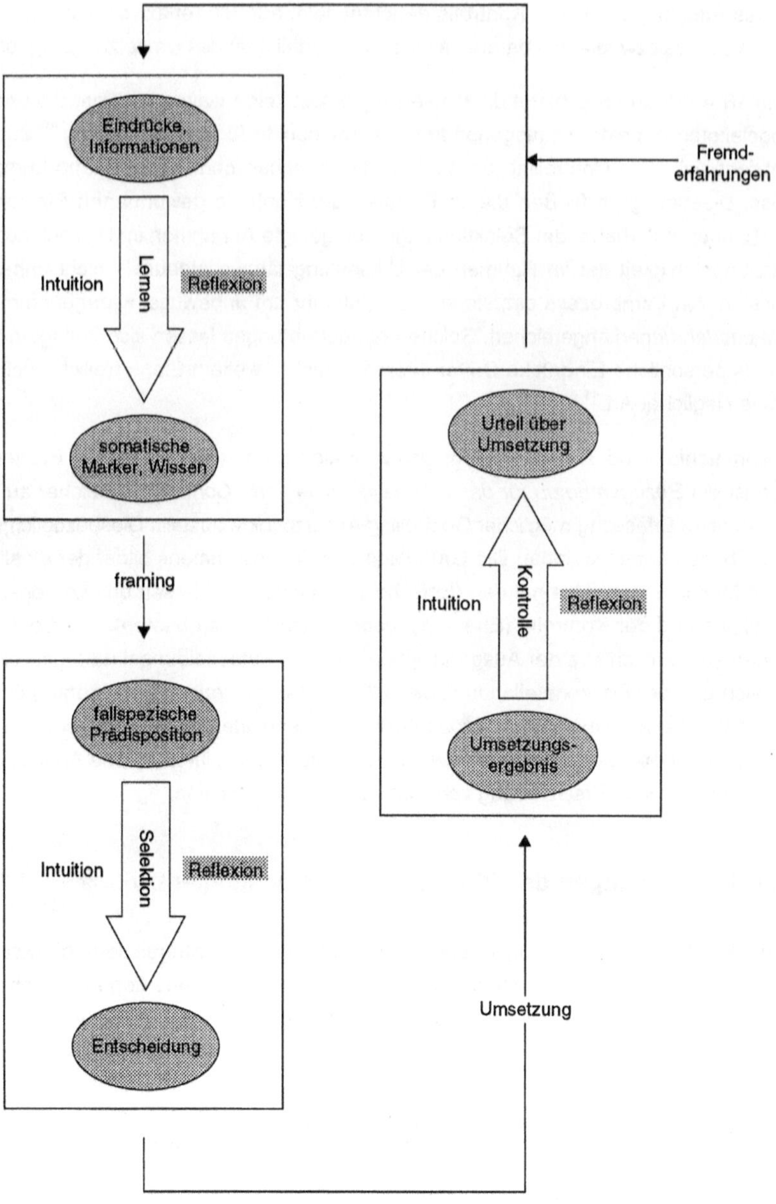

Abb. 6–2: Idealtypischer Managementzyklus mit Ansatzpunkten des rationalitätsorientierten Controllings

nis als Ausgangspunkt der Kontrolle gerichtet sein, auf den reflexiven Teil des Kontrollprozesses bzw. auf das daraus resultierende Urteil über das Umsetzungsergebnis.

Gemäß Abbildung 6–2 bietet die Umsetzung selbst keine *weiteren* – über die bereits abgeleiteten Aspekte hinausgehenden – Ansatzpunkte für das Controlling.[40] Zudem entzieht sich dem Controlling die Verbindung zwischen dem Kontroll- und Lernprozess. Diesbezüglich fließen die im Rahmen der Kontrolle gewonnenen Einsichten – z.B. über fehlerhafte, der Selektion zugrunde gelegte Annahmen im Hinblick auf die Leistungsfähigkeit der im Rahmen der Umsetzung tätigen Akteure – nicht unbeeinflusst in den Lernprozess ein; sie werden vielmehr um unbewusst wahrgenommene *Fremderfahrungen* angereichert. Solche Fremderfahrungen lassen sich in engem Sinne als persönliche Eindrücke Dritter interpretieren, in weitem Sinne freilich auch als Fakten jeglicher Art.[41]

Zusammenfassend ist festzuhalten: Das zentrale Ergebnis der bisherigen Erörterungen ist ein *Bezugsrahmen für das rationalitätsorientierte Controlling*, welcher auf die strukturierte Erfassung möglicher Controlling-Ansatzpunkte abstellt. Diesbezüglich sind drei Ebenen unterscheidbar: Die Grundlage des Bezugsrahmens bildet der idealtypische Managementzyklus mit den (Entscheidungsfindungs-)Phasen des Lernens, der Selektion und der Kontrolle (Ebene 1). Jede dieser Phasen besteht aus drei Komponenten, nämlich aus der Ausgangssituation, dem Entscheidungsfindungsprozess an sich und der Endkonstellation (Ebene 2).[42] Innerhalb jeder Komponente können wiederum drei Aufgabenfelder des Controllings voneinander abgegrenzt werden (Ebene 3), namentlich die Offenlegung der Komponenteninhalte, ihre kritische Analyse und die diesbezügliche Erschließung von Verbesserungspotentialen.[43]

6.3 Abwandlungen des idealtypischen Managementzyklus

Bei der Ableitung des Bezugsrahmens ließ sich von einer Differenzierung zwischen verschiedenen Akteuren weitgehend absehen, da der zugrunde liegende Managementzyklus aus Sicht eines einzelnen Entscheidungsträgers entwickelt wurde. Unter Inkaufnahme einer höheren Komplexität der Darstellung kann auf diese Vereinfachung

[40] Selbstverständlich ist im Rahmen der abgeleiteten Ansatzpunkte ein Controlling der Umsetzung möglich, soweit sie Tätigkeiten der Entscheidungsfindung (anderer Akteure) beinhaltet; vgl. einstweilen Abschnitt 6.3.

[41] Vgl. dazu Schröder (1995), S. 50f.

[42] Eine solche Dreiteilung (einer Phase) nehmen auch Weber/Schäffer/Langenbach (2001), S. 50, vor.

[43] Vgl. auch nochmals Tabelle 6–1 in Verbindung mit Abbildung 6–2.

aber auch verzichtet werden. Diesbezüglich sei exemplarisch der in Abschnitt 5.2 unter anderem erörterte Fall eines ausschließlich führenden Akteurs (‚Akteur 1') und eines ausschließlich folgenden Akteurs (Akteur 2) aufgegriffen,[44] ergänzt um zwei dezentral ausgerichtete Controlling-fokussierte Akteure (Akteur 3 bzw. 4).

Das resultierende Beziehungsgeflecht gibt Abbildung 6–3 wieder. Die Entscheidungsfindung von Akteur 1 ist auf willensbildende Tätigkeiten beschränkt, welche sich entsprechend der vorangegangenen Ausführungen in drei Phasen gliedern lassen; diese in Abbildung 6–3 als *$Lernen_{WB}$*, *$Selektion_{WB}$* und *$Kontrolle_{WB}$* gekennzeichneten Phasen bilden zusammen mit der Willenskommunikation den Managementzyklus des Akteurs 1. Analog umfasst die Entscheidungsfindung von Akteur 2 nur Tätigkeiten der Leistungsplanung, unterteilt in *$Lernen_{LP}$*, *$Selektion_{LP}$* und *$Kontrolle_{LP}$*; diese drei Phasen repräsentieren zusammen mit der Leistungserstellung den Managementzyklus des Akteurs 2.

Auf idealtypische Art sind in Abbildung 6–3 die *Beziehungen zwischen den Akteuren 1 und 2* mittels zweier Verknüpfungen dargestellt. So fällt Akteur 1 im Rahmen der $Selektion_{WB}$ Entscheidungen darüber, wie er die Entscheidungsspielräume von Akteur 2 begrenzen will; demgemäß fließen die getroffenen Entscheidungen – via Tätigkeiten der Willenskommunikation – in Form von Informationen in das $Lernen_{LP}$ ein. Eine entsprechende Rückkopplung von Akteur 2 zu Akteur 1 erfolgt dann im Rahmen der Leistungserstellung; deren Ergebnisse bilden nicht nur die Basis für die $Kontrolle_{LP}$, sondern auch für die $Kontrolle_{WB}$.

Um in Abbildung 6-3 ebenfalls die *Rolle der Controlling-fokussierten Akteure* übersichtlich wiedergeben zu können, wurde auf die Darstellung aus Tabelle 6–1 zurückgegriffen. Die dort abgebildete Struktur möglicher Ansatzpunkte zur Erfüllung der Rationalitätssicherungsfunktion wurde mit jeweils einer inhaltlichen Anpassung übernommen: Bezugsgrößen von Akteur 3 sind nun die Phasen $Lernen_{WB}$, $Selektion_{WB}$ und $Kontrolle_{WB}$, Bezugsgrößen von Akteur 4 die Phasen $Lernen_{LP}$, $Selektion_{LP}$ und $Kontrolle_{LP}$.[45]

---

[44] Dieses Beispiel wird in Abschnitt 5.2 als ‚Fall 6' bezeichnet; vgl. auch Abbildung 5–3b.

[45] Aus Gründen der Übersichtlichkeit wurde in Abbildung 6–3 auf die Einzeichnung der entsprechenden *einzelnen* Verknüpfungen zwischen den Akteuren 1 und 3 sowie zwischen den Akteuren 2 und 4 zu Gunsten je eines einzigen Doppelpfeils verzichtet.

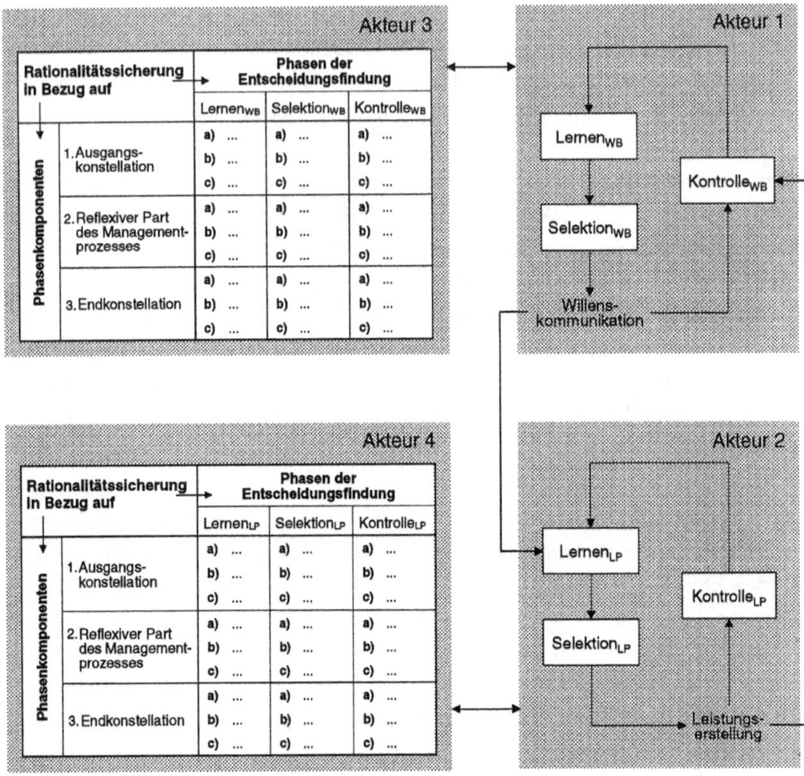

Abb. 6–3: Beispiel für die Erweiterung des idealtypischen Managementzyklus im Hinblick auf das Zusammenspiel mehrerer Akteure

Neben *Erweiterungen* des idealtypischen Managementzyklus sind auch solche Abwandlungen denkbar, die sich als *Mikrozyklen* verstehen lassen. Beispiele entsprechender, auf Basis der Abbildung 6–2 abgeleitete Mikrozyklen zeigt Abbildung 6–4. Sie können wie folgt gedeutet werden:

- *Mikrozyklus 1*: An die Lern- und Selektionsphase schließt sich unmittelbar eine weitere Lernphase an.
  Dies ist z.B. vorstellbar, wenn der Selektionsprozess in der Entscheidung mündet, die Unterlassungsalternative zu wählen. Die Selektion führt damit *nicht* zu Umsetzungstätigkeiten, denen ansonsten Kontrolltätigkeiten folgen würden. Dem steht freilich nicht entgegen, dass die anlässlich des Selektionsprozesses gewonnenen Erfahrungen im Rahmen von Lernprozessen verarbeitet werden.

- *Mikrozyklus 2*:
  An die Selektions-, Umsetzungs- und Kontrollphase schließt sich unmittelbar eine weitere Selektionsphase an.
  Diese Konstellation entspricht einem einfachen Regelungsmechanismus: Anlässlich der Kontrolle festgestellte Abweichungen zwischen gesetzten Zielen (Selektionsergebnissen) und Umsetzungsergebnissen führen im Rahmen eines neuen Selektionsprozesses zu Entscheidungen darüber, wie den Abweichungen entgegengewirkt werden kann. Dabei wird an der ursprünglichen Definition der Situation festgehalten, d.h. es finden keine Lernprozesse statt, in deren Kontext die – der vorangegangenen Selektion zugrunde liegenden – Prämissen auf den Prüfstand gestellt würden.

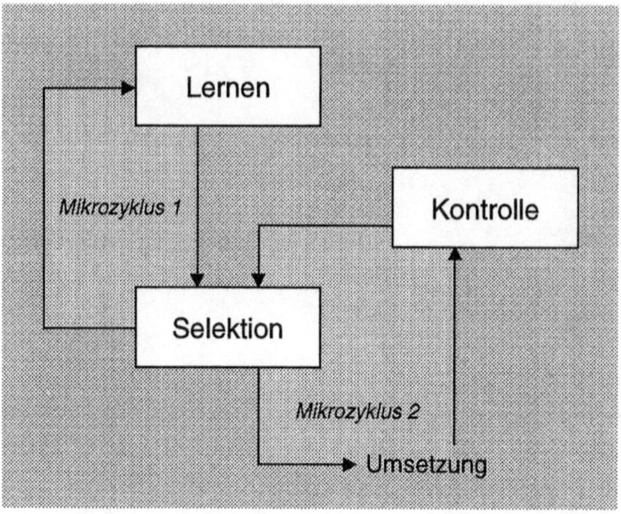

Abb. 6–4: Beispiele für Mikrozyklen im Rahmen des idealtypischen Managementzyklus

Insbesondere im Hinblick auf das Zusammenspiel mehrerer Akteure können leicht weiterer Mikrozyklen abgeleitet werden, auf deren Skizzierung hier verzichtet sei. Es sei jedoch darauf aufmerksam gemacht, dass nur schwer ein Mikrozyklus konstruierbar ist, der *keine* Selektionsphase beinhaltet. Dies betont die *besondere Stellung der Selektion* im Entscheidungsfindungsprozess, der sich auch das Controlling nicht entziehen kann. Diesem Aspekt wird im Folgenden Rechnung getragen.

7 Controlling und Rationalität: Effektivitäts- und Effizienzsicherung als eine Kernaufgabe des Controllings[1]

Ausgehend vom abgeleiteten Verständnis der Sicherstellungsfunktion als Offenlegung, Güteprüfung und Verbesserung der Entscheidungsfindung (des Managements i.e.S.) steht die Frage im Raum, woran sich deren Güte festmachen lässt. *Weber/Schäffer* stellen diesbezüglich auf die Rationalität – als dritten zentralen Begriff ihrer Controlling-Definition – ab. Folgt man ihren Ansatz, ist zu klären, wie rationales Managen[2] bestimmt werden kann, d.h. es bedarf geeigneter Rationalitätsprinzipien und entsprechender Beurteilungskriterien.

Fundamental dafür sind die aus der präskriptiven Entscheidungstheorie bekannten Grundprinzipien prozeduraler Rationalität sowie Kriterien konsistenten Entscheidungsverhaltens.[3] Auf ihrer Grundlage sind Maßstäbe zu entwickeln, an Hand derer sich die Güte der verschiedenen als konstitutiv gekennzeichneten Managementtätigkeiten beurteilen lässt. Dahingehend könnte man versucht sein, sämtliche als relevant zu erachtenden Maßstäbe zusammenzutragen, um sodann die Aufgaben des rationalitätsorientierten Controllings *erschöpfend* zu beschreiben. Ein solches Unterfangen scheint allerdings kaum zu bewältigen zu sein.

Deshalb wird hier ein Weg eingeschlagen, der auf die *sukzessive Eingrenzung* des Controlling-Aufgabenspektrums abzielt. Gemäß diesem Prinzip wird nachfolgend der – für das rationalitätsorientierte Controlling wesentliche, aber nicht unbedingt alle Aspekte abdeckende – Rationalitätsmaßstab der ‚Effektivität und Effizienz' thematisiert, von dem sowohl in der Wirtschaftswissenschaft als auch in der Wirtschaftspraxis sehr häufig die Rede ist. Abschnitt 7.1 verdeutlicht, dass dieser Maßstab einer begrifflichen Präzisierung bedarf. Diese Präzisierung bildet den Schwerpunkt des Kapitels und findet in Abschnitt 7.2 statt: Ausgehend von einer Arbeitsdefinition für Effektivität und Effizienz (Abschnitt 7.2.1) sowie dem auf *Max Weber* zurückgehenden Konstrukt der Zweckrationalität (Abschnitt 7.2.2) wird die Relevanz des entscheidungstheoretisch geprägten Zielbegriffs ebenso erörtert (Abschnitt 7.2.3) wie die Relativität der Be-

---

1 Das Kapitel orientiert sich in den Abschnitten 7.1 und 7.2 an den Beitrag von Dyckhoff/Ahn (2001).

2 Synonym: rationale Entscheidungsfindung. Es sei angemerkt, dass dieser Ausdruck auch in der – nachfolgend immer wieder bemühten – Entscheidungstheorie Verwendung findet, allerdings in einem spezifischeren, oft nur auf die Phase der Selektion bezogenen Sinne.

3 Vgl. Eisenführ/Weber (1999), S. 4ff.

griffsinhalte (Abschnitt 7.2.4); darauf aufbauend erfolgt die Definition von ‚Effektivität' und ‚Effizienz' (Abschnitt 7.2.5). Abschnitt 7.3 ist schließlich dem Aufgabenspektrum des Controllings im Rahmen der Effektivitäts- und Effizienzsicherung gewidmet: Diese Aufgabe wird als Element des Controlling-Kerns gewürdigt (Abschnitt 7.3.1), ihre Teilaspekte werden herausgearbeitet (Abschnitt 7.3.2) und es wird erläutert, wie sich ihre Einzelaufgaben charakterisieren lassen (Abschnitt 7.3.3).

7.1 ‚Effektivität und Effizienz' als beliebtes, aber unscharfes Wortspiel

Im Rahmen ihrer Controlling-Konzeption konstatieren *Weber/Schäffer*, die Rationalität einer Tätigkeit[4] ließe sich „an der effizienten Mittelverwendung bei gegebenen Zwecken"[5] beurteilen. Diese Interpretation ist insofern elegant, als sie das äußerst vielschichtige Konstrukt der Rationalität mittels des Effizienzkriteriums erklärt, dessen Begriffsinhalt auf den ersten Blick klar zu sein scheint. Bei näherer Betrachtung stellt sich dieser Eindruck freilich als trügerisch heraus. Denn zum einen besteht in der Betriebswirtschaft kein Konsens darüber, was Effizienz eigentlich bedeutet; zum anderen bleiben die Erläuterungen zum Begriffsinhalt nicht selten ebenso unpräzise wie seine Abgrenzung zur Effektivität, mit der die Effizienz oft gemeinsam genannt wird.

Eine Analyse von 180 mehr oder minder zufällig aus nahezu allen betriebswirtschaftlichen Teilgebieten ausgewählten Quellen, die den Effizienzbegriff verwenden, macht dessen Facettenreichtum deutlich. So lassen sich zahlreiche Definitionsansätze unterscheiden, wobei das Streben nach Effizienz am häufigsten gleichgesetzt wird mit der

I. Verfolgung des ökonomischen Prinzips (34 Quellen),

II. Identifizierung nicht dominierter Alternativen (23 Quellen),

III. Verbesserung (des Grads) der Zielerreichung (22 Quellen),

IV. Realisierung einer günstigen Input-/Output-Relation (20 Quellen),

V. Forderung ‚to do things right' (12 Quellen).

---

[4] Weber/Schäffer selbst verwenden den Handlungsbegriff. Bei Zugrundelegung der in Abschnitt 5.1 entwickelten Terminologie greift dieser Begriff allerdings zu kurz, wie zu Beginn des Abschnitts 7.2 noch dargelegt wird.

[5] Weber/Schäffer (1999c), S. 734. Hinsichtlich der Bemühungen von Weber zur Konkretisierung des Rationalitätsbegriffs sei neben Weber/Schäffer/Langenbach (2001) auf Weber (2002a), S. 51ff., verwiesen. Das dort vertretene Verständnis von Rationalität als *„herrschende Meinung von Fachleuten hinsichtlich einer bestimmten Zweck-Mittel-Situation"* (Weber (2002a), S. 53) bleibt jedoch unscharf und kann insofern nicht überzeugen.

Tabelle 7-1 illustriert die Verwendungshäufigkeit dieser Definitionsansätze in den untersuchten Quellen, strukturiert nach Teilgebieten der BWL. Mit 34 von 180 Quellen dominiert demnach das erstgenannte Verständnis, welches Effizienz mit Wirtschaftlichkeit als Ausdruck des ökonomischen Prinzips gleichsetzt. Gemeinsam ist allen fünf genannten Ansätzen, dass sie ziemlich breit in der Betriebswirtschaftslehre vertreten sind. Allerdings lassen sich gewisse Schwerpunktbildungen erkennen, etwa die Bevorzugung des Dominanzansatzes (Begriffsverständnis II) im Teilgebiet ‚Planung und Entscheidung' sowie im Teilgebiet ‚Produktionswirtschaft'.

30 der 69 verbleibenden Quellen legen ein von den explizit aufgeführten Ansätzen abweichendes Effizienzverständnis zu Grunde. Beispielsweise verstehen Vertreter des Teilgebiets ‚Finanzierung' unter Effizienz meist die Berücksichtigung aller verfügbaren Informationen durch den Kapitalmarkt. In immerhin 39 Quellen findet der Effizienzbegriff sogar Verwendung, ohne dass er genauer spezifiziert wird – selbst dann, wenn er im Titel der Quelle vorkommt und das zentrale Thema bildet.

Teilgebiete der Betriebswirtschaftslehre[6]	jeweiliger Definitionsansatz für Effizienz							Summe der Quellen
	I	II	III	IV	V	übrige Ansätze	ohne Definition	
Allgemeine BWL	1	2	2	2	1	3	–	11
Beschaffungswirtschaft	1	–	–	1	1	–	5	8
Finanzierung	1	2	–	–	–	8	–	11
F&E-Management	3	1	1	3	3	1	3	15
Management allgemein	2	–	1	3	–	–	3	9
Marketing	2	–	1	4	1	2	9	19
Organisation	8	–	5	3	1	2	3	22
Personalwesen	2	–	2	–	–	5	5	14
Planung & Entscheidung	–	8	4	–	–	–	1	13
Produktionswirtschaft	1	8	1	–	–	1	1	12
Rechnungswesen/Controlling	1	–	4	2	3	–	5	15
Umweltökonomie	10	2	1	2	–	3	3	21
Wirtschaftsinformatik	2	–	–	–	2	5	1	10
Summe der Quellen	34	23	22	20	12	30	39	180

Tab. 7–1: Verwendungshäufigkeit von Definitionsansätzen für Effizienz in der Literatur, strukturiert nach Teilgebieten der BWL

6 Die Teilgebiete wurden soweit möglich gemäß den in Kapitel 2 bereits aufgeführten wissenschaftlichen Kommissionen des Verbands der Hochschullehrer für Betriebswirtschaft e.V. ausgewiesen.

Trotz des vorherrschenden Begriffswirrwarrs gehört ‚Effizienz' vermutlich zu den meist verwendeten Termini wirtschaftlicher Wissenschaft und Praxis.[7] Häufig ist darüber hinaus in einem Atemzug von ‚Effektivität und Effizienz' die Rede. Zuweilen kann man sich bei der Lektüre dieser Begriffe sogar des Eindrucks nicht erwehren, dass sie gerade *wegen* ihrer begrifflichen Unschärfe derart beliebt sind. Mag dies unter gewissen Umständen noch akzeptabel sein, so kann die theoretische Fundierung des Controllings im Hinblick auf eine Operationalisierung des Rationalitätskonstrukts an einer weiterführenden Auseinandersetzung mit den beiden Begriffen nicht vorbeigehen. Für eine (wissenschaftlich) seriöse Auseinandersetzung mit rationalem Managen ist begriffliche Klarheit notwendig.

7.2 Begriffliche Präzisierung von Effektivität und Effizienz

7.2.1 Arbeitsdefinition des Begriffspaares Effektivität/Effizienz

Beiträge, die sich um die begriffliche Klärung von Effektivität und Effizienz bemühen,[8] scheinen bislang wenig bewirkt zu haben. Trotz dieser ernüchternden Bilanz wird im Folgenden nochmals ein Anlauf genommen, zu einem einheitlichen Verständnis von Effektivität und Effizienz beizusteuern. Den Ausgangspunkt der Überlegungen, in deren Rahmen eine möglichst hohe Kompatibilität zu gängigen Begriffsverwendungen angestrebt wird, bilden nachstehende Kerngedanken:

- Effektiv ist eine Tätigkeit dann, wenn sie *zweckmäßig* ist, d.h. eine bezweckte Zustandsveränderung verursacht.
- Effizient ist eine Tätigkeit dann, wenn die verursachte Zustandsveränderung *ohne Verschwendung* geschieht, d.h. wenn eine weitergehende Zustandsverbesserung nur bei anderweitiger Verschlechterung möglich wäre.

---

7 Ein anschauliches, aus der Marketingpraxis stammendes Beispiel für die Vielfalt an Begriffsinterpretationen liefert Steffenhagen (1999) mit seiner Gegenüberstellung verschiedener ‚Werbeeffizienz-Leitbilder'.

8 In jüngerer Zeit etwa Scholz (1992) und Ahn/Dyckhoff (1997). Letztere schlagen z.B. vor, eine Handlungsalternative als effizient zu bezeichnen, wenn sie von keiner anderen Alternative dominiert wird, und sie als effektiv zu bezeichnen, wenn sie nicht von einer bestimmten Referenzalternative dominiert wird; vgl. Ahn/Dyckhoff (1997), S. 3. Dieser ‚entscheidungstheoretische Ansatz' fand freilich nur wenig Beachtung, zum Teil wurde er sogar missverstanden; so argumentiert Grundei (1999), S. 68, fälschlicher Weise: „Bei machen Autoren bleibt eine Abgrenzung der beiden Termini auch schlicht aus .. . So definieren beispielsweise *Ahn/Dyckhoff* Effizienz als «to do the *right* things right» .. ."

In dieser Arbeitsdefinition wird bewusst von der Effektivität bzw. Effizienz einer *Tätigkeit* gesprochen.[9] Beide Eigenschaften können sich nämlich sowohl auf Überlegungen als auch auf Handlungen beziehen[10] – freilich mit unterschiedlichem Hintergrund. So sind die Eigenschaften im Hinblick auf *Überlegungen* auf zwei Ebenen sicherzustellen:

- Zum einen ist die Effektivität und Effizienz der im Einzelfall betrachteten *Überlegungen selbst* zu gewährleisten; es geht um die Zweckmäßigkeit und die Verschwendungsfreiheit der betreffenden Lern-, Selektions- bzw. Kontrollprozesse (verstanden als im Kopf stattfindende Zustandsveränderungen).[11]
- Zum anderen ist die Effektivität und Effizienz der aus den Überlegungen resultierenden *Folgetätigkeiten* zu gewährleisten; es geht um die Zweckmäßigkeit und die Verschwendungsfreiheit im Rahmen der Umsetzung einer Entscheidung,[12] welche sich in weiteren Überlegungen oder aber Handlungen (als beobachtbare Zustandsveränderungen) manifestiert.

Gemäß dem letztgenannten Aspekt sind Effektivität und Effizienz auch wünschenswerte Eigenschaften von *Handlungen.* Allerdings beruhen Zweckmäßigkeit und Verschwendungsfreiheit der durch eine Handlung bewirkten Zustandsveränderung auf der die Handlung auslösenden Überlegung. Diese ist die ausschlaggebende Tätigkeit, da die Handlung selbst keine gestaltbaren Freiheitsgrade mehr aufweist. Mit anderen Worten: Auf die Effektivität und Effizienz einer Handlung kann nur im vorhinein – ehe es zur Handlung kommt – Einfluss genommen werden.

Insofern wäre es auch denkbar, die Arbeitsdefinition allein auf den Begriff der Überlegung abzustellen. Da dies aber dem allgemeinen Sprachverständnis zuwider läuft, wird hier dem übergeordneten Begriff der Tätigkeit der Vorzug gegeben. Dennoch lässt es sich nicht vermeiden, gängige Fach-Termini gemäß der Arbeitsdefinition anzupassen; so ist im Folgenden nicht von Handlungsalternativen bzw. -motiven die Rede, sondern von Tätigkeitsalternativen bzw. -motiven. Von einer entsprechenden Anpassung der nachstehend aufgeführten wörtlichen Zitate wird indessen abgesehen.

---

[9] Damit wird von den in Dyckhoff/Ahn (2001) verwendeten Begrifflichkeiten abgewichen.

[10] Es sei daran erinnert, dass gemäß der in Abschnitt 5.1 entwickelten Terminologie Überlegungen und Handlungen sich ergänzende Tätigkeitskategorien darstellen.

[11] So kann z.B. das angewöhnte Lernverhalten unzweckmäßig sein, oder im Rahmen der Ergründung unerheblicher Soll-Ist-Abweichungen wird Zeit verschwendet.

[12] Zum Begriff der Umsetzung (einer Entscheidung) vgl. nochmals Abschnitt 6.2.2.

Um die grob skizzierten Begriffe ‚Effektivität' und ‚Effizienz' nun präziser fassen zu können, sind zu drei Aspekten Vorüberlegungen notwendig:

- *Max Weber's Begriff der Zweckrationalität*:
  Es liegt nahe, diesen Terminus mit Effizienz in Verbindung zu bringen, er ist allerdings vielschichtiger, als gemeinhin dargestellt.
- *Die Relevanz von Zielsetzungen*:
  Beurteilungen der Zweckmäßigkeit oder Erwünschtheit von Zustandsveränderungen, wie sie in obigen Arbeitsdefinitionen angesprochen sind, stehen in engem Zusammenhang zum entscheidungstheoretisch geprägten Zielbegriff.
- *Die Relativität der Begriffsinhalte*:
  Welche Größen zur Bestimmung von Effektivität und Effizienz in welchem Sinne eine Rolle spielen, hängt in starkem Maße vom jeweiligen Entscheidungsrahmen ab.

7.2.2 *Max Weber's* Begriff der Zweckrationalität

Wie dargelegt, setzt die häufigste Verwendung des Begriffs Effizienz in der Betriebswirtschaftslehre am ökonomischen Prinzip an. Die Betonung liegt dabei oft auf der klassischen Interpretation des ökonomischen Prinzips, wonach angestrebte Zwecke mit sparsamstem Mitteleinsatz erreicht werden sollen.[13] In diesem Kontext ist es üblich, Zweck-Mittel-Relationen zu betrachten, die als Ausdruck von *Zweckrationalität* im Sinne von *Max Weber* verstanden werden.[14] *Max Weber's* Begriff der Zweckrationalität ist indessen sehr vielschichtig:[15]

- „Zweckrational handelt, wer sein Handeln nach Zweck, Mitteln und Nebenfolgen orientiert und dabei sowohl die Mittel gegen die Zwecke, wie die Zwecke gegen die Nebenfolgen, wie endlich auch die verschiedenen möglichen Zwecke gegeneinander rational *abwägt*"[16].

Bemerkenswert an dieser Definition ist zunächst einmal, dass nicht nur *Zwecke* und *Mittel* differenziert, sondern davon noch *Nebenfolgen* als dritte Kategorie abgegrenzt werden. Allerdings bleibt *Max Weber* weitere Erläuterungen schuldig, so dass sich

[13] Vgl. z.B. Schmelzer (1990), S. 27f., und Hammer (1998a), S. 109.

[14] Vgl. z.B. Weber/Schäffer (1999c), S. 734, und Steinmann/Schreyögg (2000), S. 80.

[15] Vgl. auch Weber/Schäffer/Langenbach (2001), S. 57ff.

[16] Weber (1976), S. 13.

die Frage nach plausiblen Unterscheidungskriterien stellt. Diesbezüglich können etwa aus zeitlicher Perspektive die Mittel als Input einer Bereitstellungsphase vor Beginn (und auch während) einer Tätigkeit zugeordnet werden, wogegen sich die resultierenden Veränderungen (während und) nach der Tätigkeit als Output in finaler Sicht in zweckentsprechende (Haupt-)Folgen und nicht eigentlich bezweckte Nebenfolgen einteilen lassen.

Über die Differenzierung von Zweck, Mittel und Nebenfolge hinaus zeichnet sich *Max Weber's* Definition auch dadurch aus, dass die Sicherstellung der Rationalität an *drei Bedingungen* geknüpft ist. Die erste Forderung der Abwägung der Mittel gegen die Zwecke entspricht dabei dem bislang dominierenden Effizienzverständnis im Sinne der üblichen Formulierung des ökonomischen Prinzips. Eine derartige Prüfung des Verhältnisses zwischen bezwecktem Output und dafür verwendetem Input allein greift nach *Max Weber* allerdings zu kurz, fordert er doch auch, die Zwecke gegen die Nebenfolgen abzuwägen.

Es besteht zwar grundsätzlich keine zwingende Notwendigkeit, diesen zweiten Aspekt der Zweckrationalität ebenfalls unter den Begriff Effizienz zu subsumieren. Macht man – wie hier vorausgesetzt – Effizienz jedoch daran fest, ob ‚die verursachte Zustandsveränderung ohne Verschwendung geschieht', ist auch die zweite Bedingung von *Max Weber* im Effizienzbegriff zu berücksichtigen. Denn für die Gesamtbeurteilung der durch eine Tätigkeit bewirkten Zustandsveränderung sind auch – gegebenenfalls vermeidbare – Nebenfolgen relevant, sofern sie zu einer Verbesserung oder Verschlechterung beitragen und damit erwünscht oder unerwünscht sind.

Die dritte Forderung nach Abgleich der verschiedenen möglichen Zwecke lässt ebenfalls keinen Zweifel daran, dass *Max Weber's* Sicht von Rationalität über das reine Mittel-Zweck-Denken hinausgeht. Denn die „Entscheidung zwischen konkurrierenden und kollidierenden Zwecken und Folgen kann dabei ihrerseits *wert*rational orientiert sein"[17]. Wertrationalität ist im Unterschied zu Zweckrationalität gekennzeichnet „durch bewussten Glauben an den – ethischen, ästhetischen, religiösen oder wie immer sonst zu deutenden – unbedingten *Eigen*wert eines bestimmten Sichverhaltens rein als solchen und unabhängig vom Erfolg"[18].

---

[17] Weber (1976), S. 13.

[18] Weber (1976), S. 12.

Den Unterschied zwischen beiden Rationalitätskategorien formulierte schon *Goethe*: „Der Mensch kann auch *verständig* handeln: [a)] nach gepflogener Überlegung, [b)] aus Überzeugung“[19]. Allerdings fällt ihre Abgrenzung nicht immer leicht und ist oft auch wohl nur graduell möglich.[20] Dagegen lässt sich zweckrationales Verhalten ohne weiteres von zwei weiteren Verhaltensweisen innerhalb der Typologie nach *Max Weber* abgrenzen: Es ist nämlich „jedenfalls *weder* affektuell (und insbesondere nicht emotional) *noch* traditional“.[21]

Die Sicherungsaufgabe gemäß der rationalitätsorientierten Controlling-Konzeption bezieht sich zwar in erster Linie auf die Zweckrationalität.[22] Indirekt sind aber natürlich auch die anderen Verhaltensweisen zu berücksichtigen, da nur in ihrem Zusammenspiel tatsächliches Verhalten von Menschen, insbesondere Managern, erklärt werden kann. Hier erlangt dann neben der präskriptiven auch die deskriptive Entscheidungstheorie als Basistheorie für das rationalitätsorientierte Controlling eine zentrale Bedeutung: Schließlich muss man die typischen menschlichen (Fehl-)Verhaltensweisen kennen, um zur Vermeidung irrationaler Entscheidungsfindung beitragen zu können.

7.2.3 Die Relevanz von Zielsetzungen

Die *Zwecke* bilden die ursprüngliche Motivation für eine Tätigkeit. Dadurch soll der gegenwärtige Zustand eines betrachteten Systems, also insbesondere einer Unternehmung, derart in einen zukünftigen Zustand überführt werden, dass der Übergang in den neuen Zustand sowie dieser Zustand selbst bestimmte erwünschte Eigenschaften aufweisen, welche durch die Zwecke determiniert sind.

Eine für die Zukunft angestrebte Zustandseigenschaft wird üblicherweise als *Ziel* bezeichnet. Zwecke lassen sich deshalb auch als Ziele verstehen, wobei Ziele i.d.R. konkreter als die ihnen zu Grunde liegenden Zwecke formuliert werden.[23] Wenn etwa der Zweck einer Tätigkeit Rentabilitätssteigerung ist, macht eine entsprechende Ziel-

---

19 Zitiert nach Winckelmann (1976), S. 20.

20 Vgl. dazu Weber (1976), S. 13, sowie den Kommentar von Winckelmann (1976), S. 21.

21 Weber (1976), S. 13.

22 Vgl. Weber/Schäffer (1999c), S. 734. Weber/Schäffer/Langenbach (2001) diskutieren zwar weitere Rationalitätsdimensionen innerhalb ihrer situativen Rationalitätskonzeption. Die Basis bildet aber auch hier die „Verfolgung einer Zweck-Mittel-Rationalität“ (S. 74), verbunden mit der Idee der kritischen Prüfung sowie den Kriterien einer idealen Kommunikationsgemeinschaft.

23 Vgl. ähnlich im Hinblick auf Rechnungszwecke und -ziele Schneider (1995), S. 205f., und Küpper (2001), S. 113.

setzung operationalisierende Aussagen über die Messvorschrift (z.B.: Eigenkapitalrentabilität = Gesamtgewinn nach Steuern/Eigenkapital), das angestrebte Ausmaß (z.B.: Steigerung um 25%), den Objektbezug (z.B.: ein bestimmtes Profit Center) und den Zeitbezug (z.B.: 2004 im Vergleich zum Vorjahr) erforderlich.[24]

Zielsetzungen resultieren aber nicht nur aus der Konkretisierung von Zwecken. Sie beziehen sich auf *jegliche* angestrebten (oder im Gegenteil: unerwünschten) Eigenschaften zukünftiger Zustände oder Zustandsänderungen, also auch auf solche, die nicht das ursprüngliche Motiv einer Tätigkeit bilden, d.h. keine Zwecke sind. Erwünschte oder unerwünschte Nebenfolgen einer Tätigkeit sind dann ebenfalls als Zielsetzungen zu behandeln, soweit sie als relevant erachtet werden. Ebenso werden Ziele über die – gemäß dem traditionellen ökonomischen Prinzip bei der Zweckerfüllung möglichst sparsam einzusetzenden – Mittel festgelegt. Zwecke definieren in diesem Sinne die originären Ziele einer Tätigkeit, während die eingesetzten Mittel und die resultierenden Nebenfolgen abgeleitete Ziele bilden, die nur deshalb zu beachten sind, weil die originären, d.h. eigentlichen Ziele nicht ohne Mitteleinsatz und Nebenfolgen realisiert werden können.

Allerdings bildet nicht jeder Mitteleinsatz oder jede Nebenfolge zwangsläufig ein Ziel, sondern nur dann, wenn aus Sicht des jeweiligen Akteurs die Wahl der Tätigkeitsalternative davon beeinflusst wird. Inwiefern dies der Fall ist, hängt vom jeweiligen *Entscheidungsrahmen* des Akteurs ab. Aus entscheidungstheoretischer Sicht sind dafür der Entscheidungskontext und die Fundamentalziele bestimmend:[25] Der *Entscheidungskontext* definiert die Menge an Tätigkeitsalternativen, welche für eine nähere Betrachtung im Hinblick auf die vorliegende Situation geeignet erscheinen; die *Fundamentalziele* legen die Basiswerte offen, um die man sich in der betreffenden Situation sorgt.

Fundamentalziele finden im jeweiligen Kontext um ihrer selbst willen Beachtung, im Unterschied zu Instrumentalzielen, die nur zur Erreichung anderweitiger, fundamentaler Ziele verfolgt werden.[26] In einem anderen, i.d.R. umfassenderen Kontext können Fundamentalziele allerdings selbst wieder lediglich Instrumentalziele darstellen. So werden z.B. Zeit, Qualität und Kosten einer Produktentwicklung üblicherweise als fundamentale Zielkriterien des F&E-Bereichs angesehen; aus Sicht der Gesamtunternehmung sollen sie dagegen etwa der Steigerung des Gewinns oder des Shareholder

[24] Vgl. dazu etwa Heinen (1985), S. 98ff., und Steffenhagen (2000), S. 70ff.

[25] Vgl. Keeney (1992), S. 30.

[26] Vgl. dazu Eisenführ/Weber (1999), S. 56.

Value dienen. Gerade letzter wird in der jüngeren Diskussion immer wieder als Fundamentalziel der Unternehmung hingestellt. Dabei wird häufig zweierlei übersehen: Zum einen stellt er aus gesellschaftlicher Sicht nur ein Instrumentalziel dar, mit dem über die Konstruktion des Wettbewerbs in Märkten eine effiziente Güterversorgung der Bevölkerung erreicht werden soll; zum anderen kann er gegebenenfalls in Konkurrenz zu weiteren Fundamentalzielen der Unternehmung – wie Sozialverantwortung oder Umweltschutz – stehen.[27]

Inwieweit nun also etwa der Verbrauch natürlicher Ressourcen als Mitteleinsatz und die Erzeugung schädlicher Emissionen als Nebenfolge unternehmerischen Wirkens in das Tätigkeitskalkül einfließen, hängt von den jeweiligen Fundamentalzielen einer Unternehmung und ihrer Beachtung durch die Entscheidungsträger ab. Die Formulierung von und die Abwägung zwischen konkurrierenden Fundamentalzielen der Unternehmung ist allerdings eine Frage der Wert- und nicht der Zweckrationalität.[28] Ob dieser Sachverhalt vom Konzept des rationalitätsorientierten Controllings erfasst wird, sei hier nicht weiter thematisiert. Zweifellos gehört dazu jedoch die Ableitung eines operationalen Zielkatalogs aus den Fundamentalzielen gemäß den Grundsätzen der präskriptiven Entscheidungstheorie.[29]

Eine Gleichsetzung der Zwecke mit den Fundamentalzielen ist nicht möglich. So kann das Gewinnziel als Fundamentalziel nicht nur im Sinne eines Zwecks Berücksichtigung finden, sondern aus ihm lässt sich über seine Kostenkomponente z.B. auch der sparsame Einsatz von Produktionsmitteln bzw. die Vermeidung kostenträchtiger Nebenfolgen wie Abwässer ableiten. Ebenso wenig weist die bekannte, auf *Kosiol* zurückgehende Unterscheidung von Formal- und Sachzielen[30] eindeutige Beziehungen zu den Begriffen Zweck, Mittel und Nebenfolge auf, auch wenn *Kosiol* das Formalziel Gewinnmaximierung als „Ausdruck der Rationalität des Handelns"[31] qualifiziert hat.

---

[27] Vgl. dazu die unternehmensethische Diskussion, beispielsweise in den Sammelbänden von Koslowski (1999a) und Kumar/Osterloh/Schreyögg (1999). So schreibt Koslowski (1999b), S. 7: „Jede Firma hat viele Zwecke. ... Wenn man einen ersten Zweck ... auszeichnen will, ist es offensichtlich, daß keines der Ziele [der] partikularen Gruppen, die die Firma bilden, der einzige Zweck der Firma sein kann, weil die anderen Gruppen auch ein Recht zur Verfolgung ihres Zwecks innerhalb der Firma haben. Wenn es einen Hauptzweck ... gibt, muß dieser ein Zweck sein, dem alle Gruppen der Unternehmung zustimmen könnten. ... [Er] ist, Konsumentennutzen durch ihre Produkte zu realisieren."

[28] Dies gilt aus Sicht der Unternehmung. Aus Sicht der Gesellschaft kann es sich dabei sehr wohl um eine Frage der Zweckrationalität handeln.

[29] Vgl. Eisenführ/Weber (1999), S. 53ff.

[30] Vgl. Kosiol (1972), S. 223ff.

[31] Kosiol (1972), S. 54.

7.2.4 Die Relativität der Begriffsinhalte

Gemeinsam ist allen angeführten Differenzierungen, dass sie nicht absolut gelten, sondern sich jeweils auf bestimmte Entscheidungssituationen beziehen, d.h. in diesem Sinne *relativ* sind. Das trifft nicht nur wie oben erläutert auf die Fundamental- und Instrumentalziele zu. So weist Homann ausdrücklich auf die Ambivalenz der Zweck-Mittel-Kategorisierung hin: „*Jeder* ‚Zweck' kann – in einem anderen Problemzusammenhang, in einer anderen Perspektive .. – ‚Mittel' sein, und jedes ‚Mittel' kann als ‚Zweck' eingestuft werden."[32] Ebenso können Nebenfolgen zum Zweck erhoben oder der Verbrauch einer Ressource statt als Mitteleinsatz als Nebenfolge aufgefasst werden.

Wenn man – wie hier beabsichtigt – die Begriffe Effektivität über die bezweckten sowie Effizienz zudem über alle zielbezogenen Zustandsveränderungen definiert, haben diese Begriffe nur Sinn im Zusammenhang mit einer klaren Angabe der Zwecke bzw. Ziele, auf die sie sich beziehen. Das Fehlen einer solchen Angabe kann dann sinnvollerweise nur so interpretiert werden, dass bei der Effektivitäts- bzw. Effizienzbeurteilung einer Tätigkeit alle (in Frage kommenden) Zwecke bzw. Ziele relevant sind.

Über die Einschränkung auf bestimmte Zwecke oder Ziele können dementsprechend spezielle Effektivitäts- und Effizienzbegriffe definiert werden, etwa *Öko-Effektivität* und *Öko-Effizienz* über den ausschließlichen Bezug auf Umweltschutzziele[33] oder auch (wertmäßige) *Wirtschaftlichkeit* über die Einengung der Perspektive auf rein monetär messbare Zwecke und Mittel.[34] Das daraus resultierende Spektrum unterschiedlicher Auffassungen von Effektivität und Effizienz ist vielschichtig. So kann der Fokus auf mehreren Zielen oder nur einem Ziel, auf Sach- oder Formalzielen bzw. auf Instrumental- oder Fundamentalzielen liegen, den Nebenfolgen kann Beachtung geschenkt werden oder nicht, die Mittel und Nebenfolgen werden als Ziele interpretiert oder nicht, usw.

Es sei nochmals in Erinnerung gerufen, dass das Begriffspaar Effektivität/Effizienz hier über die Zustandsveränderung eingeführt wurde, die aus einer Tätigkeit resultiert. Es hängt einerseits von den betrachteten Zwecken und Zielen ab, welche Zustandseigenschaften dabei von Bedeutung sind. Andererseits spielt der betrachtete Entscheidungskontext eine wesentliche Rolle, durch den die Menge in Frage kommen-

---

[32] Homann (1999), S. 63.

[33] Vgl. z.B. Stahlmann (1996).

[34] Vgl. dazu Bohr (1993), Sp. 866.

der Tätigkeitsalternativen und damit möglicher Zustandsänderungen festgelegt wird. Vor diesem Hintergrund ist der Effizienzbegriff, der auf mögliche Verbesserungen des Zustands abstellt, über den Zielbezug hinaus auch nur in Relation zu einer bestimmten Alternativenmenge sinnvoll.[35] Diese *doppelte Relativität* wird regelmäßig übersehen und ist damit eine Quelle für Missverständnisse.

7.2.5 Definition von Effektivität und Effizienz

Die angestellten Vorüberlegungen zur Präzisierung des Begriffspaares Effektivität/ Effizienz lassen sich wie folgt zusammenfassen: Gegenstand nachstehender Definition sind Tätigkeiten – insbesondere in Unternehmungen –, die jeweils in einem spezifischen Entscheidungsrahmen stattfinden. Sie bewirken eine Veränderung des gegenwärtigen Zustands des betrachteten Realitätsausschnitts (Systems) in einen zukünftigen Zustand, wobei der Ausschnitt durch die Fundamentalziele und den Entscheidungskontext bestimmt wird. Die Fundamentalziele werden in einem aus ihnen abzuleitenden Zielkatalog konkretisiert. Dabei zeichnet sich eine Teilmenge der im Katalog enthaltenen Ziele dadurch aus, dass ihr die Zwecke als ursprüngliches Motiv einer Tätigkeit zu Grunde liegen; die übrigen Ziele sind im Hinblick auf den Mitteleinsatz und die Nebenfolgen der Tätigkeit zu beachten. Vor diesem Hintergrund lässt sich definieren:

- Eine Tätigkeit heißt *effektiv in Bezug auf bestimmte Zwecke*, wenn sie eine Zustandsveränderung bewirkt, mit der diese Zwecke erfüllt werden (partielle Effektivität).
  Sie heißt (*total*) *effektiv*, wenn alle relevanten Zwecke erfüllt werden.
- Eine Tätigkeit heißt *effizient in Bezug auf eine bestimmte Teilmenge der relevanten Ziele bzw. Tätigkeitsalternativen*, wenn sie eine Zustandsveränderung bewirkt, die bei Wahl einer anderen Alternative aus der Teilmenge im Hinblick auf keines der im Einzelfall ausgewählten Ziele eine Verbesserung erlaubt, ohne gleichzeitig bei einem anderen der ausgewählten Ziele zu einer Verschlechterung zu führen (partielle Effizienz).
  Sie heißt (*total*) *effizient*, wenn sie in Bezug auf alle relevanten Ziele und in Bezug auf alle im Entscheidungskontext verfügbaren Tätigkeitsalternativen effizient ist.

---

[35] Vgl. Dyckhoff/Ahn (1998), S. 57.

Effektivität wird demnach als Zweckmäßigkeit (-erfüllung, -wirksamkeit) einer Tätigkeit verstanden, Effizienz als eine Form von Optimalität, die keine Verschwendung (keinen Schlupf, keinen ‚slack') nicht nur bei den Zwecken, sondern auch bei den relevanten Mitteln und Nebenfolgen zulässt. Es liegt auf der Hand, dass effektive Tätigkeiten nicht unbedingt effizient sein müssen. Umgekehrt kann es durchaus auch vorkommen, dass eine effiziente Tätigkeit nicht effektiv ist, etwa indem im Rahmen dieser Tätigkeit die Mittel zu sparsam eingesetzt und unerwünschte Nebenfolgen so sehr vermieden werden, dass die Zwecke nicht mehr erfüllbar sind.

Die abgeleitete Definition von Effizienz steht in engen Beziehungen zu den gängigen, in Abschnitt 7.1 vorgestellten Begriffsverständnissen, eine Deckungsgleichheit lässt sich allerdings nur im Ausnahmefall behaupten. So wird bei keinem der Ansätze I bis V zwischen partieller und totaler Effizienz unterschieden. Darüber hinaus wird der Zielbegriff nur in Ansatz III regelmäßig explizit aufgegriffen, in den Definitionsvarianten der Ansätze I, II und V nur teilweise, in Ansatz IV (per definitionem) sogar überhaupt nicht. Auf die Menge relevanter Alternativen stellen lediglich die dem Ansatz II, zum Teil auch die dem Ansatz III zuzuordnenden Definitionsvarianten explizit ab; letztgenannte sind allerdings auf die Ableitung einer Alternativenrangfolge ausgelegt,[36] während Ansatz II eine Differenzierung in effiziente und ineffiziente Alternativen vornimmt und damit dem hier vertretenen Begriffsverständnis am nächsten kommt.

Die nahe Verwandtschaft des hier vorgeschlagenen Effizienzbegriffs zu weiteren zentralen Termini der Betriebswirtschaftslehre, besonders der Kostenrechnung, lässt sich verdeutlichen, wenn man die zielrelevanten Zustandsveränderungen einer Tätigkeit mit spezifizierenden Begriffen belegt. Als *positives Ergebnis* einer Tätigkeit kann man eine bestimmte Wirkung (als einzelne abgrenzbare Eigenschaft) der verursachten Zustandsveränderung dann bezeichnen, wenn sie ohne Betrachtung der anderen zielrelevanten Wirkungen (‚ceteris paribus') erwünscht ist, weil sie eindeutig eine Verbesserung darstellt; ein *negatives Ergebnis* ist dagegen unerwünscht, weil mit einer Verschlechterung verbunden. Als positive Ergebnisse einer Reorganisationsmaßnahme im F&E-Bereich können sich z.B. verkürzte Zeiten, höhere Qualität und geringere Kosten bei der Produktentwicklung ergeben; mögliche negative Ergebnisse dieser Maßnahme sind die eingesetzten (‚verbrauchten') Zeiten der mit der Reorganisation befassten Führungskräfte, die Ausgaben für eine externe Unternehmensberatung sowie die eventuell notwendige Versetzung von Mitarbeitern in andere Abteilungen.

[36] Vgl. stellvertretend Corsten (1985), S. 54.

Für positive und negative Ergebnisse sind auch andere Termini in Gebrauch, so unter anderem ‚Vor- und Nachteile', ‚reale Erträge und Aufwendungen' bzw. ‚Leistungen I und Kosten I'.[37] Beispielsweise lässt sich damit eine Tätigkeit als effizient charakterisieren, wenn es keine andere Tätigkeitsalternative mit weiteren Vorteilen ohne gleichzeitige Inkaufnahme zusätzlicher Nachteile gibt, oder mit anderen Worten: Effizienz erlaubt keine realen Ertragssteigerungen oder Aufwandsminderungen ohne anderweitige reale Ertragseinbußen oder Aufwandserhöhungen. Die vorgenannten Termini können sich auf beliebige Eigenschafts- oder Zielmaßstäbe beziehen. Im speziellen Fall monetärer oder finanzieller Maßeinheiten kann es sich dann um ‚Erträge und Aufwendungen' oder ‚Leistungen und Kosten' in der üblichen Begriffsbildung des Rechnungswesens handeln, die alle Zielgrößen auf einer in Geldeinheiten formulierten, wertmäßigen Skala abbildet.[38]

7.3 Das Aufgabenspektrum des Controllings im Rahmen der Effektivitäts- und Effizienzsicherung

7.3.1 Die Sicherstellung der Effektivität und Effizienz der Entscheidungsfindung als Element des Controlling-Kerns

Die oben definierten Eigenschaften der Effektivität und der Effizienz von Tätigkeiten können als notwendige – wenn auch nicht unbedingt hinreichende – Bedingungen für zweckrationales Verhalten angesehen werden. Die Sicherstellung unternehmerischer Effektivität und Effizienz ist deshalb ein *Wesensmerkmal* jeder rationalitätsorientierten Controlling-Konzeption. Demgemäß lassen sich die bisherigen Überlegungen zur Konkretisierung des Ansatzes von *Weber/Schäffer* zu nachfolgender Aussage verdichten:

- *Eine Kernaufgabe des Controllings ist die Offenlegung, Güteprüfung und Verbesserung der Entscheidungsfindung – verstanden als Management i.e.S. und unterteilt in die Phasen des Lernens, der Selektion und der Kontrolle – im Hinblick auf ihre Effektivität und Effizienz.*

---

[37] Vgl. dazu gemäß obiger Reihenfolge Homann (1999), S. 56ff., Dyckhoff (2003), S. 126, und Ewert/ Wagenhofer (2003), S. 37f.

[38] In der Literatur findet sich eine Reihe weiterer Termini für positive und negative Ergebnisse, die hier nicht explizit angesprochen wurden, z.B. das Begriffspaar ‚Nutzen und Schaden'; vgl. dazu Dyckhoff (2003), S. 190.

Die Kennzeichnung der *Effektivitäts- und Effizienzsicherung* – so sei die vorangegangene Formulierung auf eine Kurzformel gebracht – als eine ‚Kernaufgabe' korrespondiert dabei mit der Überlegung, die Menge aller Management-Aufgaben in drei Teilmengen zu untergliedern, welche in Abbildung 7–1 wie folgt visualisiert sind:[39]

- Der waagerecht schraffierte Bereich verkörpert den Controlling-Kern als Menge all derjenigen Aufgaben, über deren Zugehörigkeit zum Controlling kein Zweifel besteht.
- Der senkrecht schraffierte Bereich umfasst die Controlling-fremden Aufgaben, d.h. die Menge all derjenigen Aufgaben, die eindeutig nicht zum Controlling gehören.
- Der Bereich dazwischen beinhaltet die Menge all derjenigen Aufgaben, deren Verhältnis zum Controlling noch klärungsbedürfig ist.

Wenn auch die letztgenannte Menge hinsichtlich ihres inneren bzw. äußeren Randes noch weiter zu verkleinern ist, so ließ sich doch immerhin darlegen, dass zumindest die *Effektivitäts- und Effizienzsicherung* zum Controlling-Kern gehört.

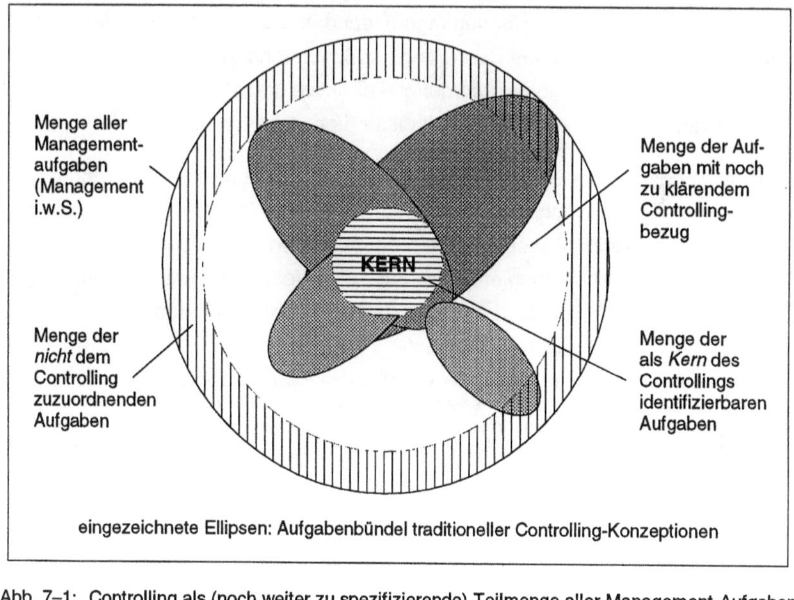

Abb. 7–1: Controlling als (noch weiter zu spezifizierende) Teilmenge aller Management-Aufgaben

[39] Vgl. auch die weitergehenden Ausführungen in Dyckhoff/Ahn (2002), S. 114ff.

In der Abbildung 7–1 ist überdies symbolisch dargestellt, wie sich vor dem Hintergrund der abgegrenzten Teilmengen traditionelle, ebenfalls der Einwirkung auf das Management(system) gewidmete Controlling-Konzeptionen einordnen lassen.[40] Einerseits kann ihr Aufgabenspektrum über den Kern des Controllings hinausgehen; andererseits können einzelne Aspekte der Effektivitäts- und Effizienzsicherung sehr wohl in ihrem Mittelpunkt stehen.

So hat etwa das koordinationsorientierte Controlling in Hinblick auf die Zielausrichtung verschiedener Managementteilsysteme, welche eine seiner zentralen Funktionen darstellt, für die Effektivität und Effizienz des Managementsystems insgesamt Sorge zu tragen; dies gilt etwa für den grundsätzlich alle relevanten Ziele einbeziehenden Ansatz von *Küpper*[41] ebenso wie für den lediglich auf ‚Ergebnisziele' abstellenden Ansatz von *Horváth*[42].

Die Effektivität und Effizienz des Managementsystems sicherzustellen, lässt sich aber auch als ein zentrales Element solcher Controlling-Konzeptionen verstehen, die den *Betrieb* von Managementteilsystemen zum Inhalt haben.[43] Im vorigen Abschnitt sind nämlich beide Eigenschaften allgemein für Tätigkeiten definiert worden, also nicht nur für Managementtätigkeiten (Überlegungen), sondern auch für Ausführungstätigkeiten (Handlungen). Indem nun das Controlling – z.B. verstanden als Betrieb des Managementteilsystems ‚Informationsversorgung' – effektive und effiziente Ausführungstätigkeiten gewährleistet, ist es selbst durch diese Eigenschaften charakterisiert.

Die hier ausgearbeitete Controlling-Konzeption erlaubt demnach die Einbettung verschiedener Controlling-Sichten in einen übergeordneten Rahmen. Dieses wesentliche Kennzeichen des rationalitätsorientierten Ansatzes von *Weber/Schäffer*[44] bleibt damit gewahrt. Freilich lässt es auch erahnen, dass die Effektivitäts- und Effizienzsicherung mit zahlreichen, recht verschiedenartigen Einzelaufgaben einhergeht.

---

40 Die unterschiedliche Terminologie der traditionellen Controlling-Konzeptionen und des hier herausgearbeiteten Ansatzes erschweren die Argumentation. So wird traditionell das *Führungs*system in den Mittelpunkt der Betrachtung gestellt; dieser Begriff gleich inhaltlich am ehesten dem hier Verwendung findenden Terminus des *Management*systems, auf den daher in obiger Argumentation abgestellt wird.

41 Vgl. Küpper (2001), insbesondere S. 18f.

42 Vgl. Horváth (2001), insbesondere S. 145f. Da allerdings (monetäre) Ergebnisziele oftmals nur eine bestimmte Teilmenge aller relevanten Ziele darstellen, ist bei Horváth's koordinationsorientiertem Ansatz gemäß der Definition aus Abschnitt 7.2.5 weniger die totale als vielmehr die partielle Effizienz von Bedeutung.

43 In Abgrenzung zu den Controlling-Auffassungen, deren Funktion in der Einwirkung auf das Managementsystem gesehen wird; vgl. nochmals Zenz (1998), S. 38f.

44 Vgl. nochmals Weber/Schäffer (1999c), S. 740ff.

7.3.2 Teilaspekte der Effektivitäts- und Effizienzsicherung

Eine umfassende Auflistung dieser Einzelaufgaben wird kaum gelingen. Um die rationalitätsorientierte Controlling-Konzeption noch weiter zu konkretisieren, ist daher auf einer anderen Ebene anzusetzen. Dahingehend bietet es sich an, die Kernaufgabe der Effektivitäts- und Effizienzsicherung in Teilaspekte zu zerlegen.

Den Ausgangspunkt zur Ableitung solcher Teilaspekte bilden die herausgearbeiteten Definitionen von partieller bzw. totaler Effektivität und Effizienz. Die Existenz dieser Eigenschaften wird in den Definitionen an mehrere *Voraussetzungen* geknüpft, welche sich in vier Fragestellungen kleiden lassen:

- *Was sind die Determinanten totaler Effektivität bzw. Effizienz?*
  Es ist zu prüfen, welche Zwecke, Ziele und Tätigkeitsalternativen vom Grundsatz her relevant sind. Dahingehend lassen sich Ziele und Tätigkeitsalternativen nur in Bezug auf einen bestimmten Entscheidungskontext ermitteln. Demgegenüber sind Zwecke zwar kontextunabhängig, können sich aber dennoch im Laufe der Zeit verändern.
- *Was sind die Determinanten partieller Effektivität bzw. Effizienz?*
  Partielle Effektivität und partielle Effizienz können bereits im Vorfeld der Auswahl einer Tätigkeitsalternative (‚ex ante'), aber auch erst nach ihrer Umsetzung (‚ex post') eine Rolle spielen. Im ersten Fall ist zu klären, welche der grundsätzlich relevanten Zwecke, Ziele und Tätigkeitsalternativen der Auswahl zugrunde zu legen sind. Im zweiten Fall ist zu klären, anhand welcher der grundsätzlich relevanten Zwecke und Ziele eine umgesetzte Alternative zu beurteilen ist.
- *Welche Zustandsveränderung bewirkt eine Tätigkeitsalternative?*
  Auch hier sind zwei Fälle unterscheidbar. So stellt sich ex ante die Frage, mit welcher Zustandsveränderung bei den Tätigkeitsalternativen zu rechnen ist. Ex post stellt sich die Frage, welche Zustandsveränderung durch die umgesetzte Alternative tatsächlich eingetreten ist.
- *Inwieweit resultiert aus der bewirkten Zustandsveränderung Effektivität bzw. Effizienz einer Tätigkeitsalternative?*
  Wiederum lässt sich zwischen zwei Fällen differenzieren: Sowohl ex ante als auch ex post ist der Frage nachzugehen, inwieweit mit einer Tätigkeitsalternative jeweils welche Zwecke bzw. Ziele erfüllt werden. Diesbezüglich kann nicht nur zwischen totaler und partieller Effektivität bzw.

Effizienz unterschieden werden; es lassen sich auch entsprechende Effektivitäts- bzw. Effizienz*grade* bestimmen.[45]

Diesen Fragen haben sich sowohl die Entscheidungsträger als auch die Controlling-fokussierten Akteure zu stellen, freilich aus ihrer spezifischen Rolle heraus. So widmet sich ein Entscheidungsträger unmittelbar dem zu beurteilenden *Sachverhalt*. Beispielsweise wird er als Vertriebsfachmann die Effektivität und Effizienz der mit der Auswahl und Umsetzung einer Marketing-Strategie einhergehenden Tätigkeiten primär auf Basis seiner fachlichen Kompetenz beurteilen.

Ein Controlling-fokussierter Akteur stellt dagegen die ablaufenden *Entscheidungsfindungsprozesse* in den Mittelpunkt seiner Überlegungen. Er leistet seinen Beitrag zur Effektivität und Effizienz von Tätigkeiten durch die – auf die Beantwortung obiger Fragestellungen ausgerichtete – Offenlegung und Güteprüfung der Entscheidungsfindung sowie durch entsprechende Anregungen zu ihrer Verbesserung; dabei kommen primär seine analytische Kompetenz und seine Interaktions-Kompetenz zum Tragen, in Abgrenzung zur fachlichen Kompetenz des Entscheidungsträgers. Aus diesem speziellen Blickwinkel geben die vier Fragestellungen *Teilaspekte* der Effektivitäts- und Effizienzsicherung wieder.[46]

7.3.3 Charakterisierung von Einzelaufgaben der Effektivitäts- und Effizienzsicherung

Mit den aufgeführten Teilaspekten steht ein Raster zur Verfügung, gemäß dem sich die vielfältigen Einzelaufgaben der Effektivitäts- und Effizienzsicherung klassifizieren lassen. Dies ist allerdings nur ein erster Schritt hin zu einer umfassenderen Charakterisierung. Ausgehend vom Management i.e.S. als Bezugsgröße für das Controlling sind nämlich die Einzelaufgaben der Effektivitäts- und Effizienzsicherung zudem charakterisierbar

- nicht nur anhand der alle Controlling-Tätigkeiten betreffenden Merkmale,
- sondern auch anhand der Merkmale der Management-Tätigkeiten, auf die sie (die Einzelaufgaben) sich beziehen.

---

[45] Zur Bestimmung solcher Effektivitäts- und Effizienzgrade sei auf die Data Envelopment Analysis (DEA) aufmerksam gemacht. Zu diesem Instrument vgl. grundlegend Charnes/Cooper/Lewin/Seiford (1994) sowie z.B. Dyckhoff/Allen (1999).

[46] Demgegenüber ließe sich die Beschäftigung mit den vier Fragestellungen aus dem Blickwinkel eines Entscheidungsträgers etwa als Effektivitäts- und Effizienz*genese* bezeichnen.

Ein Merkmal lässt sich dabei als spezifische *Ausprägung* einer bestimmten *Dimension* von Controlling- bzw. Management-Tätigkeiten verstehen. Diesbezüglich vermittelt Tabelle 7–1 einen Überblick über die in Teil B der Arbeit thematisierten Dimensionen und ihre Ausprägungen.

thematisierte Dimensionen von Controlling-Tätigkeiten	**Ausprägungen innerhalb der Dimensionen**
Entscheidungskompetenzbezug (Abschnitt 5.3)	rationalitätssichernde Überlegungen/rationalitätssichernde Handlungen
Aufgabenfeld (Abschnitt 6.1.3)	Offenlegung/Güteprüfung/Verbesserung von Management-Tätigkeiten
Tätigkeitsebene (Abschnitt 7.2.1)	betrachtete Management-Tätigkeiten selbst/Folgetätigkeiten der betrachteten Management-Tätigkeiten
Effektivitäts- und Effizienzsicherung (Abschnitt 7.3.2)	die vier im vorigen Abschnitt formulierten Fragestellungen
thematisierte Dimensionen von Management-Tätigkeiten	**Ausprägungen innerhalb der Dimensionen**
Entscheidungskompetenzbezug (Abschnitt 5.1)	Entscheidungsfindung/Entscheidungsvollzug
Weisungskompetenzbezug (Abschnitt 5.1)	Einflussnahme auf andere Akteure/Einflussnahme auf die Leistungserbringung
Bewusstheit (Abschnitt 6.1.1)	bewusst (reflexiv)/unbewusst (intuitiv)
Zyklusphase (Abschnitt 6.2.2)	Lernen/Selektion/Kontrolle
Phasenkomponente (Abschnitt 6.1.3)	Ausgangskonstellation/Entscheidungsfindungsprozess/Endkonstellation

Tab. 7–1: Bislang thematisierte Dimensionen von Controlling- und Management-Tätigkeiten mit ihren Ausprägungen

Tabelle 7–1 lässt auch auf einen Blick die Verschiedenartigkeit der thematisierten (Ausprägungen der) Dimensionen von Tätigkeiten des Controllings einerseits und des Managements i.e.S. andererseits erkennen. Es existiert freilich eine Reihe weiterer Dimensionen, die in großen Teilen gleichermaßen für das Controlling und das Management i.e.S. Relevanz besitzen. Entsprechende Beispiele sind in Tabelle 7–2 zusammengestellt. Wie sich noch zeigen wird, kommt den ersten beiden der dort aufgeführten Dimensionen im Rahmen von Teil C der Arbeit besondere Bedeutung zu.

Weitere Dimensionen	Ausprägungen innerhalb der Dimensionen
Tragweite	normativ/strategisch/operativ/(unmittelbar) wertschöpfungs-orientiert
Sachfunktionsbezug	Beschaffung, Produktion, Logistik, Umweltschutz, ...
Aufgabenart	Informationsbereitstellung, Organisation, Koordination, ...
Geschäftsfeld	Produktgruppenbezug, Gebietsbezug, ...
Improvisationsgrad	hoch/gering
Objekt[47]	Einsatzfaktor/Redukt/Produkt/Nebenprodukt
Risikograd	hoch/gering
Wiederholungsgrad	hoch/gering
Wirkungshorizont	langfristig/mittelfristig/kurzfristig
Zeitdruck	hoch/gering
...	...

Tab. 7–2: Weitere Dimensionen von Controlling- und Management-Tätigkeiten mit ihren Ausprägungen

[47] Zum Begriff ‚Objekt' aus der hier zugrunde gelegten produktionswirtschaftlichen Sicht vgl. Dyckhoff (2003), S. 20ff.

8 Zwischenfazit: Geleistetes und noch zu Leistendes

Teil B der Arbeit zielte darauf ab, das *Wesen* des Controllings zu ergründen. Bevor nun die theoretisch-konzeptionellen Überlegungen in Beziehung zum Konzept der Balanced Scorecard gesetzt werden, bietet es sich an, ein Zwischenfazit zu ziehen. Dahingehend wird die herausgearbeitete Controlling-Konzeption im Hinblick auf den ursprünglichen Ansatz von *Weber/Schäffer* gewürdigt (Abschnitt 8.1).[1] Überdies findet eine Einführung in den nachfolgenden Teil C statt (Abschnitt 8.2).

8.1 Würdigung der theoretisch-konzeptionellen Überlegungen im Lichte des Ansatzes von *Weber/Schäffer*

Den Ausgangspunkt des Teils B bildete der rationalitätsorientierte Controlling-Ansatz, wie er in 1999 von *Weber/Schäffer* vorgestellt wurde. Zu seiner Weiterentwicklung griffen die Überlegungen kapitelweise die drei zentralen Begriffe des Ansatzes auf, gemäß dem das Controlling die ‚*Sicherstellung* der *Rationalität* der *Führung*' beinhaltet. Dabei wurde an den Schwächen der Konzeption angesetzt und das Aufgabenspektrum des Controllings sukzessive konkretisiert.

Eine der identifizierten Schwächen ist die Beibehaltung der traditionellen Gliederung des Unternehmenssystems in ein Führungssystem und ein Ausführungssystem; insbesondere erweisen sich diese Teilsysteme als nicht kompatibel. Demgegenüber wird in Kapitel 5 ein schlüssiges Geflecht von Teilsystemen abgeleitet, das sich durch eine zweidimensionale Struktur auszeichnet: Das Unternehmenssystem wird zum einen in ein Controllingsystem, ein Führungssystem und ein Leistungssystem gegliedert, zum anderen in ein Managementsystem (i.w.S.) und ein Ausführungssystem. Als Bezugsgröße des Controllings leitet sich daraus die Entscheidungsfindung – charakterisiert als Management i.e.S. – ab.

Diese Bezugs*größe* wird in Kapitel 6 zu einem Bezugs*rahmen* ausgearbeitet, in dessen Kontext zwischen Lernen, Selektion und Kontrolle als Phasen eines Managementzyklus differenziert wird. Damit wird nicht nur der Kritik am Phasenschema von *Weber/*

---

[1] Für eine weitergehende, kritische Beurteilung auf Basis der Anforderungen an eine eigenständige betriebswirtschaftliche Disziplin sei auf Kapitel 11 verwiesen.

Schäffer[2] begegnet; in Erweiterung ihrer eher beispielartigen Überlegungen wird auch der Grundstein gelegt, um auf der Basis von Erkenntnissen über Inhalt und Güte intuitiver bzw. reflexiver Vorgänge im Gehirn den Managementzyklus *insgesamt* dem Controlling zugänglich zu machen.[3] Diesbezüglich lassen sich mit der – an den abgeleiteten Phasenkomponenten ansetzenden – Offenlegung, Güteprüfung und Verbesserung der Entscheidungsfindung eigenständige Aufgabenfelder im Rahmen der Sicherstellungsfunktion des Controllings benennen.

Angemerkt sei, dass die stärkere Herausstellung von Prozessen des Lernens und der Intuition im Managementzyklus dem Controlling den Zugang zu zwei Forschungsgebieten erleichtert, denen künftig erheblicher Einfluss (nicht nur) auf die Betriebswirtschaftslehre zugesprochen wird. So wird *Stiglitz*[4] mit den Worten zitiert: „... wenn künftig ein neues Modell die Ökonomie verändere, ..., dann eines über das Lernen.“[5] In Bezug auf die Relevanz des Themas ‚Intuition' sei *Roth*[6] zitiert, der ausführt: „Mit Sicherheit werden .. die Erkenntnisse der Hirnforschung einen tiefen Wandel des vorherrschenden sozial- und geisteswissenschaftlichen Menschenbildes hervorrufen. Insofern ist es für die Geistes- und Sozialwissenschaften ratsam, sich mit diesen Erkenntnissen genau zu befassen und aus ihnen zu lernen.“[7]

Das Konstrukt der Zweckrationalität, auf das *Weber/Schäffer* ihren Ansatz abstellen, wird in Kapitel 7 weiter operationalisiert. Den Schwerpunkt bildet dabei die begriffliche Präzisierung von ‚Effektivität' und ‚Effizienz'. Sie erlaubt insbesondere die Ableitung konkreter Fragestellungen, denen das Controlling im Rahmen der Effektivitäts- und Effizienzsicherung nachzugehen hat. Einzelne Aspekte dieser Fragestellungen stehen auch im Mittelpunkt traditioneller Controlling-Konzeptionen; insofern bleibt das positive Merkmal des Ansatzes von *Weber/Schäffer*, eine integrative Klammer um verschiedene Konzeptionen zu bilden, gewahrt.

---

[2] Siehe dazu Pietsch/Scherm (2000), S. 401, welche insbesondere die Willensdurchsetzung als eigenständige Phase in Frage stellen.

[3] Dies gilt unabhängig davon, dass sich gegebenenfalls eine andere Differenzierung von Phasen der Entscheidungsfindung als zweckmäßiger erweisen kann.

[4] Stiglitz ist Professor an der Columbia Universität, New York, und einer der Nobelpreisträger für Wirtschaftswissenschaften aus dem Jahre 2001.

[5] Heuser (2002), S. 20. Auch Weber bezieht den Aspekt des Lernens mittlerweile stärker in seine Überlegungen ein; vgl. Weber (2002a), S. 40ff.

[6] Roth ist Professor am Institut für Hirnforschung der Universität Bremen und dort auch Sprecher des Sonderforschungsbereichs „Neurokognition – Neuronale Grundlagen kognitiver Leistungen“.

[7] Die Äußerung von Roth stammt aus einer Gegenüberstellung der Meinungen von Roth und Fischer in der Zeitschrift Forschung & Lehre bezüglich der Frage: Müssen die Geisteswissenschaften von der Hirnforschung lernen?; vgl. Roth/Fischer (2001), S. 584.

Ebenso bleibt die Kompatibilität ihres Ansatzes mit den beiden Kategorien von Kernkompetenzen der Controller im Rahmen der vorgenommenen Konkretisierungsschritte grundsätzlich erhalten: So findet im Hinblick auf die Interaktions-Kompetenz nicht nur eine (abstrahierend-)institutionale Abgrenzung zwischen Entscheidungsträgern und Controlling-fokussierten Akteuren statt; mit der darauf aufbauenden Differenzierung zwischen Lernen, Selektion und Kontrolle einerseits und deren Offenlegung, Güteprüfung und Verbesserung andererseits[8] wird auch der Grundstein gelegt, den im Zusammenspiel der Akteursgruppen relevanten Persönlichkeitsmerkmalen der Controller zu stärkerer Beachtung zu verhelfen. Ferner besteht ein unverkennbar enger Bezug der als eine Kernaufgabe des Controllings herausgearbeiteten Effektivitäts- und Effizienzsicherung und ihrer Teilaspekte zur Entscheidungstheorie; in diesem Kontext wird die analytische Kompetenz eine herausgehobene Rolle bei der Bewältigung entsprechender Einzelaufgaben spielen.

8.2 Einführung in den Teil C der Arbeit

Der noch ausstehende Teil C zielt auf die Spiegelung der erarbeiteten Controlling-Konzeption an praxisrelevanten Problemstellungen ab. Zwecks *Auswahl solcher Problemstellungen* liegt es nahe, zunächst übergeordnete Themengebiete zu bestimmen, die in Zusammenhang mit der Controlling-Praxis interessante Fragen aufwerfen. Beispiele solcher Themengebiete sind das strategische Management und das Umwelt(schutz)management. Ihr Abgleich mit Tabelle 7–2 zeigt, dass beide jeweils Bezug auf eine einzelne Ausprägung einer bestimmten Tätigkeitsdimension nehmen.

So orientiert sich *strategische Management* an der Dimension ‚Tragweite' und stellt demgemäß auf strategische Tätigkeiten ab, in Abgrenzung zu normativen, operativen und unmittelbar die Wertschöpfung betreffenden Tätigkeiten. Diese Differenzierung beruht auf dem schon in Abschnitt 5.2 angesprochenen Ebenenmodell der Unternehmung. Danach befasst sich die normative Ebene mit den Zwecken unternehmerischen Wirkens. Ihr folgt die strategische Ebene mit der Frage, in welche Richtung die gesetzten Zwecke die Unternehmung führen und welcher Weg in diese Richtung eingeschlagen werden soll; es geht um den Aufbau und Erhalt von Potentialen zur Verwirklichung der Zwecke. Die operative Ebene beschäftigt sich schließlich mit den einzelnen Schritten, die auf dem gewählten Weg zu gehen sind, während auf der wertschöpfenden Ebene die eigentlichen Marktleistungen zu erbringen sind.[9] Gemäß

8 Bzw. mit der Gegenüberstellung von konstitutiven und derivativen Tätigkeiten.

9 Vgl. nochmals Dyckhoff (1998), S. 87f.

diesem Modell nimmt die Tragweite der jeweiligen Tätigkeiten von der wertschöpfenden Ebene hin zu normativen Ebene zu.

Ebenso wie das Managementsystem (i.e.S.) wurde in Abschnitt 5.3 auch das Controllingsystem gemäß den vier Ebenen untergliedert. Aus theoretisch-konzeptioneller Perspektive ist dieses Vorgehen unmittelbar plausibel; es macht letztendlich aber nur Sinn, wenn sich daraus ein Nutzen für das Controlling in der Praxis ableiten lässt. Ein solcher Nutzen bestünde etwa darin, Argumente für die in der einschlägigen Literatur propagierte Notwendigkeit zur Ergänzung des traditionellen, operativen Controllings um ein strategisches Controlling[10] zu finden.

Diesbezüglich wird in Kapitel 9 exemplarisch das in das strategische Management zu verordnende Instrument der *Balanced Scorecard* erörtert. Das entsprechende Konzept wird in seinen Grundlagen vorgestellt, an einem Fallbeispiel vertieft und einer kritischen Analyse unterzogen. Letztere deckt spezifische Einzelaufgaben der Effektivitäts- und Effizienzsicherung auf.

Als zweites Themengebiet sei das *Umweltmanagement* angesprochen. Es stellt auf Umweltschutz-bezogene Tätigkeiten ab und kann gemäß Tabelle 7–2 als Ausprägung der Tätigkeitsdimension ‚Sachfunktion' interpretiert werden, zu welcher etwa auch die Beschaffung, Produktion und Logistik zählen. Der Reiz zur Auseinandersetzung mit dem Umweltmanagement resultiert vor allem aus der Frage nach der Stellung des Umweltschutzes im unternehmerischen Zielsystem; ihr sieht sich unter anderem das Controlling in der Praxis mit wechselnder Intensität gegenüber.

So gewann der Umweltschutz seit Beginn der 1970er Jahre zunächst kontinuierlich an Bedeutung. Bedingt durch die in den 1990er Jahren aufkommenden konjunkturellen Probleme sowie die damit einhergehende Zuwendung zu Shareholder Value-orientierten Managementkonzepten rückte das Thema Umweltschutz dann wieder stärker in den Hintergrund. In letzter Zeit mehren sich freilich die Stimmen, welche die einseitige Ausrichtung am Shareholder Value kritisieren; gefordert wird vielmehr eine multikriterielle Sichtweise, in deren Rahmen dem Umweltschutz – neben anderen nicht-ökonomischen Zielen – ein deutlich höherer Stellenwert eingeräumt wird.[11]

---

[10] Vgl. dazu Horváth (2001), S. 254, und die dort zitierte Literatur, aber z.B. auch Claassen/Hilbert (1998).

[11] Dementsprechend äußern sich z.B. Schmid (1998) und v. Mutius (2002), welcher auf S. 9 „für ein ‚Sowohl als auch' plädiert, für eine bewusste Zusammenführung der materiellen ‚Wert-Orientierung' mit einer immateriellen ‚Werte-Orientierung' – mit Blick auf den Unternehmenszweck, die strategische Ausrichtung sowie die Gestaltung der Steuerungssysteme." Vgl. auch die in Abschnitt 7.2.3, Fußnote 27, genannten Quellen.

Der neuerliche Trendwechsel lässt eine Beschäftigung mit dem Umweltmanagement wieder attraktiv erscheinen. Dies gilt es recht für Problemstellungen mit Bezug zum strategischen Management. Dahingehend sind in der Praxis aus zwei verschiedenen Blickwinkeln Defizite feststellbar: Einerseits wird von einer „strategischen Lücke im Umweltmanagement“[12] gesprochen; andererseits lässt sich auch eine umweltbezogene Lücke im strategischen Management ausmachen.

Der letztgenannte Aspekt[13] wird in Kapitel 10 anhand einer – auf Kapitel 9 unmittelbar aufbauenden – Thematik beleuchtet, die interessante Anknüpfungspunkte zur Effektivitäts- und Effizienzsicherung beinhaltet: Es handelt sich um das Problem der *Positionierung von Umweltzielen innerhalb einer Balanced Scorecard*.

Abbildung 8–1 visualisiert nochmals die Inhalte von Teil C und deren Zusammenhang.

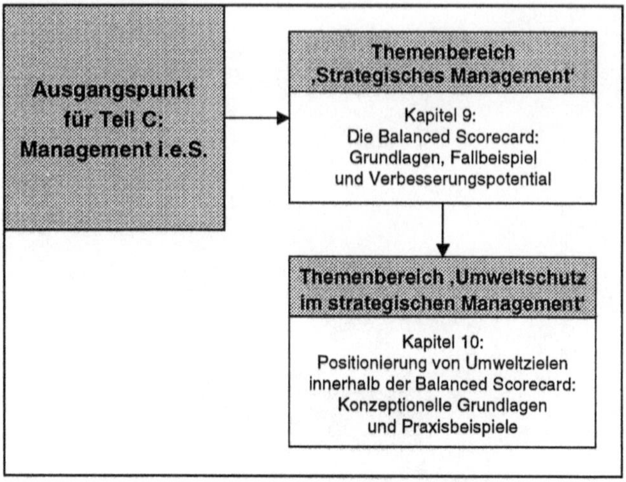

Abb. 8–1: Einordnung der in Teil C behandelten Kapitel

[12] Schwegler/Schmidt (2003), S. 4.

[13] Hinsichtlich des erstgenannten Aspekts sei grundlegend auf Schmidt/Schwegler (2003) verwiesen. Ein eingängiges Beispiel dazu liefern Dyllick/Hamschmidt (2000), S. 108ff., die verdeutlichen, dass die strategische Ebene in Umweltmanagementsystemen vernachlässigt wird. Sie führen dies insbesondere auf die Gestaltung der ISO-Norm 14001 zurück, der sie in Bezug auf die verschiedenen Managementebenen ungleichgewichtig ausgeprägte Systemelemente nachweisen: Während beispielsweise die Analyse von Chancen und Risiken des Umweltmanagements völlig unberücksichtigt bleibt, wird auf Vorgaben zur Gestaltung der operativen Ebene detailliert eingegangen. Dies wirkt sich – wie Dyllick/Hamschmidt empirisch untermauern können – nachteilig auf die Unternehmensentwicklung aus.

Teil C:

Die Balanced Scorecard und ihre Anknüpfungspunkte zur Effektivitäts- und Effizienzsicherung

Zentrale Fragestellungen:

- Kapitel 9: Was ist das Wesen des Balanced Scorecard-Konzepts, und welche grundsätzlichen Ansatzpunkte zu seiner Verbesserung lassen sich ableiten?
- Kapitel 10: Welche Hilfestellung kann im Rahmen der Positionierung von Umweltzielen innerhalb der Balanced Scorecard geleistet werden?

9 Die Balanced Scorecard: Grundlagen, Fallbeispiel und Verbesserungspotential

9.1 Einleitung

1992 veröffentlichten *Robert S. Kaplan* und *David P. Norton* in der Harvard Business Review ihren grundlegenden Artikel zur *Balanced Scorecard* (BSC).[1] Seitdem sorgt ihr Ansatz für Furore. Schätzungen gehen davon aus, dass inzwischen mehr als 40% der Fortune-1000-Unternehmungen[2] eine BSC einsetzen.[3] Die *praktische Relevanz* dieses Konzepts ist also beachtlich.

In der betriebswirtschaftlichen Forschung findet das BSC-Konzept allerdings weniger Resonanz; abgestempelt als Managementmode[4] wird es nur vereinzelt einer theoretisch fundierten Analyse unterzogen.[5] Dem steht die relativ konkrete BSC-Methodik gegenüber; sie bietet unterschiedlichste Ansatzpunkte für solche Analysen, die im Sinne *konstruktiver Kritik* durchaus als Basis für daraus abzuleitende Gestaltungshinweise nutzbar sind.

Aus der Verbindung beider Aspekte – dem anhaltend großen Interesse der Unternehmungen an der BSC und den Ansatzpunkten zu konstruktiver Kritik – resultiert die Chance, wissenschaftliche Erkenntnisse in die Praxis einzubringen. Diese Chance zu nutzen, lässt sich als *Aufgabe des rationalitätsorientierten Controllings* verstehen. Dahingehend ist es das Ziel des Kapitels, aus einem grundlegenden Verständnis des BSC-Konzepts heraus die vielfältigen Möglichkeiten zu seiner (entscheidungs-) theoretisch fundierten Verbesserung aufzuzeigen.

Den Ausgangspunkt der Erörterungen bildet das von *Kaplan/Norton* entworfene Konzept der BSC, welches in Abschnitt 9.2 in seinen Grundzügen beschrieben wird. Im Rahmen einer vertiefenden Betrachtung erfolgt daraufhin die Aufarbeitung einer Fall-

---

1 Vgl. Kaplan/Norton (1992a).

2 Darunter versteht man die im Rahmen einer regelmäßigen Erhebung der Zeitschrift ‚Fortune' identifizierten 1000 umsatzstärksten US-amerikanischen Unternehmungen.

3 Vgl. Norton/Kappler (2000), S. 15.

4 Vgl. Kieser (2000).

5 Vgl. einstweilen Abschnitt 9.4.1. Zwar existieren mittlerweile unzählige Beiträge zur BSC, diese sind aber weitgehend der praxisorientierten Literatur zuzuordnen.

studie (Abschnitt 9.3); sie soll für die Stärken des Instruments, aber auch für seine Schwächen sensibilisieren. Auf dieser Basis findet dann aus (entscheidungs-)theoretischer Sicht eine kritische Auseinandersetzung mit der BSC statt (Abschnitt 9.4). Das Kapitel schließt mit einem Abgleich zwischen der BSC-Methodik und dem idealtypischen Managementzyklus (Abschnitt 9.5).

9.2 Die BSC als strategisches Managementinstrument

Ausgehend von der Entstehungsgeschichte der BSC (Abschnitte 9.2.1 und 9.2.2) wird zunächst die Einbindung des Instruments in die Phasen des von *Kaplan/Norton* zugrunde gelegten Managementprozesses beschrieben (Abschnitt 9.2.3). Daran anknüpfend wird das konzeptionelle Grundgerüst der BSC erläutert (Abschnitt 9.2.4). Der Frage, inwieweit sich das Instrument in der Praxis dauerhaft durchzusetzen vermag, wird in Abschnitt 9.2.5 nachgegangen.

9.2.1 Motivation zur Entwicklung des BSC-Konzepts

In der Vergangenheit haben sich viele Unternehmungen zu Steuerungszwecken überwiegend auf *monetäre Ziele*[6] wie z.B. die Kapitalrendite oder den Gewinn pro Aktie verlassen. Diese Größen sind jedoch vornehmlich retrospektiver Natur und erlauben nur sehr bedingt Aussagen über die künftige Wettbewerbsfähigkeit einer Unternehmung. Zudem besteht die Gefahr ihrer kurzfristigen Optimierung zu Lasten strategischer Investitionen in die Sicherung und den Ausbau langfristiger Erfolgspotentiale.[7]

So lässt sich etwa der Gewinn auf kurze Sicht steigern, indem Investitionen gekürzt werden. Möglicherweise würden aber gerade diese Investitionen die Basis für zukünftige Erträge der Unternehmung bilden. Daher kann eine Orientierung am Gewinn zu fatalen Fehlallokationen der Mittel in der Unternehmung führen. Insbesondere bei Verknüpfung derartiger kurzfristiger Ziele mit der Entlohnung von Entscheidungsträgern besteht eine solche Gefahr.

---

[6] Hier wird synonym auch von finanzwirtschaftlichen Zielen bzw. von Finanz- und Ergebniszielen (im Sinne von z.B. Liquidität 1. Grades und Gewinn) gesprochen.

[7] Vgl. Kaplan/Norton (1997a), S. 20f. Das Konzept der Shareholder-Value-Optimierung versucht, diesen Problemen monetärer Ziele insofern Rechnung zu tragen, als zukünftige Ausgaben und Einnahmen bei ihrer Ermittlung einbezogen werden; vgl. z.B. Rappaport (1986). Dennoch bleibt beim reinen Shareholder-Value-Konzept unklar, welchen Einfluss einzelne Entscheidungen und Aktivitäten der Unternehmung auf den Unternehmenswert haben und durch welche Maßnahmen eine nachhaltige Steigerung des Unternehmenswertes geschaffen werden soll; vgl. dazu auch Kaplan/Norton (1992a), S. 77.

Vor diesem Hintergrund wurde die BSC aus der Idee heraus geboren, ein innovatives Instrument zur Messung der Leistungsfähigkeit einer Unternehmung zu generieren. Zur Erarbeitung eines solchen ‚Performance Measurement-Systems' führten *Kaplan/ Norton* eine gemeinsame Studie mit zwölf nordamerikanischen Großunternehmungen durch. Aus der Zusammenarbeit mit den entsprechenden Topmanagern wurde rasch deutlich, dass zur Leistungsbeurteilung und wettbewerbsgerechten Steuerung einer Unternehmung in heutiger Zeit ein ausgewogener Überblick über vergangenheitsorientierte monetäre und vorlaufende nicht-monetäre Größen geboten ist. Letztere sind als Frühindikatoren für später eintretende monetäre Resultate zu verstehen.[8]

Die Notwendigkeit zur Verfolgung *nicht-monetärer Ziele* ergibt sich für *Kaplan/Norton* aus den geänderten Bedingungen, unter denen sich eine Unternehmung in heutiger Zeit gegenüber seinen Wettbewerbern erfolgreich positionieren kann. Während früher die Leistungsbeurteilung und Steuerung einer Unternehmung anhand monetärer Ziele ausreichte, da lediglich die effiziente Verwendung des Sachkapitals sowie die effiziente Anlage der Finanzmittel kritische Erfolgsfaktoren waren, sind in den nun weitgehend gesättigten Märkten ungleich mehr Faktoren wettbewerbsentscheidend. Aus Sicht der BSC-Schöpfer hängt die Schaffung langfristiger Wettbewerbsvorteile heute insbesondere von der Fähigkeit einer Unternehmung ab, innovative Produkte kundenspezifisch und auf qualitativ hohem Niveau anzubieten. Dies ist jedoch langfristig nur durch flexible und steuerbare interne Prozesse, die durch motivierte und qualifizierte Mitarbeiter effizient gestaltet werden, sicherzustellen. Solche immateriellen Faktoren lassen sich aber kaum hinreichend in monetären Größen fassen.[9]

Hier kristallisiert sich der zentrale Ansatzpunkt der BSC heraus: Zwar werden nichtmonetäre Größen als Basis für ein unternehmerisches Zielsystem bereits seit langem in der Literatur gefordert und in der Praxis auch erfasst; allerdings werden sie weniger auf strategischer Ebene als vielmehr zur Kontrolle einer angestrebten kontinuierlichen Verbesserung bezüglich der operativen Aktivitäten eingesetzt.[10]

Ausgehend von diesem Defizit nimmt das BSC-Konzept als *grundlegende Neuerung* die (strukturierte) Verknüpfung monetärer und nicht-monetärer Ziele auf strategischer Ebene für sich in Anspruch. Hierdurch soll vor allem Transparenz geschaffen werden, inwieweit Investitionen in die langfristige Wettbewerbsfähigkeit einen Beitrag zu

---

[8] Vgl. Kaplan/Norton (1992a), S. 71.

[9] Vgl. Kaplan/Norton (1997a), S. 3f.

[10] Vgl. Weber/Schäffer (1998b), S. 347f., und die dort angegebene Literatur, in Verbindung mit Johnson (1988), S. 26f.

den finanzwirtschaftlichen Zielsetzungen leisten (können). Erst die Kombination der klassischen Finanz- und Ergebnisziele mit Größen, welche Erfolgsfaktoren wie etwa die Kundenorientierung, Prozessbeherrschung und Innovationsfähigkeit abbilden, erlaubt eine aussagekräftige Darstellung und gezielte Verbesserung der Unternehmenssituation.[11]

9.2.2 Entwicklungsstufen des BSC-Konzepts

Gemäss ihrer ursprünglichen Intention, ein überschaubares, auf die wettbewerbsentscheidenden Faktoren fokussierendes Kennzahlensystem zu entwickeln, knüpften *Kaplan/Norton* die Kennzahlenableitung an die Strategie einer Unternehmung. Das daraus resultierende BSC-Konzept hat drei Entwicklungsstufen erfahren, die sich anhand der Veröffentlichungen von *Kaplan/Norton* nachzeichnen lassen. So stellten sie in ihrem eingangs bereits erwähnten Beitrag von 1992 unter dem Titel „The Balanced Scorecard – Measures that Drive Performance" die BSC als neues Instrument zur Leistungsmessung vor.[12] Im Zentrum dieses *ersten Ansatzes* steht ein vier Perspektiven umfassendes System vergangenheitsorientierter ‚Ergebnisgrößen' und zugehöriger Frühindikatoren. Letztere sind einer Potentialperspektive[13], einer (internen) Prozessperspektive sowie einer Kundenperspektive zugeordnet. Sie werden als kritisch für die langfristige Sicherung der Überlebensfähigkeit einer Unternehmung gesehen und bilden im Sinne von Leistungstreibern den Unterbau für die in einer Finanzperspektive[14] gebündelten monetären Ziele.[15]

Die *zweite Entwicklungsstufe* geht auf das Bestreben der beteiligten Unternehmungen zurück, das neue Instrument auch zur Verdeutlichung der Strategie den Mitarbeitern gegenüber einzusetzen, um so die Strategieimplementierung zu verbessern. Ein ent-

[11] Vgl. Kaplan/Norton (1993), S. 134.

[12] Vgl. nochmals Kaplan/Norton (1992a). Bereits im gleichen Jahr erschien auch eine deutsche Version dieses Artikels; vgl. Kaplan/Norton (1992b).

[13] Synonym: Lern- und Entwicklungsperspektive. An ihrer Stelle wurde ursprünglich eine so genannte Innovations- und Wissensperspektive propagiert, vgl. Kaplan/Norton (1992b), S. 39, und Kaplan/Norton (1994), S. 98. Die Bezeichnungsänderung resultierte aus dem Umstand, dass mit der Zeit immer stärker personalbezogene Aspekte in den Vordergrund rückten. Zuweilen wird diese Perspektive nun sogar als Mitarbeiterperspektive bezeichnet; vgl. z.B. Friedag/Schmidt (2001), S. 163ff. Hier wird im Folgenden vereinfachend von der ‚Potentialperspektive' gesprochen, ohne damit einen inhaltlichen Unterschied zum Begriff ‚Lern- und Entwicklungsperspektive' herausstellen zu wollen.

[14] Oft auch als finanzwirtschaftliche Perspektive bezeichnet.

[15] Die damit einhergehende Kennzeichnung monetärer Ziele als vergangenheitsorientierte Ergebnisgrößen bzw. Spätindikatoren und der übrigen Ziele als zukunftsorientierte Leistungstreiber bzw. Frühindikatoren ist plakativ zu verstehen; sie dient der Abgrenzung der Finanzperspektive von den übrigen Perspektiven. Für beide Indikatorarten finden sich durchaus in jeder Perspektive Beispiele.

sprechendes Konzept stellten *Kaplan/Norton* in einem Aufsatz mit dem Titel: „Putting the Balanced Scorecard to Work" vor.[16] Darin wird die BSC nicht nur als Zielsystem, sondern zugleich als Kommunikationsinstrument charakterisiert, dessen Zweck es ist, Strategien zu verdeutlichen und die Strategieausrichtung der gesamten Organisation zu fördern. Während die Erarbeitung einer BSC der ersten Generation mit der Ableitung von Leistungsmaßstäben für die strategischen Ziele in den vier Dimensionen abgeschlossen war, wird das Konzept nun um Schritte zur Implementierung der BSC erweitert. Der Implementierungsplan enthält neben der Datenerfassung insbesondere die Kommunikation der BSC an die Mitarbeiter.

In ihrem Artikel „Using the Balanced Scorecard as a Strategic Management System" beschreiben *Kaplan/Norton* die BSC schließlich als ein strategisches Managementinstrument, welches hilft, die langfristige Entwicklung der Unternehmung zu planen, zu steuern und zu kontrollieren.[17] Diese Interpretation entspricht der *dritten Entwicklungsstufe* des BSC-Konzepts. Sie resultiert aus Erfahrungen von *Kaplan/Norton* im Rahmen ihrer Beratung von Unternehmungen, die das Konzept erstmals implementiert haben. Gemeinsam mit den involvierten Managern erkannten sie, dass sich die BSC-Methodik zu einem umfassenden Instrument für das strategische Management einer Unternehmung ausbauen lässt.

Als solches erhebt die BSC den *Anspruch*, die in Unternehmungen oft herrschende Lücke zwischen Strategieentwicklung und Strategieumsetzung zu schließen. *Kaplan/ Norton* führen diesbezüglich zwei wesentliche Ursachen für die geringe Ausrichtung der Mitarbeiter und ihrer operativen Aktivitäten auf die Unternehmensstrategie an:

- Die in den leistungsnahen Unternehmensbereichen Einsatz findenden Managementinstrumente sind von ihrer Perspektive her überwiegend *kurzfristig orientiert*. Dies hat zur Folge, dass die dortigen Aktionen nicht auf die langfristigen, aus der Strategie der Unternehmung abgeleiteten Ziele ausgerichtet werden, sondern lediglich auf die Erreichung kurzfristig gesetzter Finanz- und Ergebnisziele.
- Strategieformulierungen weisen oft enormen *Interpretationsspielraum* auf. Er findet seinen Ausdruck in Statements wie „Wir wollen für unsere Kunden und Mitarbeiter ein attraktiver Partner sein" oder „Wir streben in unserem Geschäftszweig Platz 1 an". Solche Statements erlauben freilich die Ableitung einer Fülle unterschiedlichster Einzelziele.

---

[16] Vgl. Kaplan/Norton (1993).

[17] Vgl. diesbezüglich und im Folgenden Kaplan/Norton (1996a).

Demgegenüber streben *Kaplan/Norton* mit ihrem Konzept an, dass man sich in einer Unternehmung auf die Verfolgung von ca. 20 zentralen strategischen Zielen konzentriert.[18] Diese Ziele sind unmittelbar aus der Strategie abzuleiten und auf Basis eines mehrstufigen Operationalisierungsprozesses in konkrete Maßnahmen zu überführen.

9.2.3 Die Einbindung der BSC in den Managementprozess

Vier aufeinander abgestimmte Schritte, in denen die BSC jeweils als das zentrale Element betrachtet wird, sollen helfen, die zuvor skizzierten Defizite hinsichtlich der Strategieimplementierung zu überwinden.[19] Der Ausgangspunkt ist dabei die aus Teilstrategien bestehende Unternehmensstrategie, die sich ihrerseits aus dem Unternehmensleitbild ableitet.[20] Im einzelnen gilt es, folgende *„kritische Managementprozesse* [H.d.V.] zu meistern:

- Klärung und Herunterbrechen von Vision und Strategie,
- Kommunikation und Verknüpfung von strategischen Zielen und Maßnahmen,
- Planung, Festlegung von Zielen und Abstimmung strategischer Initiativen,
- Verbesserung von strategischem Feedback und Lernen."[21]

Der erstgenannte Schritt dient der *Konkretisierung der* – gegebenenfalls bislang nur vage formulierten – *Strategie.* Gemäß Abbildung 9–1 sind aus den verschiedenen Perspektiven strategische Ziele abzuleiten, auf Basis vermuteter Ursache-Wirkungs-Ketten in eine Hierarchie zu überführen und durch Kennzahlen zu präzisieren. Ferner sind zeitlich gestaffelte Zielvorgaben sowie Strategische (Maßnahmen-)Programme zur Zielerreichung festzulegen.[22]

---

[18] Als anzustrebende Zielanzahl nennen Kaplan/Norton für die gesamte BSC eine Spannbreite von 15 bis 20 (vgl. Kaplan/Norton (1994), S. 98) bzw. 15 bis 25 (vgl. Kaplan/Norton (1997a), S. 159), für jede einzelne Perspektive eine Spannbreite von 4 bis 7 (vgl. Kaplan/Norton (1997a), S. 156).

[19] Vgl. dazu und im Folgenden Kaplan/Norton (1997a), S. 11ff.

[20] Vgl. dazu z.B. Friedag/Schmidt (2001), die hinsichtlich des Leitbilds weiter zwischen Mission und Vision unterscheiden (S. 90ff.) und dazu eine Reihe von Praxisbeispielen (S. 249ff.) anführen. Es sei angemerkt, dass Kaplan/Norton eine solche differenzierte Betrachtung von Leitbild und Strategie nicht konsequent vornehmen. Vgl. auch die Ausführungen in Kapitel 10.2.2.

[21] Kaplan/Norton (1997a), S. 10f. Diese vier Schritte sind gemeint, wenn im Folgenden vom ‚Managementprozess' gesprochen wird. Dass dieser als Spielart des in Kapitel 6 entwickelten Managementzyklus verstanden werden kann, wird in Abschnitt 9.5 erläutert.

[22] Ungeachtet anderer Vorschläge werden hier alle in Abbildung 9–1 genannten Aufgaben in Anlehnung an das noch zu schildernde Praxisbeispiel der Strategiekonkretisierung zugeordnet.

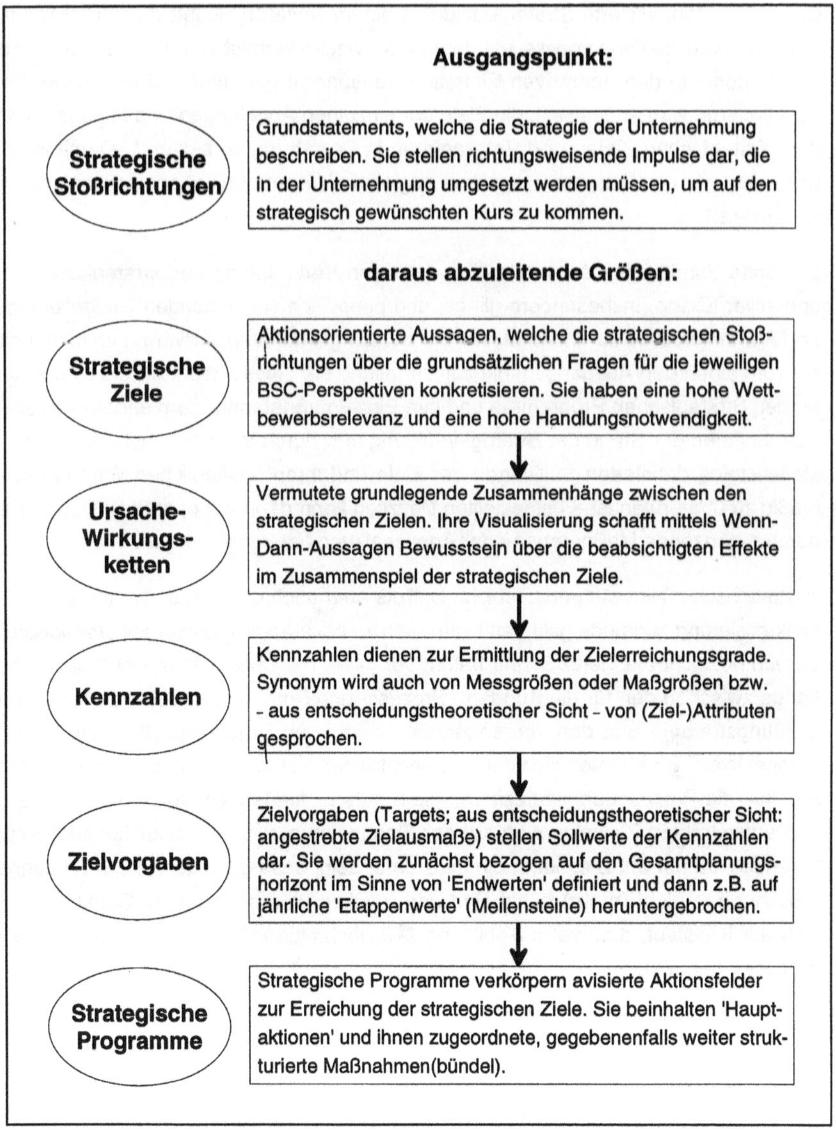

Abb. 9–1: BSC-Methodik zur Konkretisierung einer Strategie als erster Schritt des Managementprozesses nach *Kaplan/Norton* (in Anlehnung an: *Wunder* (2001), S. 135)

Die so operationalisierte Strategie bildet in einem weiteren Schritt die Grundlage für einen *Kommunikationsprozess*, mit dem zwei Zwecke verfolgt werden: Zum einen soll die Strategie in den operativen Einheiten transparent gemacht und erklärt werden; zum anderen wird angestrebt, die Ziele der einzelnen Abteilungen und Mitarbeiter mit den strategischen Zielen und Programmen in Beziehung zu setzen.[23] Damit ist die BSC nicht nur als Zielsystem, sondern zugleich als Kommunikationsinstrument charakterisiert.

Der dritte Schritt dient der methodisch-formalen Verknüpfung von strategischer und operativer Ebene. Insbesondere gilt es, den periodisch stattfindenden *Budgetierungs- und Kontrollprozess* zu unterstützen. Die zeitlich gestaffelten Zielvorgaben bilden dabei zum einen den Ausgangspunkt zur Verteilung der Ressourcen auf die zu realisierenden Strategischen Programme und ihre Einzelmaßnahmen. Zum anderen spiegelt sich an ihnen der Stand der Strategieerfüllung, der durch Vergleich zwischen den als Meilensteine definierten Sollwerten der Ziele und ihren tatsächlichen Werten regelmäßig zu überprüfen ist. Festgestellten Defiziten kann dann auf operativer Ebene z.B. durch ergänzende Maßnahmen oder Anreizsetzung begegnet werden.

In strategischer Hinsicht geben solche Defizite aber auch ein Signal, die der Strategiekonkretisierung zugrunde gelegten Prämissen zu hinterfragen. Dieser als *strategisches Lernen* bezeichnete vierte Schritt betrifft vor allem die Überprüfung der Zusammenhänge zwischen den für die Kunden-, Prozess- und Potentialperspektive postulierten Leistungstreibern und den vergangenheitsorientierten Ergebnisgrößen der Finanzperspektive.[24] So könnten sich die Leistungstreiber, wie z.B. das Fachwissen der Mitarbeiter, die Prozessdurchlaufzeit und die Kundenzufriedenheit, verbessern, ohne zu den angestrebten Zielsetzungen auf der Finanzebene, wie z.B. einer höheren Kapitalrendite, zu führen. Dies kann ein Indiz dafür sein, dass die unterstellten Wirkungsbeziehungen nicht (mehr) gültig sind und revidiert werden müssen. Damit schließt sich der Kreislauf, d.h. die in Abbildung 9–2 nochmals skizzierten vier Schritte sind erneut zu durchlaufen.

---

[23] Horstmann (1999), S. 193, spricht in diesem Kontext von einem „Commitment-Modell".

[24] Vgl. Kaplan/Norton (1996a), S. 84. Es sollte also nicht unbedingt sofort die Strategie an sich in Frage gestellt werden, wie dies z.B. von Krahe (1999), S. 122, postuliert wird.

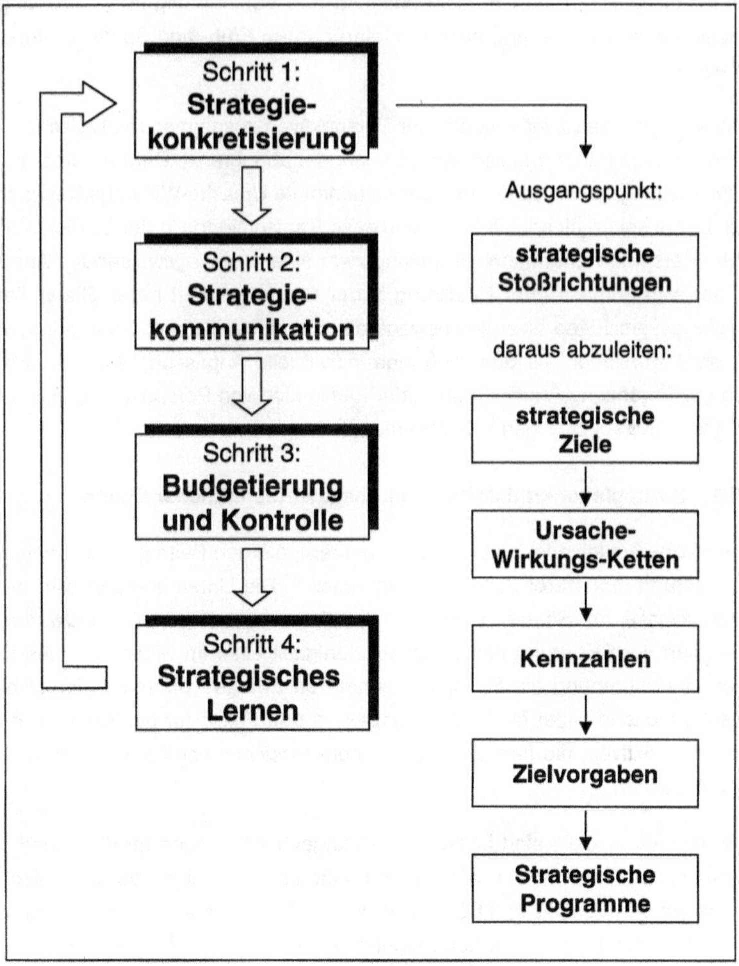

Abb. 9–2: Schema der BSC-Methodik

9.2.4 Die Perspektiven und ihre Verknüpfung als Grundgerüst der BSC

Wie ihr Name schon sagt, ist die BSC durch das Merkmal der *Ausgewogenheit* (‚Balanced') gekennzeichnet. Das Fundament für diese Ausgewogenheit bilden die vier Perspektiven: Sie geben zum einen vor, dass die Strategie sowohl aus Finanz- und Kundenperspektive als externe Blickwinkel als auch aus Prozess- und Potentialperspektive als interne Blickwinkel heraus präzisiert wird; zum anderen bilden sie den

Rahmen zur gleichzeitigen Berücksichtigung und Verknüpfung kurz- und langfristig angestrebter, monetärer und nicht-monetärer sowie Früh- und Spätindikator-artiger Zielsetzungen.[25]

Nachfolgend werden zunächst die vier Perspektiven zusammen mit typischen Zielen und Kennzahlen näher erläutert und voneinander abgegrenzt. Darauf aufbauend wird die Verknüpfung der Perspektiven über so genannte Ursache-Wirkungs-Ketten thematisiert. Dabei sei an dieser Stelle betont, dass *Kaplan/Norton* in der Berücksichtigung der vier Perspektiven und ihrer Kopplung zwar einen richtungsweisenden Ansatz sehen, der sich gemäss ihrer Erfahrung in der Praxis bewährt habe. Sie wollen ihre Gestaltungsvorschläge aber keineswegs als restriktives Korsett verstanden wissen. Vielmehr befürworten sie durchaus eine individuelle Anpassung ihres Ansatzes im Sinne der Ergänzung, Veränderung oder Elimination von Perspektiven, falls dies zur Umsetzung der spezifischen Unternehmensstrategie notwendig ist.[26]

9.2.4.1 Strategiekonkretisierung auf finanzwirtschaftlicher Ebene

Die Finanzperspektive ist durch Größen geprägt, die den Beitrag einer Strategie zur Verbesserung monetärer Ziele abbilden sollen.[27] Die Unternehmung wird hier aus dem *Blickwinkel der Shareholder* betrachtet. Dabei unterstellen *Kaplan/Norton*, dass im Rahmen der Sicherung der Überlebensfähigkeit einer im wirtschaftlichen Umfeld tätigen Unternehmung die Erzielung monetären Erfolgs[28] oberste Priorität besitzt. Dementsprechend bildet die Finanzperspektive den Fokus für die Ziele der drei anderen Perspektiven, die (letztendlich nur) dem Erreichen von Finanz- und Ergebniszielen dienen.

Diese monetären Ziele sind i.d.R. nur vergangenheitsbezogen messbar und stellen insofern Spätindikatoren dar. Als solche bringen sie die Folgen bereits vollzogenen Wirkens auf den übrigen drei BSC-Ebenen zum Ausdruck. Allerdings können monetäre Zielsetzungen durchaus auch Charakteristika von Frühindikatoren aufweisen. Beispielsweise lässt sich aus der Höhe erwirtschafteten Gewinns auf das Potential zur Tätigung zukunftsträchtiger Investitionen schließen, und eine ausgeprägte Frühwarnfunktion besitzt z.B. die Kennzahl ‚Reichweite der Zahlungsfähigkeit'.

---

[25] Vgl. Kaufmann (1997), S. 423f., und Hepworth (1998), S. 560.

[26] Vgl. Kaplan/Norton (1997a), S. 33ff.

[27] Vgl. im Folgenden Kaplan/Norton (1997a), S. 46ff.

[28] In Anlehnung an Dyckhoff (2003), S. 191, wird unter monetärem Erfolg hier die Erreichung der gesteckten monetären Ziele verstanden.

Zwecks Auswahl der Ziele für die Finanzperspektive gilt es, aus der Fülle der im betrieblichen Umfeld verwendeten monetären Kenngrößen die strategisch relevanten herauszufiltern. Nach *Kaplan/Norton* kann dabei eine *Lebenszyklusanalyse* der Unternehmung insgesamt oder einzelner Geschäftsbereiche bzw. Produkte hilfreiche Hinweise liefern. Sie selbst gehen von einem Drei-Phasen-Modell aus, gemäß dem Unternehmungen[29] sukzessive die Phasen des Wachstums, der Reife und der Ernte durchlaufen.[30]

Je nach Phase, in der sich eine Unternehmung befindet, werden bestimmte monetäre Zielsetzungen im Vordergrund stehen.[31] Dies resultiert nach *Kaplan/Norton* aus der divergierenden Bedeutung folgender *finanzwirtschaftlicher Themen* in der jeweiligen Phase:[32]

- Ertragswachstum/Ertragsmix
- Kostensenkung/Produktivitätsverbesserung
- Nutzung von Vermögenswerten/Investitionsstrategie.

So mögen bei einer in der *Wachstumsphase* befindlichen Unternehmung hohe Investitionen zum Ausbau der Erfolgspotentiale nötig sein, die aber erst mit einer gewissen Verzögerung Einnahmen generieren. Daher kann es in einem solchen Fall durchaus akzeptabel sein, zunächst einen negativen Cash-flow und eine niedrige Kapitalrendite zu erwirtschaften. Stattdessen stehen Kenngrößen für Umsatzwachstum(sraten) in Zielmärkten, Kundenkreisen und Regionen im Vordergrund. Ergänzt werden sollten diese durch Kenngrößen für die Liquidität, da gerade Liquiditätsengpässe den Bestand schnell wachsender Unternehmungen gefährden.

Tritt die Unternehmung in die *Reifephase* ein, gewinnen andere monetäre Ziele an Gewicht. In dieser Phase sind die grundlegenden Investitionen getätigt. Weitere Investitionen dienen etwa der Überbrückung von Engpässen, der Kapazitätserweiterung sowie der kontinuierlichen Verbesserung. Wesentliches Kriterium mit strategischer Bedeutung wird nun eher eine hohe Rentabilität des investierten Kapitals sein, z.B.

---

29 Gleiches gilt für Geschäftsbereiche oder einzelne Produkte und Produktlinien, wobei Probleme der Zuordnung zu einer der Phasen mit zunehmendem Aggregationsniveau an Bedeutung gewinnen.

30 Hinsichtlich detaillierter Ausführungen zum Produktlebenszyklusmodell vgl. z.B. Meffert (1974) und Siegwart/Senti (1995).

31 Die folgende Zuordnung beispielartig genannter Kennzahlen zu Lebenszyklusphasen kann selbstverständlich nur als grobe Orientierung dienen.

32 Vgl. Kaplan/Norton (1997a), S. 49ff.

abbildbar anhand der Kennzahlen ROI und EVA.[33] Auch Betriebsergebnis und Deckungsbeiträge können als Ziele in der Reifephase erwogen werden.

In der *Erntephase* ändert sich abermals der Fokus der monetären Ziele. Es sollen insbesondere Erträge aus den in den vorhergehenden Phasen getätigten Investitionen erzielt werden. Weitere Investitionen finden nur bei sehr kurzen Amortisationszeiten statt. Für eine Abbildung entsprechender Ziele erscheinen Kennzahlen wie der Cash-flow oder das Nettoumlaufvermögen zweckmäßig.

9.2.4.2 Strategiekonkretisierung auf kundenorientierter Ebene

Die Erreichung der monetären Ziele einer Unternehmung resultiert planmäßig aus dem Verkauf der angebotenen Marktleistungen. Der Finanzperspektive unmittelbar zugeordnet ist daher die Kundenperspektive. Zwecks Ableitung der sie repräsentierenden strategischen Ziele – verstanden als absatzmarktorientierte Frühindikatoren für die Finanzperspektive – sind zunächst die strategisch relevanten *Kunden- und Marktsegmente* zu identifizieren. Die ermittelten Segmente bilden dann den Ausgangspunkt, um anhand zweier Kriterien die einzelnen Ziele festzulegen: Sie sollen einerseits die zu erreichende Position der Unternehmung innerhalb der Segmente widerspiegeln, andererseits aber auch eine Beschreibung der auf- und auszubauenden Erfolgspotentiale ermöglichen.[34]

Das erstgenannte Kriterium betrifft Ziele, die gewöhnlich unmittelbaren Einfluss auf die Finanzperspektive nehmen; dazu gehören beispielsweise der Marktanteil sowie die Kundentreue. Sie haben den Charakter von Ergebnisgrößen und werden auch als *Kernziele* bezeichnet, da sie in ihrer Grundform für alle Unternehmungen identisch sind. Demgegenüber bezieht sich das an zweiter Stelle angeführte Kriterium auf Ziele, die unternehmensindividuell festzulegen sind. Als so genannte *Wertangebote* an den Kunden stellen sie die eigentlichen Leistungstreiber dar, die es zu verbessern gilt, um langfristige Steigerungen in den Kernzielen der Kundenperspektive zu erreichen.[35]

---

[33] Die klassische Kennzahl ROI (Return on Investment) setzt das Betriebsergebnis in Beziehung zum eingesetzten Kapital und repräsentiert somit die Gesamtkapitalrendite. Die ‚Shareholder-orientierte' Kennzahl EVA (Economic Value Added) ist als absoluter Wertzuwachs einer Periode zu verstehen und resultiert aus der Multiplikation der Differenz zwischen der Gesamtkapitalrendite und einem gewogenen Kapitalkostensatz mit dem eingesetzten Kapital; zu einem Überblick Shareholder-orientierter Kennzahlen vgl. Wehrheim/Schmitz (2001), S. 495.

[34] Vgl. Kaplan/Norton (1997a), S. 62ff.

[35] Zu dieser Unterscheidung vgl. Kaplan/Norton (1997a), S. 65.

Nach *Kaplan/Norton* lassen sich die betreffenden Wertangebote – ungeachtet ihrer individuellen Ausgestaltung im Einzelfall – durch Einordnung in *drei Kategorien* strukturieren:[36]

- Produkt-/Serviceeigenschaften (Funktionalität, Qualität, Preis)
- Kundenbeziehungen (z.B. Qualität der Kauferfahrung)
- Image und Reputation.

Aus der Kundenperspektive einer BSC sollte klar hervorgehen, wie die Wertangebote in diesen Kategorien auszugestalten sind und welche Kunden- und Marktsegmente dadurch angesprochen werden sollen.

9.2.4.3 Strategiekonkretisierung auf prozessorientierter Ebene

In der Prozessperspektive schlagen sich die für die Umsetzung der Strategie *kritischen Geschäftsprozesse* nieder.[37] Als kritisch sind solche Prozesse dann anzusehen, wenn sie wesentlich für die Erfüllung der strategierelevanten Kundenansprüche und Anforderungen der Kapitalgeber sind. In diesem Zusammenhang wird betont, dass das Augenmerk nicht nur auf die Verbesserung bereits bestehender, sondern auch auf die Generierung völlig neuer Prozesse gelegt werden sollte.[38] Hierin sehen *Kaplan/Norton* einen wesentlichen Unterschied zu traditionellen Ansätzen der Leistungsmessung auf der Prozessebene, die sich auf die Erfassung bereits etablierter Geschäftsprozesse konzentrieren.

In der Praxis wird dem klassischen Produktionsprozess häufig die größte Aufmerksamkeit zuteil. Für seine Optimierung existiert bereits eine Reihe von Performance Measurement-Systemen, und er schlägt sich aufgrund seiner zentralen Bedeutung in praktisch jeder BSC nieder. *Kaplan/Norton* gehen allerdings davon aus, dass insbesondere die dem Produktionsprozess vor- und nachgelagerten Prozesse ein enormes Verbesserungspotential hinsichtlich der Leistungsfähigkeit einer Unternehmung aufweisen. Diese Prozesse sollten folglich ebenfalls Eingang in die BSC finden. Im Rahmen einer groben Unterteilung der *Wertschöpfungskette* fordern *Kaplan/Norton* diesbezüglich,

---

[36] Vgl. Kaplan/Norton (1997a), S. 71ff.

[37] Vgl. im Folgenden Kaplan/Norton (1997a), S. 89ff.

[38] Vgl. auch Kaufmann (1997), S. 426, und Kaplan/Norton (1997b), S. 322f.

- den Innovationsprozess (mit den Phasen der Marktidentifizierung und Produktentwicklung),
- den Produktionsprozess (mit den Phasen der Produktherstellung und -auslieferung) sowie
- den Kundendienstprozess (als sich dem Produktverkauf anschließende Phase)

getrennt voneinander zu betrachten.[39]

Innerhalb der Wertschöpfungskette wandelt sich der Charakter geeigneter Ziele tendenziell von Leistungstreibern zu Ergebnisgrößen. So sind Kennzahlen für den Innovationsprozess, beispielsweise ‚in Leistungsangebote umgesetzte Kundenwünsche', vornehmlich Frühindikatoren, da sie den Aufbau von Erfolgspotentialen betreffen. Kennzahlen für den Kundendienstprozess, etwa die ‚Reklamationshäufigkeit', sind hingegen aus Sicht der prozessorientierten Ebene Spätindikatoren, da sich in ihnen die bereits erbrachten (Fehl-)Leistungen widerspiegeln. Nicht zuletzt wegen dieser unterschiedlichen zeitlichen Indikation erscheint die gleichzeitige Berücksichtigung verschiedener Elemente der Wertschöpfungskette sinnvoll, um ein ausgewogenes Bild der Geschäftstätigkeit zu vermitteln.[40]

9.2.4.4 Strategiekonkretisierung auf potentialorientierter Ebene

In der Praxis ist nach *Kaplan/Norton* vielfach die Tendenz beobachtbar, potentialbezogene Investitionen zu vernachlässigen, da sie kurzfristig die Gewinne senken und ihre langfristigen Wirkungen nur schwer erfassbar sind. Trotzdem ist unbestritten, dass das frühzeitige Erkennen entsprechenden Investitionsbedarfs eine wichtige Grundlage für die zukünftige Wettbewerbsfähigkeit bildet. In diesem Kontext dient die Potentialperspektive der Abbildung von Zielen zur *Förderung einer lernenden und sich weiterentwickelnden Organisation.*[41]

Kaplan/Norton unterteilen die möglichen Ziele der Potentialperspektive in die *zwei Gruppen* der personalbezogenen Ergebnisgrößen und der eigentlichen Leistungstreiber. Erstgenannte sind im Kern für alle Unternehmungen gleich und betreffen die Zufriedenheit, Treue und Produktivität der Mitarbeiter. Auf sie wird in der Praxis be-

---

[39] Vgl. Kaplan/Norton (1997a), S. 92ff.

[40] Vgl. auch Friedag/Schmidt (2001), S. 139ff.

[41] Vgl. dazu und im Folgenden Kaplan/Norton (1997a), S. 121ff.

vorzugt abgestellt, weil sich für sie relativ leicht Kennzahlen finden lassen (z.B. ein Zufriedenheitsindex, die Fluktuationsrate bzw. der Ertrag pro Mitarbeiter). Frühzeitige Anhaltspunkte für den Realisationsgrad einer individuellen Strategie auf potentialorientierter Ebene können jedoch allein die Leistungstreiber liefern. Auf sie sollte daher der Betrachtungsschwerpunkt gelegt werden, auch wenn ihre Messung zunächst größere Probleme bereitet.

Zwar lassen sich kaum universell relevante Leistungstreiber identifizieren, wohl aber *Kategorien von Potentialen*, aus denen Leistungstreiber ableitbar sind. Diesbezüglich unterscheiden *Kaplan/Norton* drei Kategorien:[42]

- Qualifikation der Mitarbeiter
- Qualität der Informationssysteme
- Motivationswirkung des Arbeitsumfelds.

Im Rahmen der Mitarbeiterqualifikation kann z.B. die Beseitigung zu hoher Spezialisierung ein Ziel darstellen, messbar anhand der Relation zwischen wünschenswerten und vorhandenen Fähigkeiten. Als Beispiel für ein die Qualität von Informationssystemen betreffendes Ziel sei die Vermeidung redundanter Daten angeführt, das seinen Ausdruck in der Anzahl von Erfassungsvorgängen für ein und dieselbe Information finden mag. Bezüglich der Motivationswirkung des Arbeitsumfelds kann es Ziel sein, die Kreativität der Mitarbeiter – auch außerhalb ihres engeren Wirkungsbereichs – zu fördern; sein Erfüllungsgrad lässt sich anhand der Anzahl implementierter Verbesserungsvorschläge messen.

9.2.4.5 Verknüpfung der vier Perspektiven über Ursache-Wirkungs-Ketten

Wie bereits skizziert, bauen die vier Perspektiven aufeinander auf.[43] Dabei wird folgender *Kausalzusammenhang* unterstellt: Mit den Zielen der potentialorientierten Ebene werden die Grundlagen für die anderen Ebenen geschaffen. Direkt beeinflusst werden insbesondere die Ziele der Prozessperspektive, die ihrerseits unmittelbar auf die Kundenperspektive ausstrahlen. Deren Ziele sind wiederum eng verknüpft mit den Zielen auf finanzwirtschaftlicher Ebene.[44]

---

[42] Vgl. Kaplan/Norton (1997a), S. 126ff.

[43] Vgl. im Folgenden Kaplan/Norton (1997a), S. 143ff.

[44] Vgl. z.B. auch Krahe (1999), S. 118.

Die alleinige Positionierung monetärer Ziele auf oberster Ebene ist Ausdruck dafür, dass die Erzielung ökonomischen Erfolgs[45] weiterhin als *letztendlicher Zweck* einer im wirtschaftlichen Umfeld tätigen Unternehmung gesehen wird. Die Verknüpfung der Finanzperspektive mit den anderen Perspektiven führt aber vor Augen, dass der Erfüllungsgrad der monetären Ziele aus der Zielerreichung in den übrigen Perspektiven resultiert.

Die Beziehungen zwischen den Perspektiven beruhen auf dem Sachverhalt, dass sich die einzelnen Ziele aus der Strategie ableiten, welche *Kaplan/Norton* als Sammlung zentraler *Ursache-Wirkungs-Hypothesen* verstehen; diese Hypothesen finden im Zielsystem der BSC ihren Niederschlag.[46] Dementsprechend wird im Rahmen des BSC-Konzepts vorgeschlagen, die herausgestellten strategiebezogenen Zielbeziehungen innerhalb und zwischen den Perspektiven zu visualisieren und in Form von ‚Wenn-Dann-Aussagen' zu verdeutlichen. Abbildung 9–3 zeigt ein einfaches Beispiel für eine daraus resultierende Kette von Ursache-Wirkungs-Beziehungen:

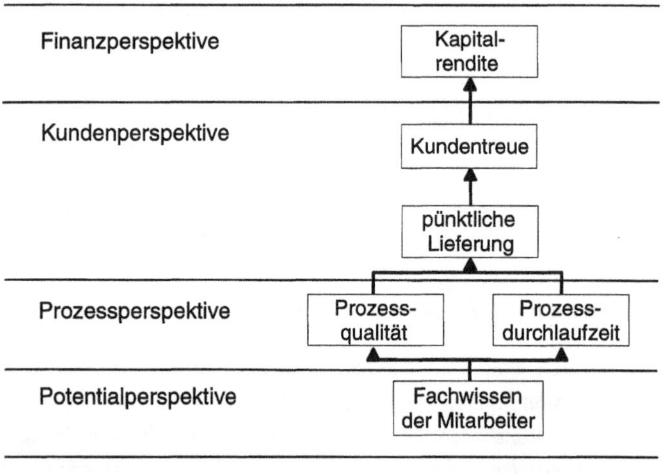

Abb. 9–3: Beispiel für eine Ursache-Wirkungs-Kette (in Anlehnung an: *Kaplan/Norton* (1997a), S. 29)

Der dargestellten *Ursache-Wirkungs-Kette* liegen folgende Annahmen zugrunde: Ein erhöhtes Fachwissen der Mitarbeiter bildet die Basis für eine verbesserte Prozess-

45 Analog zu Fußnote 28 wird unter ökonomischem Erfolg die Erreichung der gesteckten ökonomischen – synonym: monetären – Ziele verstanden.

46 Mit anderen Worten: Aus der Fülle vorhandener – stärker oder schwächer ausgeprägter – zielbezogener Ursache-Wirkungs-Beziehungen stellt die BSC im Sinne der Strategiebildung die aktuell als wesentlich erachteten Beziehungen heraus.

qualität und eine Verkürzung der Prozessdurchlaufzeiten; dadurch wird das Ziel einer pünktlichen Lieferung unterstützt; die termingerechte Lieferung führt wiederum zu einer erhöhten Kundentreue, was sich letztlich in einer Steigerung der Kapitalrendite niederschlägt. Bei einer solchen Argumentation liegt der Versuch nahe, die Korrelationen zwischen den Zielen bzw. Kennzahlen zu quantifizieren. Diesen ‚Idealfall' schließen die beiden BSC-Erfinder nicht aus.[47] Realistischer ist jedoch die Auffassung, dass rechenbare Wirkungszusammenhänge ein Wunschtraum sind, den auch die BSC nicht realisieren kann.[48]

Die Bildung der Ursache-Wirkungs-Ketten erfüllt im BSC-Konzept vor allem zwei Zielsetzungen. Zum einen sind die visualisierten Verknüpfungen ein wichtiges Hilfsmittel für die *Kommunikation* der zugrunde liegenden Strategie. *Kaplan/Norton* erheben den Anspruch, dass eine gut konzipierte BSC einem Betrachter die Geschäftsstrategie verständlich offen legt. Insbesondere sollen die Verknüpfungen helfen, dem einzelnen Mitarbeiter zu verdeutlichen, wie sich seine Aufgabenerfüllung auf die Erreichung übergeordneter Ziele und letztendlich auf die Strategieumsetzung auswirkt.[49]

Zum anderen unterstützen die Ursache-Wirkungs-Ketten eine Reaktion auf *Probleme der Strategieumsetzung*. So signalisiert eine hinter den Erwartungen zurückbleibende Entwicklung von Leistungstreibern frühzeitig Handlungsbedarf, womöglich noch bevor erste negative Auswirkungen auf die monetären Ziele zu verzeichnen sind. Des Weiteren tragen die Kausalketten zum strategischen Lernprozess bei. Falls sich nämlich ein vermuteter Wirkungszusammenhang während der Strategieumsetzungsphase nicht bestätigen sollte, ist dies ein Hinweis zur Überarbeitung der vermuteten Wirkungszusammenhänge.

9.2.5 Die BSC als Managementmode?

„Die Balanced Scorecard ist eine *Managementmode*."[50] Diese Behauptung lässt sich nach *Kieser* anhand einer Reihe charakteristischer Merkmale solcher Moden untermauern;[51] zu nennen ist insbesondere

---

[47] Vgl. Kaplan/Norton (1992a), S. 79.

[48] Vgl. Horváth/Kaufmann (1999), S. 45.

[49] Ein Ansatz zur Top-down-Ableitung verschiedener Balanced Scorecards bis hinunter auf die Mitarbeiterebene skizziert z.B. Horstmann (1999), S. 195. Vgl. dazu auch Brown (1997), S. 203.

[50] Kieser (2000), S. 123.

[51] Vgl. Kieser (1996) und (2000).

- die rasant zunehmende Anzahl vor allem nicht-wissenschaftlicher Publikationen zur BSC;
- ein darin ‚zelebriertes', Interesse und Assoziationen weckendes Schlagwort: Balanced Scorecard;
- ein in den Mittelpunkt des Konzepts gestellter Schlüsselfaktor, dessen bisherige sträfliche Vernachlässigung betont wird: die Leistungstreiber als vorlaufende Indikatoren;
- die Nutzung vereinfachender Metaphern (etwa die eines ‚Piloten in seinem Cockpit'[52]) durch die Protagonisten der BSC;
- die Anreicherung ihrer Veröffentlichungen mit wörtlichen Zitaten von Topmanagern über deren positive Einschätzung der BSC;
- die Anführung von Praxisbeispielen zur BSC-Entwicklung, die idealisiert, aber wenig konkret sind.

Allein die Kennzeichnung als Managementmode mag bei dem einen oder anderen das Gefühl einer inneren Ablehnung gegenüber der BSC entstehen lassen. Dessen ungeachtet lag es wohl nicht in der Absicht von *Kieser*, das Konzept per se herabzuwürdigen. So findet er für die Verfechter der BSC auch versöhnliche Worte: „Insbesondere für die Kopplung von strategischem und operativem Management, die über lange Zeit im argen lag, bietet die Balanced Scorecard eine überzeugende Lösung."[53]

Für die Zweckdienlichkeit der BSC spricht auch die Tatsache, das es mittlerweile ungewöhnlich konkrete Praxisberichte über die Entwicklung und Implementierung einer BSC gibt.[54] Der relativ hohen Zahl solcher ‚Erfolgsstories' steht freilich die noch recht begrenzte Verbreitung der BSC in Deutschland gegenüber. So ergab eine aktuellere Umfrage, dass nur 11% der 194 in die Auswertung einbezogenen Unternehmungen bereits eine BSC implementiert hatten; jedoch planten immerhin weitere 45%, die BSC kurzfristig (17%) bzw. mittelfristig (28%) einzuführen (vgl. Abbildung 9–4).[55]

---

52 Vgl. Kaplan/Norton (1997a), S. 1f.

53 Kieser (2000), S. 124. Zu Vorzügen von Managementmoden im Allgemeinen vgl. Nicolai/Simon (2001), aber auch Kieser (1996), S. 30ff.

54 Vgl. z.B. Bütikofer (1999) und Schindera/Höhner (2000); vgl. einstweilen auch Abschnitt 9.3.

55 Gemäß Töpfer/Lindstädt/Förster (2002), S. 79, befanden sich die genannten 17% der Unternehmungen bereits zum Befragungszeitpunkt „im Einführungsprozess, und zwar seit durchschnittlich 7 Monaten"; dagegen sollte die BSC bei den genannten 28% „in absehbarer Zeit eingeführt werden, und zwar im Durchschnitt bis zur Mitte des Jahres 2002."

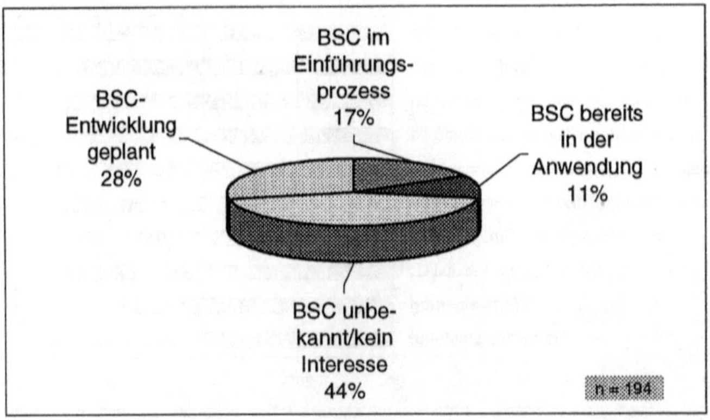

Abb. 9–4: Stand der Umsetzung des BSC-Konzepts in deutschen Unternehmungen (nach: *Töpfer/Lindstädt/Förster* (2002), S. 79f.)

Ältere Studien bestätigen zumindest in etwa den relativ geringen Implementierungsgrad.[56] So setzten nach *Speckbacher/Bischof* etwa 19% der 1999 im DAX-100 vertretenen Unternehmungen bereits die BSC ein, während nur bei 15% konkrete Pläne dazu existierten.[57] Ein Jahr später ermittelten *Brabänder/Hilcher* einen Implementierungsgrad von 16% unter 141 deutschen Unternehmungen, von denen 58% über eine BSC-Einführung nachdachten.[58]

Abbildung 9–5 gibt die im Rahmen der letztgenannten Studie ermittelten Gründe für die Implementierung einer BSC wieder. Dabei verwundert es nicht, dass die zentralen Anliegen des BSC-Konzepts – vor allem die Betrachtung nicht-monetärer Ziele und die Umsetzung der Strategie in Aktionen – an oberster Stelle genannt werden. Zu einem ähnlichen Resultat führte die empirische Untersuchung von *Speckbacher/ Bischof.* Allerdings gingen diese noch einen Schritt weiter und baten die von ihnen befragten DAX-100-Unternehmungen auch, die *wichtigsten* drei Gründe anzugeben. Im Ergebnis gewannen nunmehr Aspekte an Bedeutung, welche unmittelbar die finanzwirtschaftliche Leistungsfähigkeit einer Unternehmung betreffen. Auf diese Weise offenbart sich, welcher Zweck letztendlich mit der BSC verbunden wird: die langfristige Steigerung des monetären Unternehmenswerts.[59]

---

56 Wie in der Einleitung bereits erwähnt, wird der Verbreitungsgrad der BSC in den USA mit ca. 40% wesentlich höher eingeschätzt; vgl. nochmals Norton/Kappler (2000), S. 15.

57 Bei einer Rücklaufquote von immerhin 93%; vgl. Speckbacher/Bischof (2000), S. 802f.

58 Allerdings bei einer geringen Rücklaufquote von 5,4%, die stärkere systematische Verzerrungen befürchten lässt; vgl. Brabänder/Hilcher (2001), S. 253f.

59 Vgl. Speckbacher/Bischof (2000), S. 805f.

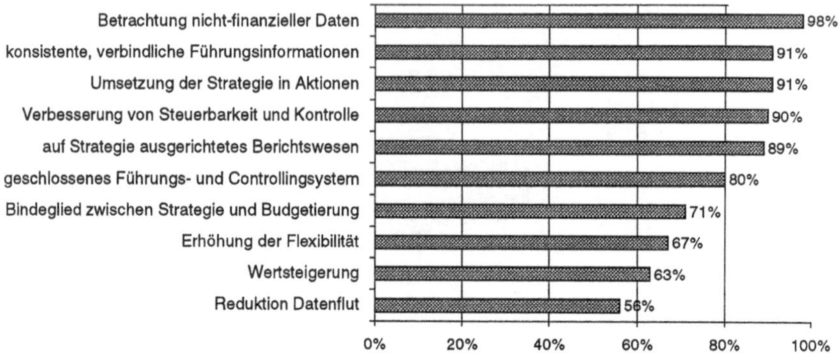

Abb. 9–5: Gründe für die Einführung einer BSC (aus: *Brabänder/Hilcher* (2001), S. 255)

Indizien für die Zufriedenheit mit einmal implementierten BSC-Systemen können der Studie von *Zimmermann/Jöhnk* entnommen werden. So ist in 19 der 24 befragten Unternehmungen die BSC zu einem festen Bestandteil der Unternehmenssteuerung geworden.[60] Wie Tabelle 9–1 zeigt, fällt zudem die Beurteilung eingetretener Effekte überwiegend positiv aus. Dies gilt unter anderem für zwei Kernprobleme der Strategieimplementierung: für die Kommunikation der Strategie und für die Verbindung von strategischer und operativer Planung.[61]

Effekt	Mittelwert
Verbesserung der strategischen Kontrolle/Frühwarnung	1,74
Verbesserung der Kommunikation über die Strategie	1,78
Erhöhung des Kenntnisstands der Führungskräfte bezüglich der Strategie	1,78
bessere Identifikation der kritischen Einflussfaktoren des Unternehmenserfolgs	1,82
bessere Verbindung von strategischer und operativer Planung	1,91
Messbarkeit monetärer und nicht-monetärer Effekte	1,91
Realisation einzelner strategischer Ziele	2,29
Erhöhung des Kenntnisstands der übrigen Mitarbeiter bezüglich der Strategie	2,43
Klare Zielvorgaben für einzelne Maßnahmen	2,47
Skala zur Beurteilung der Effekte: 1: voll und ganz eingetreten; 2: im Wesentlichen eingetreten; 3: teilweise eingetreten; 4: kaum eingetreten; 5: überhaupt nicht eingetreten	

Tab. 9–1: Beurteilung der Effekte des BSC-Einsatzes (nach: *Zimmermann/Jöhnk* (2000), S. 603)

60 Die geringe Zahl involvierter Unternehmungen erklärt, warum nur von ‚Indizien' die Rede sein kann.

61 Vgl. Zimmermann/Jöhnk (2000), S. 602f.

Als Fazit lässt sich festhalten, dass die Praxis dem BSC-Ansatz teils abwartend, teils bejahend gegenübersteht. *Speckbacher/Bischoff* formulieren diesbezüglich treffend: „Die Balanced Scorecard hat .. beim Großteil der deutschen Unternehmen bei weitem (noch) nicht jene Bedeutung erlangt, welche ihr in zahlreichen Veröffentlichungen der jüngsten Zeit zugesprochen wird, .. wenngleich es eine eher kleine, aber nicht zu vernachlässigende Zahl von Unternehmen gibt, die von dem Konzept sehr überzeugt scheinen."[62] Somit trägt die BSC nicht *alle* typischen Züge einer Managementmode: Sie findet erst allmählich Verbreitung, und es sprechen Anzeichen dafür, dass sie im Methodenpool der Unternehmungen einen festen Platz einnehmen wird.

9.3 Einführung der BSC bei der ABB Industrie AG: Projektergebnisse und Erfahrungen[63]

Zu den Unternehmungen, welche von der BSC ‚überzeugt' sind, gehört auch die ABB Industrie AG. Im Folgenden wird ein detaillierter Einblick in den Entwicklungsprozess der BSC für einen Geschäftsbereich dieser Unternehmung gegeben. Ausgehend von den Beweggründen zur Umsetzung des Konzepts (Abschnitt 9.3.1) werden zum einen konkrete Ergebnisse der jeweiligen Projektphasen vorgestellt (Abschnitt 9.3.2). Zum anderen wird über die Erfahrungen der ABB Industrie AG mit der BSC berichtet (Abschnitt 9.3.3) und dargelegt, wie die Unternehmung das Instrument insgesamt beurteilt (Abschnitt 9.3.4).

9.3.1 Hintergrund der BSC-Einführung

Eine der vielen Unternehmungen, welche die BSC mittlerweile eingeführt haben, ist die *ABB Industrie AG* (Baden/Schweiz). Sie ist ein weltweit führender Hersteller von Produkten aus den Bereichen Automatisierung, Antriebstechnik und Leistungselektronik. Gemäß Abbildung 9–6 besteht die Unternehmung aus sechs strategischen Geschäftseinheiten, die von fünf Zentralbereichen unterstützt werden. Im Jahr der Einführung der BSC, 1999, erwirtschafteten rund 1.500 Mitarbeiter einen Umsatz von 634 Mio. CHF.

---

62 Speckbacher/Bischof (2000), S. 804.

63 Abschnitt 9.3 beruht auf Ahn (2001).

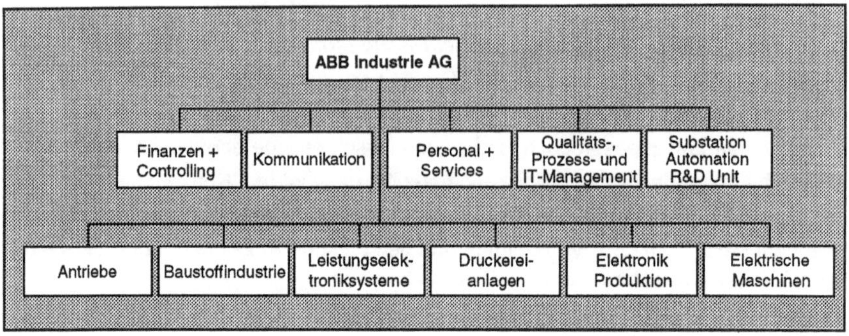

Abb. 9–4: Organigramm der ABB Industrie AG

Die ABB Industrie AG sah sich Problemen mit genau den Managementprozessen gegenüber, die mittels der BSC gemeistert werden sollen.[64] Im einzelnen waren Defizite hinsichtlich dreier Aspekte auszumachen:

- Trotz eines sehr detaillierten Planungsprozesses spiegelte sich die Unternehmensstrategie nicht in den jährlichen Aktionsplänen der strategischen Geschäftseinheiten wieder. Tatsächlich beruhten die operativen Maßnahmen auf wenig koordinierten Bemühungen zur Verbesserung des Status Quo. Eine systematische Berücksichtigung der Strategie fand – insbesondere mit Blick auf den Budgetierungsprozess – nicht statt.
- Das vorhandene Managementinformationssystem fokussierte auf finanzwirtschaftliche Kennzahlen. Solche Größen vermitteln aber kein Bild von der künftigen Wettbewerbsfähigkeit der Unternehmung, die sich auf Erfolgsfaktoren wie Kundenzufriedenheit und Mitarbeiterqualifikation gründet. Die wenigen nicht-monetären Kennzahlen, die regelmäßig erhoben wurden (z.B. Zykluszeiten), wiesen keinen unmittelbaren Bezug zur Unternehmensstrategie auf.
- In weiten Teilen war den Mitarbeitern die verfolgte Strategie unklar. Obwohl man bemüht war, über die entsprechenden Stoßrichtungen in persönlichen Gesprächen aufzuklären, gerieten die vermittelten Informationen schnell wieder in Vergessenheit.

[64] Vgl. nochmals das Zitat von Kaplan/Norton zu Beginn von Abschnitt 9.2.3.

Der ABB Industrie AG erschien die BSC als erfolgversprechendstes Konzept zur Bewältigung ihrer Probleme. Deshalb wurde 1999 beschlossen, das Konzept konsequent in der gesamten Unternehmung einzuführen. Ausgehend von den konstatierten Defiziten im Managementprozess verbindet die ABB Industrie AG damit im Wesentlichen die *Zielsetzungen*,

- die identifizierte Lücke zwischen strategischer Planung und jährlicher Maßnahmenplanung zu schließen,
- den Entscheidungsträgern ein leicht nutzbares Informationsinstrument zur Verfügung zu stellen und
- die verfolgte Strategie allen Mitarbeitern nahe zu bringen.

Für jede der sechs strategischen Geschäftseinheiten sollte eine spezifische BSC entwickelt werden. Im Folgenden wird das entsprechende Pilotprojekt vorgestellt, das im März 1999 begann, um das BSC-Konzept zunächst in der strategischen Geschäftseinheit *Druckereianlagen (DA)* umzusetzen.[65] Gegenstand dieses Unternehmensbereichs ist die Fertigung technischer und elektronischer Systeme zur Unterstützung der Zeitungsherstellung. Mit 150 Mitarbeitern erzielt der Bereich ca. 9% des Unternehmensumsatzes. Seine Organisationsstruktur ist in Abbildung 9–7 dargestellt.

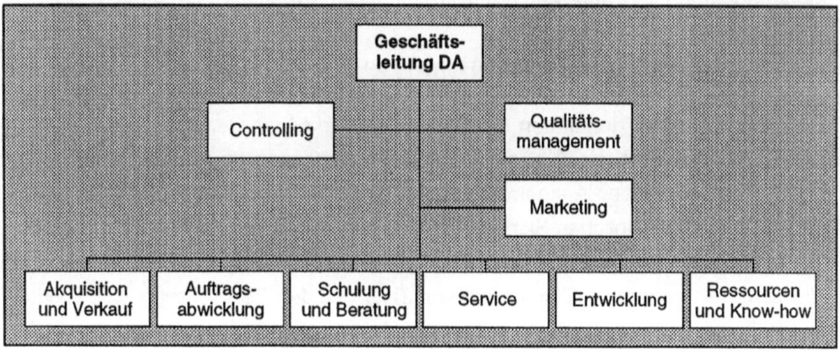

Abb. 9–7: Organigramm des Geschäftsbereichs DA (Druckereianlagen)

[65] Die Beteiligung an diesem Projekt resultierte aus der Zusammenarbeit mit Petra Dickmeis, Projektmanager bei ABB Industrie AG und zugleich Diplomandin am Lehrstuhl für Umweltökonomie und industrielles Controlling, RWTH Aachen.

9.3.2 Projektphasen zur Einführung der BSC

9.3.2.1 Projektorganisation

Für die Einführung der BSC in den Geschäftsbereich DA zeichnete die Abteilung ‚Qualitäts-, Prozess- und IT-Management' der ABB Industrie AG verantwortlich. Ihr oblag insbesondere die Bildung eines geeigneten Projektteams sowie die Initiierung und Leitung von Workshops zur bereichsbezogenen Konkretisierung des BSC-Konzepts.

Dem zusammengestellten Team, das im Folgenden als BSC-Team bezeichnet wird, gehörten die Leiter aller DA-Abteilungen[66] an. Auf diese Weise sollte sichergestellt werden, dass unterschiedliche Interessen in den Entwicklungsprozess einfließen konnten und dass eine breite Basis zur Umsetzung der erarbeiteten Ergebnisse geschaffen wurde.

Die Planung der Workshop-Einheiten orientierte sich an den grundlegenden Elementen der BSC – den strategischen Zielen, den Ursache-Wirkungs-Ketten, den Kennzahlen, ihren angestrebten Etappen- und Endwerten sowie den Strategischen Programmen. Zur Erarbeitung jedes einzelnen Elements war ein Ganztags-Workshop vorgesehen. Hinsichtlich der Terminierung dieser Treffen wurde ausreichend Zeit für die Aufbereitung und Reflexion der jeweils erzielten Ergebnisse eingeplant.

9.3.2.2 Identifikation der strategischen Ziele

Gegenstand des so genannten Initialisierungs-Workshops war es, aus der Strategie des Geschäftsbereichs DA strategische Ziele abzuleiten und diese den BSC-Perspektiven zuzuordnen. In einem ersten Schritt sollte dazu jedes BSC-Teammitglied die aus seiner persönlichen Sicht relevanten Ziele herausarbeiten. Auf diesem Wege ließ sich erreichen, dass alle Teammitglieder am Zielfindungsprozess partizipierten. Um den Teilnehmern die Zuordnung von Zielen zu den Perspektiven zu erleichtern, wurde ihnen der in Abbildung 9–8 aufgeführte Fragenkatalog an die Hand gegeben.[67]

---

[66] Vgl. nochmals Abbildung 9–7.

[67] Aus Abbildung 9–8 lässt sich zudem ersehen, dass die ABB Industrie AG der Perspektiveneinteilung von *Kaplan/Norton* folgte.

Ausgangspunkt: Die Strategie des Geschäftsbereichs DA

Finanzperspektive: • Was erwarten die Kapitalgeber, und was leitet sich daraus an strategischen Zielen für die finanzielle Perspektive ab?	**Strategische Ziele**
Kundenperspektive: • Welche strategischen Ziele sind hinsichtlich der Befriedigung der Wünsche unserer Kunden zu setzen, um die finanziellen Ziele zu erreichen?	**Strategische Ziele**
Prozessperspektive: • Welche strategischen Ziele sind hinsichtlich unserer internen Prozesse zu verfolgen, um die Kundenerwartungen und die Erwartungen der Anteilseigner erfüllen zu können?	**Strategische Ziele**
Potentialperspektive: • Welche strategischen Ziele sind für die Potential-Entwicklung vorzusehen, um eine herausragende Basis für die Zielerreichung in den übrigen Perspektiven zu schaffen?	**Strategische Ziele**

Abb. 9–8: Kernfragen zur Identifikation strategischer Ziele (nach: *ABB Industrie AG* (1999), S. 15)

Die Fragen bezüglich der Perspektiven verdeutlichten den BSC-Teammitgliedern, dass die Ziele im Rahmen eines Top-down-Ansatzes abgeleitet werden sollten. Dabei wurden Vorgaben gemacht, um eine gewisse Einheitlichkeit der Zielformulierung zu gewährleisten. So sollte etwa jeweils ein Substantiv durch ein Adjektiv konkretisiert werden (beispielsweise: ‚überdurchschnittliche Produktivitätssteigerung'). Ferner sollten es die Formulierungen erlauben, angestrebte Zielerreichungsgrade zu quantifizieren.

Die individuellen Zielvorstellungen wurden in einem zweiten Schritt zusammengeführt. Von den 40 vorgeschlagenen Zielen sollten maximal 20 Eingang in die BSC finden. Zu diesem Zweck führte ein Moderator die BSC-Teammitglieder durch einen Selektionsprozess. Gemäß des Top-down-Ansatzes stellte er sukzessive die Ziele der Finanz-, Kunden-, Prozess- und Potentialperspektive hinsichtlich ihrer Eignung zur Umsetzung der Strategie in Frage. Dabei wurden folgende Filterkriterien herangezogen:[68]

➢ Strategische Bedeutung: Ein strategisches Ziel sollte mit der Realisierung eines Wettbewerbsvorteils verbunden sein.

➢ Hohes Verbesserungspotential: Die Verfolgung ehrgeiziger Zielerreichungsgrade sollte möglich sein.

[68] Vgl. auch Day (1983), S. 48f.

- ‚Einflusszone': Die Fachkompetenz und Verantwortlichkeit zur Erfüllung der gesteckten Ziele sollte generell im betroffenen Unternehmensbereich vorhanden sein.
- ‚Richtige Flughöhe': Dieses Kriterium dient der Eliminierung solcher Ziele, die von der betroffenen Hierarchieebene nicht beeinflusst werden können.
- Messbarkeit: Gemäß dieser Anforderung sollte die Veränderung des Zielerreichungsgrads im Zeitverlauf quantifizierbar sein.
- Umsetzbarkeit: Die erforderlichen Ressourcen zur Erreichung der gesteckten Ziele sollten zur Verfügung stehen.

Der Selektionsprozess im BSC-Team war durch lange Diskussionen geprägt. Diese wurden aber als notwendig erachtet, da ein Ziel nur dann in die BSC aufgenommen werden sollte, wenn darüber Konsens im Team herrschte. Letztendlich wurden 19 Ziele ausgewählt. Abbildung 9–9 gibt diese strategischen Ziele – angeordnet nach den vier Perspektiven der BSC – wieder.[69]

9.3.2.3 Modellierung von Ursache-Wirkungs-Ketten

Der Workshop ‚Vernetzung der strategischen Ziele' diente der Modellierung von Ursache-Wirkungs-Ketten zwischen den zuvor bestimmten Zielen. Damit wurde von der gelegentlich geäußerten Empfehlung[70] abgewichen, Wirkungsbeziehungen erst im Anschluss an die Definition von Kennzahlen offen zu legen. Ausschlaggebend für die Verfahrensweise der ABB Industrie AG war die Ansicht, dass sich vermutete Kausalbeziehungen leichter anhand von Zielen als anhand von Kennzahlen kommunizieren lassen.

Die Herausarbeitung der Ursache-Wirkungs-Ketten fand wiederum in zwei Schritten statt. Zunächst sollten die BSC-Teammitglieder in Einzelarbeit die ihnen wichtig erscheinenden Zielverknüpfungen ermitteln. Diesbezüglich waren sie angehalten, einen Bottom-up-Ansatz zu verfolgen: Die Kausalbeziehungen sollten zunächst innerhalb der Perspektiven und danach zwischen den Perspektiven identifiziert werden, und zwar ausgehend von der Potentialperspektive über die Prozess- und Kunden- bis hin

---

[69] Die in Abbildung 9–9 aufgeführte Ziele und ihre hierarchische Anordnung sind im Einzelnen durchaus kritisierbar. Beispielsweise erscheint es sinnvoller, das Ziel der Produktivitätsverbesserung nicht der Finanzperspektive, sondern der Prozessperspektive zuzuordnen. Sind solche Unplausibilitäten ‚politisch' begründet, kann ihnen freilich argumentativ nur schwer begegnet werden.

[70] Vgl. z.B. Guldin (1997), S. 294.

zur Finanzperspektive. Dieser Ansatz entspricht der Idee des BSC-Konzepts, dass die Ziele der verschiedenen Perspektiven aufeinander aufbauen und letztlich dem Erreichen der monetären Ziele dienen sollen.

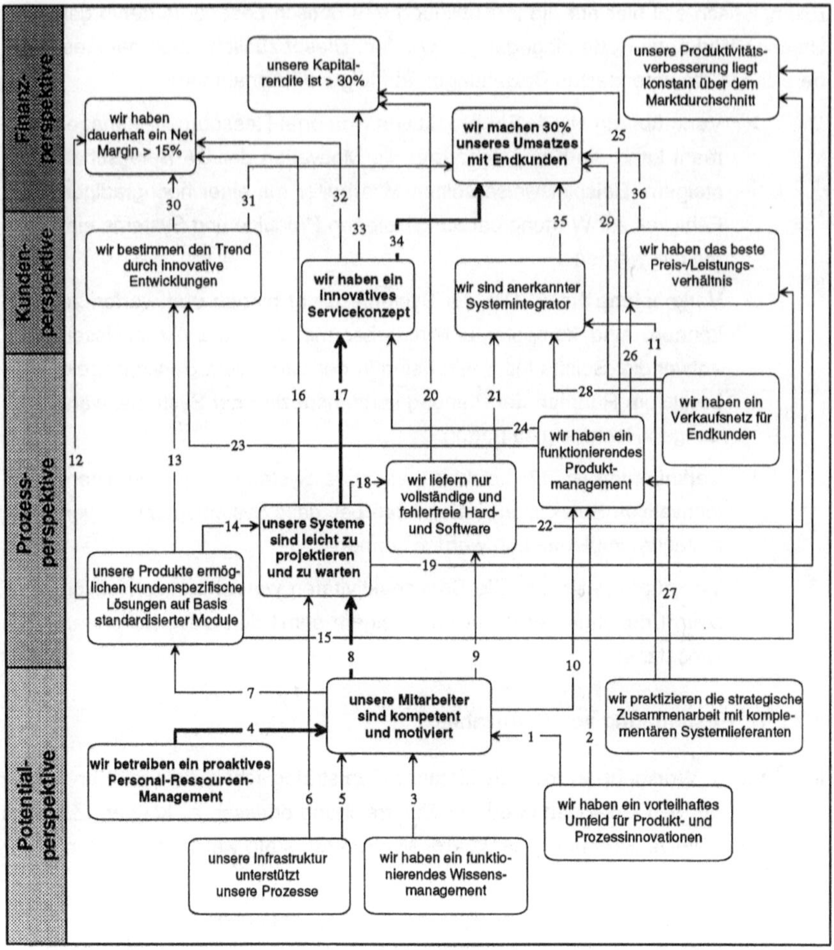

Abb. 9–9: Netzwerk der strategischen Ziele des Geschäftsbereichs DA

Die zweite Workshop-Phase begann mit einer Erläuterung aller vorgeschlagenen Verknüpfungen. Daraufhin diskutierte das BSC-Team, ob jeweils tatsächlich ein direkter und starker kausaler Zusammenhang anzunehmen ist. Erst wenn diesbezüglich Konsens erzielt werden konnte, wurde eine Ursache-Wirkungs-Kette endgültig bestätigt oder eliminiert. Insgesamt wurde 36 Kausalbeziehungen zwischen den strategischen Zielen Relevant bescheinigt. Sie sind in Abbildung 9–9 durch Pfeile dargestellt, die zur Erleichterung der Kommunikation innerhalb des BSC-Teams nummeriert wurden.

Exemplarisch soll hier auf die in Abbildung 9–9 optisch besonders hervorgehobene Ursache-Wirkungs-Kette eingegangen werden. Diesbezüglich stützt der Geschäftsbereich DA die unterstellten Beziehungen auf folgende Annahmen:

- Verknüpfung Nr. 4: Ein proaktives Personal-Ressourcen-Management kann die Kompetenz und die Motivation der DA-Belegschaft steigern. Beispielsweise sollten Mitarbeiter mit einer hochgradigen Fähigkeit zur Wartung der ausgelieferten Produkte und Systeme eingestellt werden.
- Verknüpfung Nr. 8: Um die Systeme leicht planen und warten zu können, sind kompetente Mitarbeiter mit Servicefachkenntnissen notwendig. Solche Mitarbeiter sind in der Lage, dem Serviceaspekt bereits im Rahmen der Planung kundenspezifischer Systemanwendungen Rechnung zu tragen.
- Verknüpfung Nr. 17: Leicht zu wartende Systeme tragen zu einem innovativen Servicekonzept dadurch bei, dass Systemoptimierungen einfacher implementiert werden können.
- Verknüpfung Nr. 34: Die Serviceaktivitäten werden ausschließlich beim Endkunden erbracht und steigern somit den entsprechenden Umsatz.

9.3.2.4 Bestimmung von Kennzahlen

Im nächsten Workshop wurden die identifizierten strategischen Ziele mit Kennzahlen verknüpft, um den jeweiligen Grad der Zielerreichung erfassen zu können. Zunächst fand eine kreative Sammlung denkbarer Maßgrößen statt, welche folgenden Anforderungen genügen mussten:[71]

- die Kennzahlen sollten die mit den Zielen verbundene Nutzensteigerung quantifizieren, nicht den benötigten Aufwand;
- sie sollten eine motivierende Wirkung auf die Mitarbeiter besitzen;
- sie sollten gegebenenfalls die unterschiedlichen Aspekte eines Ziels abdecken.

---

[71] Vgl. auch Creelman (1998), S. 139.

Da letztlich je strategischer Zielsetzung maximal zwei Kennzahlen Berücksichtigung finden sollten, musste im Folgenden eine Auswahl getroffen werden. Dazu brachte der Workshop-Moderator weitere Anforderungen ein. Beispielsweise wurde erörtert, ob sich die Kennzahlenausprägungen mit einem vertretbaren Aufwand ermitteln lassen. Am Ende des Selektionsprozesses blieben *25 Kennzahlen* übrig. Abbildung 9–10 zeigt beispielartig die Kennzahlen für diejenigen strategischen Ziele, deren Zusammenhang in Abbildung 9–9 besonders hervorgehoben ist.

Ausschnitt aus dem Netzwerk strategischer Ziele	**abgeleitete Kennzahlen**	**Etappenwerte**		**Endwerte**
		Ende 1. Jahr	**Ende 2. Jahr**	**Ende 3. Jahr**
wir machen 30% unseres Umsatzes mit Endkunden	Umsatz mit Endkunden	15%	20%	30%
wir haben ein innovatives Servicekonzept	Anteil verkaufter Systeme mit Serviceverträgen	15%	30%	40%
	Anzahl durchgeführter Prozessoptimierungen	1	3	5
unsere Systeme sind leicht zu projektieren und zu warten	Anzahl der vom Produktmanager angestoßenen Entwicklungsaufträge	3	7	> 10
unsere Mitarbeiter sind kompetent und motiviert	Anzahl unterschiedlicher Aufgaben, die einem Mitarbeiter durchschnittlich zugewiesen werden können	5	7	9
wir betreiben ein proaktives Personal-Ressourcen-Management	durchschnittliche Zahl von Monaten, bis freie Ressourcen zur Erfüllung einer Aufgabe verfügbar sind	5	3	2

Abb. 9–10: Beispiele ausgewählter Kennzahlen mit ihren angestrebten Etappen- und Endwerten

Die ausgewählten Kennzahlen wurden abschließend einer *Plausibilitätsprüfung* unterzogen. Es sollte sichergestellt werden, dass sie den identifizierten Ursache-Wirkungs-Ketten nicht widersprachen. Im Ergebnis konnten die vermuteten Zielzusammenhänge für alle 25 Kennzahlen bestätigt werden.

9.3.2.5 Festlegung der Etappen- und Endwerte für die Kennzahlen

Im Rahmen der vierten Projektphase wurden für jede Kennzahl Sollwerte festgelegt. Dabei beschreiben die so genannten Endwerte die gewünschten Kennzahlenausprägungen am Ende des dreijährigen Planungshorizonts. Davon ausgehend wurden zudem Etappenwerte abgeleitet, welche im Sinne von Meilensteinen die zum Ende des ersten und zweiten Planungsjahres avisierten Kennzahlenausprägungen beziffern.

Da zur fundierten Bestimmung der Sollvorgaben zahlreiche Daten zu analysieren waren, widmeten sich die BSC-Teammitglieder dieser Aufgabe bereits im Vorfeld des nächsten Workshops. Als Richtschnur sollten die festzulegenden Werte eine hohe, aber realistische Herausforderung für den Geschäftsbereich DA darstellen. Dabei waren auch Wirkungsverzögerungen abzuschätzen, die auf den Kausalbeziehungen zwischen den Zielen beruhen. Der letztgenannte Aspekt erklärt, warum die Intervalle zwischen den in Abbildung 9–10 wiedergegebenen Beispielen abgeleiteter Etappen- und Endwerte nicht alle äquidistant sind.

9.3.2.6 Erarbeitung Strategischer Programme

Gegenstand des letzten Workshops zur Entwicklung der BSC war die Bestimmung so genannter Strategischer Programme. Im Sinne von Hauptaktionen bilden sie die Grundlage zur Ableitung einzelner, kurzfristig umsetzbarer Maßnahmen.

Zunächst waren die BSC-Teammitglieder aufgefordert, in Einzelarbeit über mögliche Programme nachzudenken. Für jedes strategische Ziel der Kunden-, Prozess- und Potentialperspektive sollten sie mindestens ein Strategisches Programm bestimmen. Die Finanzziele blieben unberücksichtigt, da ihre Verbesserung lediglich als Resultat der Initiativen auf den übrigen drei Ebenen gesehen wird.[72]

In einem zweiten Schritt wurden alle Vorschläge gesammelt und hinsichtlich ihres programmatischen Charakters, ihrer Zielunterstützung und Umsetzbarkeit untersucht. Nur diejenigen Vorschläge, welche diese Anforderungen erfüllten und innerhalb des BSC-Teams konsensfähig waren, wurden angenommen. Entsprechende Beispiele finden sich in Abbildung 9–11.

Abschließend wurde jedem ausgewählten Programm ein verantwortliches BSC-Teammitglied zugeordnet. Ihm obliegt es, die Umsetzung ‚seines' Strategischen Programms im Planungszeitraum voranzutreiben.

---

[72] Dieses Vorgehen ist die Regel. Es finden sich aber auch Beispiele, in denen für die Finanzperspektive ebenfalls Strategische Programme bzw. Maßnahmen abgeleitet werden; vgl. etwa Müller (2000), S. 73.

Abb.: 9–11: Beispiele Strategischer Programme

9.3.3 Erfahrungen mit dem BSC-Konzept

9.3.3.1 Die Umsetzung des Konzepts: Kein leichtes Unterfangen

Die Schwierigkeiten, die bei der Entwicklung der BSC auftraten, sind überwiegend auf unzureichende Gestaltungshinweise im Hinblick auf die Konkretisierung des Konzepts zurückzuführen.[73] Nach Ansicht der ABB Industrie AG fehlt es an Hilfestellungen sowohl zur Generierung und Verknüpfung der strategischen Ziele als auch zur Ableitung geeigneter Kennzahlen und ihrer anzustrebenden Ausmaße.

Beispielsweise schlagen *Kaplan/Norton* vor, mittels einfacher Abstimmungsregeln über die Auswahl strategischer Ziele zu befinden,[74] anstatt einen rationalen Gruppenentscheidungsprozess[75] zu unterstützen. Das BSC-Team behalf sich zur Lösung dieses Auswahlproblems mit der Heranziehung in der Literatur genannter Zielanforderungen als Selektionskriterien.

Ein weiteres Problem bestand in der hohen Komplexität des Geflechts abgeleiteter Ursache-Wirkungs-Ketten. Die Empfehlung von *Kaplan/Norton*, die Wirkungsbeziehungen auf Basis von Wenn-Dann-Aussagen zu strukturieren, wurde als unzureichend

[73] Vgl. in diesem Sinne auch Weber/Schäffer (1998b), S. 350.

[74] Vgl. Kaplan/Norton (1997a), S. 294.

[75] Vgl. diesbezüglich z.B. Hwang/Lin (1987).

beurteilt, da sich immer Argumente für die Verknüpfung zweier Ziele fanden. Eine analytische Lösung dieses Problems ist auch der ABB Industrie AG nicht gelungen.

Die Aufgabe der Bestimmung von Kennzahlen und ihrer Soll-Ausprägungen führte ebenfalls zu Schwierigkeiten. Beispielsweise schlagen *Kaplan/Norton* vor, bezüglich der Finanzperspektive das Lebenszykluskonzept heranzuziehen.[76] Das BSC-Team empfand dieses Konzept jedoch als wenig hilfreich. So gelang es nicht, halbwegs verlässliche Aussagen über die Einordnung einzelner Produkte in die Lebenszyklusphasen und deren weitere Entwicklung zu treffen. Ersatzweise setzte das BSC-Team deshalb einen kreativen Prozess der Kennzahlengenerierung und -quantifizierung in Gang, wobei besonderer Wert auf die Abbildbarkeit von Wirkungsbeziehungen gelegt wurde.

Zusammenfassend lässt sich festhalten, dass die recht unverbindlich formulierten Empfehlungen zur Entwicklung einer BSC zu beachtlichen Problemen geführt haben. Daraus resultierte ein unerwartet hoher Zeitaufwand, denn das Vorgehen zur Umsetzung des BSC-Konzepts war von der ABB Industrie AG selbst zu detaillieren und auszugestalten. Die Warnung von *Weber/Schäffer*, die Einführung der BSC werde mehr Personalkapazitäten als erwartet beanspruchen,[77] kann deshalb durchaus bestätigt werden. Fünf ganztägige Workshops waren allein zur Ausarbeitung der BSC-Elemente erforderlich, wobei es zur Vor- und Nachbereitung jedes Workshops noch ein bis zwei zusätzlicher Tage bedurfte. Letzten Endes erstreckte sich der gesamte Prozess der BSC-Entwicklung – wie gesagt nur für den Geschäftsbereich DA – auf vier Monate.[78]

Trotz alledem wird das Projekt zur Einführung der BSC dennoch als Erfolg gewertet. Diese Einschätzung beruht auf den Erfahrungen, die der Geschäftsbereich DA bislang im Rahmen der Nutzung der BSC gewinnen konnte. Nachfolgend wird skizziert, wie die BSC sowohl die operative Maßnahmen- und Budgetplanung als auch den Steuerungsprozess und die Verbreitung von Informationen über die verfolgte Strategie unterstützt.

---

[76] Vgl. nochmals Abschnitt 9.2.4.1.

[77] Vgl. Weber/Schäffer (1998b), S. 361.

[78] Einer empirischen Studie nach lag die Dauer der BSC-Einführung bei den befragten Unternehmungen am häufigsten zwischen 6 und 12 Monaten, 5% der Unternehmungen brauchten sogar mehr als 24 Monate; vgl. Brabänder/Hilcher (2001), S. 258.

9.3.3.2 Die BSC als Basis für eine strategiekonforme Maßnahmenplanung und Budgetierung

Die BSC stellt ihren Nutzen unter anderem zur Verbindung von langfristiger Strategieplanung mit operativer Maßnahmen- und Budgetplanung unter Beweis. So bildeten die Strategischen Programme die Grundlage zur Ableitung konkreter Maßnahmen, die sich an der schrittweisen Erreichung der verfolgten Meilensteine orientieren. Da diese Maßnahmen unmittelbaren Einfluss auf das Tagesgeschäft haben, wurde zu ihrer Festlegung das BSC-Team um weitere Teilnehmer ergänzt.

Für die in Abbildung 9–11 aufgelisteten Strategischen Programme der Potentialperspektive gibt Abbildung 9–12 beispielartig einige der abgeleiteten Einzelmaßnahmen wieder. Ihr geplanter Umsetzungszeitraum ist durch Balken kenntlich gemacht.

Aktionsplan – **Potentialperspektive**	**1. Jahr**						**2. Jahr**					
	3. Quartal			**4. Quartal**			**1. Quartal**			**2. Quartal**		
Strategisches Programm mit entsprechenden Maßnahmen	**Juli**	**Aug.**	**Sept.**	**Okt.**	**Nov.**	**Dez.**	**Jan.**	**Feb.**	**März**	**April**	**Mai**	**Juni**
Job-Rotationen bewusst fördern												
Bedürfnisse der Mitarbeiter im Hinblick auf Job-Rotationen ermitteln		■	■									
in Mitarbeitergesprächen geeignete Job-Rotationen ein Jahr im voraus planen				■	■	■						
Anreize für Job-Rotationen schaffen						■	■	■				
Schulungsprogramm aufbauen												
Know-how-Defizite erfassen				■	■	■						
entsprechend den Defiziten Schulungsangebote entwickeln						■	■	■	■	■	■	
Schulungen durchführen												■
gemäß Kapazitätsbedarfsplan 1 Jahr im voraus Personal rekrutieren/ausbilden												
langfristigen Planungsprozess für Kundenaufträge implementieren			■	■	■	■						
Datenbank für die Kapazitätsbedarfsplanung erstellen				■	■	■						
Rekrutierungs- und Ausbildungsplan mit einjährigem Planungshorizont aufbauen						■	■	■	■			

Abb. 9–12: Ausschnitt aus dem Maßnahmenplan

Auf der Basis des Maßnahmenplans erfolgte im Rahmen der Budgetierung die Ressourcenverteilung. Dazu wurden zum einen die erwarteten Kosten jeder Maßnahme geschätzt, zum anderen die bereits festgelegten Etappenwerte der monetären und nicht-monetären Kennzahlen berücksichtigt. Die explizite Einbeziehung nicht-monetärer Größen in den Budgetierungsprozess dient dem Zweck, einer Fokussierung der operativen Planung auf Erfolgs- und Finanzziele entgegenzuwirken.

9.3.3.3 Integration der BSC in den Prozess der Unternehmenssteuerung

Die ABB Industrie AG hält die BSC für ein ausgezeichnetes Tool zur Anleitung und Führung der Mitarbeiter. So wird die BSC als Informationsinstrument genutzt, indem die Ausprägungen der abgeleiteten Kennzahlen vierteljährlich ermittelt werden. Die Entscheidungsträger sind damit stets – in aus ihrer Sicht hinreichender Weise – über den Status der Strategieumsetzung informiert. Dieser ist zudem Gegenstand regelmäßig stattfindender BSC-Sitzungen. Im Rahmen solchen Treffen werden negative Abweichungen zwischen Ist- und Planwerten diskutiert und gegensteuernde Maßnahmen beschlossen.

Einmal pro Jahr ist eine Prämissenkontrolle bezüglich der BSC vorgesehen. Dabei sind insbesondere die unterstellten Ursache-Wirkungs-Ketten zu prüfen. Lassen sich die ausgearbeiteten kausalen Zusammenhänge nicht bestätigen, ist die BSC entsprechend zu überarbeiten. Diesbezüglich wertet die ABB Industrie AG eine ausbleibende Wirkung zwischen mutmaßlich ‚treibenden Faktoren' und erwarteten Ergebnissen als Signal, den geplanten Weg zur Strategieumsetzung grundsätzlich zu überdenken.

Die BSC ist ferner Gegenstand obligatorischer Einzelgespräche der Vorgesetzten mit ihren Mitarbeitern. Ein solches Gespräch sollte mindestens einmal jährlich stattfinden und dient dem Abgleich der individuellen Zielsetzungen des Mitarbeiters mit den Zielvorgaben seitens des Geschäftsbereichs.

9.3.3.4 Das BSC-Konzept als Hilfsmittel zur Kommunikation der Strategie

Die ABB Industrie AG erachtet die verständliche Vermittlung der Strategie an die Mitarbeiter als entscheidende Voraussetzung für ihre Realisation. Daher wurde ein – die Entwicklung der BSC begleitendes – Kommunikationsprogramm ins Leben gerufen. Dieses Programm startete mit einer ersten Veröffentlichung in der hauseigenen Zeitschrift. Hier wurde ein Überblick über das Konzept der BSC, die Beweggründe für ihre Einführung und das Pilotprojekt im Geschäftsbereich DA gegeben.

In einem nächsten Schritt wurde für die Mitarbeiter des Geschäftsbereichs DA ein so genannter Kommunikationstag durchgeführt, an dem sie über die Inhalte der fertiggestellten BSC informiert wurden. Zweck der Veranstaltung war es, die Mitarbeiter zur Übernahme einer aktiven Rolle im Strategieumsetzungsprozess zu ermutigen.

Für jeden Verantwortungsbereich des Geschäftsbereichs DA wurde ein Workshop organisiert, den alle Mitarbeiter besuchen mussten. In einem solchen Workshop wurden die strategischen Ziele, Ursache-Wirkungs-Ketten, Kennzahlen und Strategischen Programme, die für den jeweiligen Bereich von Bedeutung sind, mit den Mitarbeitern diskutiert. Diese waren aufgefordert, aus ihrer Sicht zu erläutern, welchen Beitrag sie zur Zielerreichung leisten können. Die genannten Beiträge wurden schriftlich festgehalten, zum einen um sie in Mitarbeitergesprächen erneut thematisieren zu können, zum anderen um sie in die Maßnahmenplanung einfließen zu lassen.

Am Ende des Kommunikationstages konnte eine breite Akzeptanz und ein gutes Verständnis der strategischen Zielsetzungen und zugehörigen Programme unter den Mitarbeitern beobachtet werden. Insbesondere wurde die von der BSC vorgegebene Methodik als geeignet bewertet, die strategischen Stoßrichtungen des Geschäftbereichs DA zu kommunizieren.

Wie *Kaplan/Norton* bereits herausstellten, reicht eine einmalige Vermittlung der BSC wohl nicht aus, um die verfolgte Strategie im Bewusstsein der Mitarbeiter zu verankern und ihr Verhalten dauerhaft zu beeinflussen.[79] Vor diesem Hintergrund will die ABB Industrie AG ihren Mitarbeitern die Inhalte der BSC ständig vor Augen halten. Beispielsweise ist vorgesehen, die strategischen Ziele samt ihrer Verknüpfungen in den Büroräumen zu visualisieren und die Mitarbeiter auf Basis der sie betreffenden Kennzahlen laufend über den Status der Strategieumsetzung zu informieren.

9.3.4 Die BSC: Ein umfassendes Managementinstrument zur Strategieumsetzung?

Wie eingangs erläutert, soll es das BSC-Konzept erlauben, die Strategieumsetzung innerhalb eines vierstufigen Managementprozesses zu meistern. Im Folgenden wird aus Sicht der ABB Industrie AG zusammenfassend erörtert, inwieweit die BSC diesem Anspruch gerecht wird.

Der erste Schritt innerhalb des – sich bei der ABB Industrie AG jährlich wiederholenden – Managementprozesses verspricht, die Strategie zu präzisieren und einen Konsens über die Strategie innerhalb der Gruppe der Entscheidungsträger zu schaffen. Und in der Tat haben die Erfahrungen der ABB Industrie AG gezeigt, dass der Pro-

[79] Vgl. Kaplan/Norton (1997a), S. 195.

zess der BSC-Erarbeitung zur Klärung und Konkretisierung der Strategie beiträgt.[80] Zu würdigen ist in diesem Kontext insbesondere der verständliche und strukturierte Aufbau der BSC: Durch die Betrachtung der Strategie aus den vier verschiedenen Perspektiven und durch deren Verknüpfung wird ein leicht nachvollziehbarer Zusammenhang zwischen der Erfüllung der Erwartungen von Kunden und Mitarbeitern und der Erwartungen von Kapitalgebern hergestellt und deutlich gemacht.[81]

Allerdings ist die Perspektivenstruktur der BSC auch Gegenstand kritischer Äußerungen. So wird einerseits bemängelt, dass die vier von *Kaplan/Norton* vorgeschlagenen Perspektiven zu eng gefasst sind; beispielsweise wird auf die fehlende adäquate Berücksichtigung der Lieferanten hingewiesen.[82] Anderseits wird argumentiert, die monetären Ziele würde zu sehr an Bedeutung verlieren, wenn sie mit drei – oder sogar noch mehr – anderen Perspektiven ‚konkurrieren' müssten.[83] Diesen Argumenten hat die ABB Industrie jedoch keine Bedeutung beigemessen. Ihr zentrales Problem bestand vielmehr darin, dass *Kaplan/Norton* kaum Hinweise zur konkreten Ausarbeitung der BSC geben. An diesem methodischen Defizit hätte die Konsensbildung über die Strategie durchaus scheitern können.

Der zweite Schritt im Rahmen des Managementprozesses betrifft die Kommunikation der Strategie in der Unternehmung. Auch diesbezüglich überwiegen die positiven Erfahrungen der ABB Industrie AG mit dem BSC-Konzept. Hervorzuheben ist vor allem die transparente Kopplung operativer Maßnahmen an die strategischen Ziele, wodurch den Mitarbeitern das Nachvollziehen der Unternehmensstrategie und das Erkennen ihres Beitrags zur Zielerreichung erleichtert wird.

Dem ersten Anschein nach gewährleistet die Verknüpfung der strategischen Ziele mit den operativen Maßnahmen auch eine strategieorientierte Ressourcenzuteilung. Die Erfahrungen der ABB Industrie AG haben aber gezeigt, dass für diesen dritten Schritt im Managementprozess eine Präzisierung des BSC-Konzeptes notwendig ist. Insbesondere müssen im Rahmen der Aktionsplanung und Budgetierung die zu erwartenden Wirkungsverzögerungen hinsichtlich bestimmter Ziele Berücksichtigung finden.

---

80 Diese Erfahrung wird z.B. auch von Amoco, einem US-amerikanischen Chemiekonzern, bestätigt; vgl. Scalpone (1998), S. 51.

81 Vgl. auch Geanuracos/Meiklejohn (1993), S. 80ff., und Newing (1994), S. 52ff.

82 Vgl. Atkinson/Waterhouse/Wells (1997), S. 26.

83 Vgl. Butler/Letza/Neale (1997), S. 252f., sowie Mountfield/Schalch (1998), S. 318.

Am kritischsten schätzt die ABB Industrie AG den vierten Schritt – den Anpassungs- und Lernprozess – ein. Er soll durch regelmäßige Prüfung der getroffenen Annahmen bezüglich der Ursache-Wirkungs-Ketten und der tatsächlich eintretenden Effekte in Gang kommen. Allerdings wird sich erst langfristig herausstellen, ob sich die BSC dahingehend etablieren kann.

Zusammenfassend ist festzuhalten, dass die ABB Industrie AG zwar einige Probleme bei der Ausarbeitung und der Implementierung des BSC-Konzepts zu meistern hatte; diese Probleme gefährdeten aber zu keinem Zeitpunkt das Projekt an sich. Insgesamt sind die Erfahrungen der ABB Industrie AG mit dem Instrument sogar als überaus zufriedenstellend zu bezeichnen. Das Konzept wurde denn mittlerweile auch in den übrigen strategischen Geschäftseinheiten der ABB Industrie AG umgesetzt.[84]

9.4 (Entscheidungs-)Theoretische Auseinandersetzung mit der BSC

Der vielversprechende Eindruck, welchen die Fallstudie von der BSC vermittelt, darf allerdings nicht über die Schwächen und Grenzen des Ansatzes hinwegtäuschen. Diesbezüglich wird aus wissenschaftlicher Sicht allmählich verstärkt Kritik an dem Konzept laut. In der Literatur entsprechend angeführte Aspekte gibt Abschnitt 9.4.1 überblicksartig wieder. In Abschnitt 9.4.2 werden dann unter Einbindung von Erkenntnissen aus der Fallstudie entscheidungstheoretische Ansatzpunkte zur Weiterentwicklung des BSC-Konzepts herausgearbeitet.

9.4.1 Die BSC in der Kritik: Eine Bestandsaufnahme

Vorbehalte gegenüber dem BSC-Konzept werden oft nur unterschwellig laut, etwa im Rahmen der Auflistung von (Miss-)Erfolgsfaktoren der BSC-Einführung,[85] oder sie werden nur kurz angerissen.[86] Die vergleichsweise wenigen Ausnahmen in die Tiefe gehender kritischer Abhandlungen lassen sich anhand zweier Kriterien systematisieren:

---

[84] Dabei wurde an der oben beschriebenen Projektorganisation festgehalten, die sich nach Meinung der ABB Industrie AG insbesondere dank der interdisziplinären Zusammensetzung des BSC-Teams, der straffen Projektterminierung und der frühzeitigen Information aller Mitarbeiter bewährt hat. Zu diesen Erfolgsfaktoren vgl. auch Weber/Schäffer (2000b), S. 5f.

[85] Vgl. z.B. Schneiderman (1999) und Bodmer/Völker (2000).

[86] Vgl. z.B. das Interview mit Eberenz et al. (2000).

- An welchen der mit der BSC verfolgten Zwecken setzt die Kritik an? Ist es der Strategiekonkretisierungsprozess, der Kommunikationsprozess, der Budgetierungs- und damit einhergehende Kontrollprozess bzw. der strategische Lernprozess,[87] dessen Unterstützung durch die BSC in Frage gestellt wird?
- Wie weitgehend sind die Konsequenzen aus der geäußerten Kritik? Ist das BSC-Konzept hinsichtlich einzelner Aspekte zu überarbeiten, ist es grundlegend weiterzuentwickeln oder wird der BSC insgesamt mangelnde Tragfähigkeit bescheinigt?

Eine entsprechende, pragmatische Klassifizierung der im Folgenden skizzierten Abhandlungen ist der Tabelle 9–2 zu entnehmen. Auch wenn der Überblick möglicherweise nicht alle relevanten Beiträge erfasst, so lässt er doch bereits erahnen, dass noch erheblicher Nachholbedarf im Hinblick auf eine fundierte Auseinandersetzung mit der BSC besteht.

<table>
<tr><th colspan="2" rowspan="2">Kriterium 1:
Kriterium 2:</th><th colspan="6">Konsequenz aus geübter Kritik an der BSC?</th></tr>
<tr><th colspan="2">Überarbeitung einzelner Aspekte</th><th colspan="2">konzeptionelle Weiterentwicklung</th><th colspan="2">mangelnde Tragfähigkeit</th></tr>
<tr><th rowspan="5">An welchem Prozess setzt die Kritik an?</th><th>Strategiekonkretisierung</th><td colspan="2">Wall (2001)</td><td>Wurl/ Mayer (2000)</td><td rowspan="2">Nørreklit (2000)</td><td colspan="2"></td></tr>
<tr><th>Kommunikation</th><td></td><td rowspan="2">Pfaff/ Kunz/ Pfeiffer (2000a)</td><td></td><td colspan="2"></td></tr>
<tr><th>Budgetierung und Kontrolle</th><td>Lipe/ Salterio (2000)</td><td colspan="2" rowspan="2">Weber/Schäffer (1998b)</td><td colspan="2"></td></tr>
<tr><th>Strategisches Lernen</th><td colspan="2"></td><td colspan="2"></td></tr>
<tr><th>Managementprozess insgesamt</th><td colspan="2"></td><td></td><td colspan="2">Marr (2001)</td><td>Dinesh/ Palmer (1998)</td></tr>
</table>

Tab. 9–2: Klassifikation kritischer Abhandlungen zur BSC

[87] Zu diesen Phasen des Managementprozesses nach Kaplan/Norton vgl. nochmals Abschnitt 9.2.3.

In Tabelle 9–2 sind drei Beiträge angeführt, die nicht das BSC-Konzept als ganzes betreffen, sondern lediglich einzelne Schwachpunkte aufzeigen. So thematisiert *Wall* die Ursache-Wirkungs-Ketten als einen zentralen Bestandteil der BSC.[88] Diesbezüglich setzt sie sich mit der Gefahr auseinander, dass abgeleitete Zielbeziehungen im Sinne automatisch ablaufender Mechanismen interpretiert werden. Im Einzelnen spricht sie die potentielle Mehrdeutigkeit und Gegenläufigkeit, Entscheidungs- und Engpassabhängigkeit, zyklische Struktur, schwierige Quantifizierbarkeit und Komplexität von Ursache-Wirkungs-Beziehungen an.

Die Überlegungen von Wall münden in zwei Empfehlungen: Zum einen sei bei den beteiligten Akteuren das Bewusstsein zu schärfen, dass die abgeleiteten Ursache-Wirkungs-Ketten keine Automatismen darstellen, vielmehr die realen Sachverhalte stark vereinfachen. Zum anderen sei die Modellierung des Beziehungsgeflechts methodisch zu unterstützen, um der Gefahr der Beliebigkeit Einhalt zu gebieten.

Aus den in Tabelle 9–2 genannten Wissenschaftlern stechen *Lipe/Salterio* insofern hervor, als sie sich primär der Erzielung neuer empirischer Erkenntnisse gewidmet haben. Sie führten ein Laborexperiment durch, in dessen Mittelpunkt die Heranziehung der BSC als Instrument zur Leistungskontrolle steht.[89] Ausgangspunkt ihrer Studie sind verschiedene strategische Geschäftseinheiten einer Unternehmung, von denen jede ihre eigene BSC entwickelt hat. Dabei finden sich bestimmte – so genannte gewöhnliche – Kennzahlen in allen BSCs wieder. Jede BSC enthält aber auch Kennzahlen, die ansonsten nicht vorkommen. Diese ‚einzigartigen' Kennzahlen sind in doppelter Hinsicht von herausragender Bedeutung: Zum einen reflektieren sie die individuellen Elemente der Strategie einer Geschäftseinheit; zum anderen übernehmen sie die so wichtige Frühindikatorfunktion.[90]

Im Widerspruch dazu fanden *Lipe/Salterio* heraus, dass Manager, die mehrere der ihnen untergeordneten strategischen Geschäftseinheiten vergleichend beurteilen sollen, die einzigartigen Kennzahlen unterbewerten oder sogar unbeachtet lassen. Die Ursache dafür liegt in der Komplexität des Beurteilungsproblems begründet; zu ihrer Bewältigung finden vereinfachend nur die allen BSCs gemeinsamen Merkmale – die gewöhnlichen Kennzahlen – hinreichend Beachtung. Dieser zunächst nur bei den beurteilenden Managern auftretende Effekt wird bei wiederholter Kontrolle schließlich

---

88 Vgl. Wall (2001).

89 Vgl. Lipe/Salterio (2000).

90 Die allen BSCs gemeinsamen Kennzahlen werden dagegen hauptsächlich vergangenheitsbezogen sein; vgl. nochmals Kaplan/Norton (1997a), z.B. S. 65.

dazu führen, dass auch die zu beurteilenden Manager ihr Augenmerk weg von den einzigartigen hin zu den gewöhnlichen Kennzahlen verschieben.

Demzufolge können die kognitiven Begrenzungen untrainierter Entscheidungsträger das beachtliche Potential der BSC zur Abbildung der charakteristischen Merkmale einer strategischen Geschäftseinheit drastisch reduzieren. Wie dem entgegengetreten werden kann, dazu äußern sich *Lipe/Salterio* zwar nicht. Das Problem scheint aber bei Einbringung entsprechenden Expertenwissens durchaus beherrschbar zu sein. Vorstellbar ist auch, im Rahmen eines formalisierten Kontrollprozesses mittels geeigneter Methodiken der Bedeutung der einzigartigen Kennzahlen Rechnung zu tragen.

Es gibt kaum fundierte Beiträge zur Frage, wie die BSC mit anderen Managementinstrumenten verknüpft werden kann. Dies bestätigt den Eindruck, dass die BSC noch weit davon entfernt ist, ein ausgearbeitetes Konzept zu sein. Zwar mögen sich Planungsinstrumente, wie z.B. die Prozesskostenrechnung, die SWOT-Analyse und die QFD-Methode, relativ leicht anbinden lassen.[91] Diskussionswürdig scheint jedoch die Verzahnung mit bestehenden Kontroll- und Anreizsystemen zu sein, insbesondere im Hinblick auf den Aspekt, dass die den Mitarbeitern vermittelten Botschaften Konsistenz aufweisen müssen.[92] So wird der Verknüpfung des Entlohnungssystems einer Unternehmung mit den BSC-Kennzahlen einerseits besondere Bedeutung zuerkannt,[93] andererseits wird auf Gefahren dieses Ansatzes hingewiesen.[94]

Entsprechend ambivalent fällt die Einschätzung von *Pfaff/Kunz/Pfeiffer* aus, die sich detailliert mit der Einbindung von Anreizsystemen in die BSC auseinandersetzen.[95] Sie sehen sehr wohl, dass eine solche Einbindung notwendig ist;[96] „ansonsten besteht ... die Gefahr, dass die BSC als Alibiübung missverstanden wird und Führungskräfte ihre Aktionen nach wie von an denjenigen Größen ausrichten, nach denen sie tatsächlich beurteilt und entlohnt werden."[97] Freilich leiten sie auf Basis der Principal-

---

[91] Vgl. dazu die Beiträge von Liberatore/Miller (1998) und Lee/Sai On Ko (2000).

[92] Vgl. Mooraj/Oyon/Hostettler (1999), S. 486f.

[93] Vgl. z.B. Norton/Kappler (2000), S. 19, und Epstein/Manzoni (1998), S. 199f.

[94] Vgl. Chow/Haddad/Williamson (1997), S. 26f.

[95] Vgl. Pfaff/Kunz/Pfeiffer (2000a) und (2000b).

[96] Diese Einschätzung teilen auch Kaplan/Norton (1997a), S. 209, ohne sich jedoch mit den damit verbundenen Risiken auseinanderzusetzen.

[97] Pfaff/Kunz/Pfeiffer (2000a), S. 36.

Agent-Theorie und empirischer Befunde auch eine Reihe daraus resultierender Risiken ab. Zentrale Schlussfolgerungen ihrer Überlegungen sind:

- Die Eignung nicht-monetärer Zielsetzungen zur Verhaltenssteuerung ist fraglich, da sich beispielartig überprüfte Zusammenhänge zur finanzwirtschaftlichen Ebene empirisch nicht widerspruchsfrei bestätigen lassen.[98]
- Die BSC ist als Kommunikationsinstrument nur bedingt geeignet, da die Fülle an Leistungsmaßen zumindest bei einigen Mitarbeitern zu Verwirrung über die Strategie der Unternehmung zu führen scheint.
- Die simultane Nutzung der BSC zur Planung und Verhaltenssteuerung kann Manager dazu verleiten, ihre Entlohnung durch unautorisierte Einflussnahme auf die Bemessungsgrundlagen zu steigern.[99]

Bis gesicherte empirische Erkenntnisse vorliegen, wollen *Pfaff/Kunz/Pfeiffer* ihre Einwände als Mahnung verstanden wissen, das Anreizsystem einer Unternehmung nicht unreflektiert an die BSC zu koppeln.

Einen Ansatz zur konzeptionellen Weiterentwicklung der BSC schlagen *Wurl/Mayer* vor.[100] In Bezug auf die Strategiekonkretisierung monieren sie einerseits die empirisch-induktive Ableitung der originären BSC-Perspektiven, andererseits die fehlende Möglichkeit zur quantitativen Modellierung der Ursache-Wirkungs-Ketten.[101] Diese Defizite soll ihre „Erfolgsfaktoren-basierte Balanced Scorecard" beseitigen. Der Ansatz von *Wurl/Mayer* sieht vor, dass aus den Zielsetzungen einer Unternehmung zunächst die individuellen Erfolgsfaktoren deduziert werden; als Maßgrößen für die Erfolgsfaktoren sind daraufhin sowohl finanzwirtschaftliche Kennzahlen als auch ihnen vorauslaufende Frühindikatoren abzuleiten, die schließlich rechentechnisch miteinander verknüpft werden.

---

98 Entgegen der Auffassung von Pfaff/Kunz/Pfeiffer spricht das allerdings nicht unmittelbar dagegen, die Leistung der Mitarbeiter an nicht-monetären Zielen zu messen: Es resultiert daraus ‚lediglich' die Gefahr, dass die gesetzten monetären Ziele nicht erreicht werden. Aber auch diese Gefahr lässt sich durch Auswahl geeigneter Leistungstreiber eindämmen; gerade das von Pfaff/Kunz/Pfeiffer (2000a), S. 46f., diskutierte Beispiel der Kundenzufriedenheit ist dahingehend weniger geeignet.

99 Pfaff/Kunz/Pfeiffer (2000b), S. 137, schlagen vor, der Planung und Verhaltenssteuerung unterschiedliche Kennzahlen zugrunde zu legen. Damit werden jedoch ähnliche Akzeptanzprobleme einhergehen, wie sie von dualen Verrechnungspreisen bekannt sind; vgl. Ewert/Wagenhofer (2003), S. 633.

100 Vgl. Wurl/Mayer (2000).

101 Das letztgenannte Defizit leiten Wurl/Mayer aus einer Umfrage unter den Vorstandsmitgliedern der 32 im DAX 100 erfassten Management-Holdings ab. Deren Forderung nach Überprüfbarkeit aggregierter Informationen könnten bestehende Managementinformationssysteme kaum entsprechen. Um Überprüfbarkeit zu gewährleisten, sei die Abbildung quantitativer Zusammenhänge zwischen Kennzahlen notwendig. Vgl. Wurl/Mayer (1999), S. 19, in Verbindung mit (2000), S. 6.

Nørreklit kritisiert mit der Strategiekonkretisierung und der Kommunikation gleich zwei Teilprozesse, welche durch die BSC unterstützt werden sollen.[102] Zum einen seien die unterstellten Zusammenhänge zwischen und innerhalb der Perspektiven weniger kausaler als vielmehr logischer Art. Dafür sprechen folgende Aspekte:

- Wirkungsverzögerungen finden in der BSC nicht genügend Beachtung.
- *Kaplan/Norton* argumentieren zum Teil selbst auf Basis von – logische Beziehungen implizierenden – Rechenkalkülen.
- Zwischen den Perspektiven bestehen interdependente Zusammenhänge.

Zum anderen werde die erforderliche Kommunikation zwischen dem Management und den Mitarbeitern aus folgenden Gründen durch den Top-down-Ansatz der BSC stark eingeschränkt:

- Impulse zur gebotenen Strategieanpassung, die oft von unteren Ebenen der Unternehmensorganisation ausgehen, werden im Keim erstickt.
- Statt intrinsischer Motivatoren werden extrinsische Motivatoren angesprochen, welche die Mitarbeiter nur reagieren, aber nicht agieren lassen.
- Es besteht die Gefahr, dass die Mitarbeiter die in der BSC verwendete Sprache der Manager fehlerhaft in ihre eigene Sprache transformieren.

Als Konsequenz aus seinen Überlegungen skizziert *Nørreklit* Ideen zur Weiterentwicklung der BSC, die auf Kohärenz zwischen den Zielen und Kennzahlen sowie auf einen Dialog zwischen Management und Mitarbeitern in allen Phasen der BSC-Entwicklung und -nutzung abstellen.

Weber/Schäffer kritisieren zum einen die Fülle normativer Gestaltungsempfehlungen zur Umsetzung des BSC-Konzepts, die von theoretisch fundierten Gestaltungshilfen abgelöst werden müssten. Zum anderen bemängeln sie – und hierin ist der Schwerpunkt ihrer Kritik zu sehen – die unzureichende Berücksichtigung der verschiedenen Ansatzpunkte strategischer Kontrolle.[103] Zwar mag die BSC ihrer Ansicht nach zur Durchführungskontrolle in dem Sinne geeignet sein, als Soll-Ist-Abweichungen frühzeitig transparent werden. Den Anforderungen einer strategiebezogenen Prämissenkontrolle, die eigentlich im Rahmen des strategischen Lernprozesses stattfinden soll, werde die BSC allerdings kaum gerecht, nicht zuletzt weil diese Kontrollform in der

[102] Vgl. Nørreklit (2000).

[103] Vgl. Weber/Schäffer (1998b), insbesondere S. 348ff. und S. 359ff. Zu den Ansatzpunkten strategischer Kontrolle vgl. Kreikebaum (1997), S. 92f.

BSC-Methodik nicht explizit verankert sei. Ähnliches gelte für die ungerichtete strategische Überwachung.

Damit einher geht die Feststellung, dass das BSC-Kennzahlensystem aufgrund des immer noch als recht hoch eingestuften Umfangs gleichzeitig betrachteter Kennzahlen lediglich als diagnostisches Instrument Einsatz finden könne;[104] dabei wird die Kennzahlenentwicklung nur fallbezogen – z.B. periodisch oder in Ausnahmesituationen – analysiert. *Weber/Schäffer* schlagen deshalb vor, die BSC um ein interaktiv genutztes Kennzahlensystem zu ergänzen. Ein solches Instrument fokussiert auf wenige, gegebenenfalls aus der BSC ableitbare Kennzahlen, die ständig im Zentrum der Aufmerksamkeit der Manager stehen sollen. Während in diagnostischen Kennzahlensystemen die Basis für Durchführungskontrollen zu sehen sei, läge die Stärke interaktiver Kennzahlensysteme in ihrer Eignung zur strategiebezogenen Prämissenkontrolle.[105]

Noch grundlegender ist die Kritik von *Marr/Elbe*, die nicht an einzelnen Elementen der BSC ansetzen, sondern das Konzept *insgesamt* aus führungstheoretischem Blickwinkel betrachten.[106] Für sie ist die BSC Ausdruck der seit Ende der 1980er Jahre Fuß fassenden Managementideologie der Führungsinstitutionalisierung. Dabei werden personengebundene Weisungsrechte durch programmierte Verfahren ersetzt.[107] Als Idealtyp[108] eines solchen Verfahrens ist die BSC „eine gedankliche Konstruktion, die so in der Realität nicht anzutreffen ist, in sich aber konsistent, logisch, *in reinster Form* entworfen wurde."[109]

Marr/Elbe argumentieren, dass die in der Praxis vorzufindenden Realtypen der BSC vom Idealtyp abweichen, da dieser informale Handlungsantriebe (z.B. Machtinteressen und persönliche Abneigungen) vernachlässigt. Mehr noch: die Realtypen funktionieren gerade und nur deshalb, *weil* sie nicht den Idealtyp verkörpern, sondern einer Heuristik entsprechen. Damit liegt die Schwäche des BSC-Konzepts in seiner idealen Umsetzung ökonomischer Postulate; dieses Merkmal werde dazu führen,

---

104 Vgl. Weber/Schäffer (1999e), S. 337.

105 Vgl. Weber/Schäffer (1999e). Damit korrespondiert auch folgende, auf Basis einer empirischen Studie gewonnene Erkenntnis von Speckbacher/Bischof (2000), S. 807: „Viele Unternehmen nutzen .. die BSC eher als ein Kennzahlensystem denn als ein Managementsystem, das anhand von Wirkungsketten eine Explizierung und Auseinandersetzung mit der Strategie ermöglichen soll".

106 Vgl. Marr/Elbe (2001).

107 Man denke nur an das Konzept des ‚Lean Management' und des ‚Business Reengineering'.

108 Im Sinne von Weber (1992b), S. 243ff.

109 Marr/Elbe (2001), S. 368.

dass die BSC eine Modeerscheinung bleibt. *Marr/Elbe* rütteln durchaus an den Fundamenten der BSC, ihre Kritik kann aber auch als Aufforderung verstanden werden, das BSC-Konzept gewissenhaft den unternehmensspezifischen Gegebenheiten anzupassen.

Die enge Anknüpfung an die verfolgte Strategie – gewöhnlich als bedeutender Vorteil herausgestellt – führt zu der noch skeptischeren Haltung von *Dinesh/Palmer* gegenüber dem BSC-Konzept. Ausgangspunkt ihrer Überlegungen ist die These, dass die traditionellen, formalen Planungssysteme mehr und mehr ersetzt werden durch Methoden inkrementeller Planung; damit einher geht eine kontinuierliche Anpassung der Strategie.[110] Dieses Szenario betrifft vor allem solche Unternehmungen, die sich einem ständig steigenden Wettbewerbsdruck und rasanten Veränderungen in den Märkten gegenübersehen. Unter solchen Umfeldbedingungen wird ein vergleichsweise unflexibles Managementinstrument wie die BSC für obsolet gehalten.[111]

9.4.2 Die Entscheidungstheorie im Dienste der BSC: Ein neuer Blickwinkel

Im Anschluss an die Darlegung in der Literatur geäußerter Vorbehalte gegenüber der BSC ist Abschnitt 9.4.2 der Frage gewidmet, wie Erkenntnisse und Methoden der *Entscheidungstheorie* zur Fundierung der BSC beitragen können. Zunächst werden dahingehende Zusammenhänge beleuchtet, um sodann mögliche Ansatzpunkte zur entscheidungstheoretisch motivierten Verbesserung des BSC-Konzepts zu skizzieren.

9.4.2.1 Die BSC aus entscheidungstheoretischer Sicht

Zwischen der BSC-Methodik und in der Entscheidungstheorie thematisierten Schritten zur Vorbereitung der Bewertung von Tätigkeitsalternativen bestehen erstaunliche Parallelen. Ins Auge fällt dies vor allem im Hinblick auf die Strategiekonkretisierung, die mit den abgeleiteten Perspektiven und deren jeweiligen Einzelzielen im Ergebnis einem hierarchisch aufgebauten Zielsystem entspricht; die dazugehörigen Kennzahlen und Zielvorgaben werden in der entscheidungstheoretischen Literatur nur anders bezeichnet, nämlich als Attribute und angestrebte (attributsbezogene) Zielausmaße.[112]

---

[110] Vgl. Lorange (1998), S. 19.

[111] Vgl. Dinesh/Palmer (1998), S. 367f., und die dort genannte Literatur. Ihrer Argumentation zuwider läuft allerdings der empirische Befund, dass mit steigender Intensität des Wandels innerhalb von Unternehmungen der Einsatz von Performance Measurement-Systemen zunimmt; vgl. Fleischhauer (1998), S. 11.

[112] Vgl. z.B. Eisenführ/Weber (1999), S. 67, und Dinkelbach (1978), S. 52.

Obwohl es deshalb nahe liegt, sich mit der BSC als *multikriterielle Heuristik zur Entscheidungsunterstützung* auseinander zu setzen, blieb das diesbezügliche Erkenntnis- und Gestaltungspotential bislang noch weitgehend unerschlossen.

Zur Erschließung des *Erkenntnispotentials* kann zwei weitgehend voneinander unabhängigen Fragestellungen nachgegangen werden:

- Welche Probleme mit entscheidungstheoretischem Kontext beklagt die Praxis im Hinblick auf die BSC? Es geht um – den BSC-Anwendern bewusste – methodische Mängel.
- Welche aus der deskriptiven Entscheidungstheorie bekannten Entscheidungsdefekte[113] können auch beim BSC-Einsatz auftreten? Es geht um – den BSC-Anwendern nicht bewusste – Fehlerquellen.

Die im Rahmen dieser Fragen aufgeworfenen Problemfelder bilden den Ausgangspunkt zur Erschließung des angesprochenen *Gestaltungspotentials.* Dabei können unterschiedliche Schwerpunkte gesetzt werden:

- Fokus Fundierung: Die Verbesserung des BSC-Konzepts zielt auf die möglichst weitgehende Umsetzung entscheidungstheoretischer Konzepte ab; im Vordergrund steht deshalb die umfassende Anpassung der Methodik.
- Fokus Praktikabilität: Die Verbesserung des BSC-Konzepts erfolgt unter möglichst weitgehender Erhaltung seiner Anwendungsfreundlichkeit; im Vordergrund steht deshalb die Anpassung einzelner Aspekte der Methodik.

Dass hier der *letztgenannte Schwerpunkt* vom Grundsatz her favorisiert wird, beruht auf pragmatischen Überlegungen. So ist es von wissenschaftlicher Seite aus bislang nur vereinzelt gelungen, die Erkenntnisse und Methoden der Entscheidungstheorie aus eigener Kraft in die betriebliche Praxis einzubringen. In der Hauptsache scheiterte ihre Verbreitung an der Komplexität entwickelter Entscheidungsunterstützungssysteme und am (nicht zu verübelnden) mangelnden Sachverstand der potentiellen Anwender.

[113] Entscheidungsanomalien sind von der Risikonutzentheorie nach v. Neumann/Morgenstern abweichende, empirisch beobachtbare Verhaltensweisen; vgl. z.B. Eisenführ/Weber (1999), S. 357ff. Ein solches Phänomen bezeichnet man auch als Entscheidungsanomalie oder als Bias.

Mit der BSC zeichnet sich nun die allmähliche Verbreitung eines Managementinstruments ab, dass zwar aus der Praxis heraus entwickelt wurde,[114] als multikriterieller Ansatz freilich durchaus Anknüpfungspunkte für die Entscheidungstheorie aufweist. Damit bietet sich die Chance, im Rahmen von Beiträgen zur Verbesserung der BSC-Methodik entscheidungstheoretische Denkansätze quasi durch die Hintertür für eine größere Zahl von Unternehmungen nutzbar zu machen. Bedingung für seine *tatsächliche* Nutzung ist allerdings, dass die Anwendungsfreundlichkeit der BSC gewährleistet bleibt. Dies wird sich insbesondere dann realisieren lassen, wenn die Verbesserungsvorschläge inkrementeller Natur sind und dabei auf die von den BSC-Anwendern beklagten methodischen Mängel abstellen.

9.4.2.2 Ansatzpunkte zur entscheidungstheoretisch motivierten Verbesserung der BSC im Überblick

Entsprechend der obigen Argumentation wurde bei der Zusammenstellung möglicher Ansatzpunkte zur entscheidungstheoretisch motivierten Verbesserung der BSC eine Vorauswahl getroffen. Insbesondere berücksichtigt der folgende Überblick nur insoweit entscheidungstheoretische Methoden der Alternativenbewertung[115], als sie in der Literatur bereits im Kontext der BSC thematisiert wurden. Ebenso bleiben Unsicherheitsaspekte weitgehend ausgeklammert.

Die in den Tabellen 9–3 und 9–4 skizzierten Beispiele möglicher Ansatzpunkte sind gemäß dem Schema der BSC-Methodik[116] strukturiert; die Tabelle 9–3 bezieht sich dabei auf den Schritt der Strategiekonkretisierung mit seinen einzelnen Aspekten, die Tabelle 9–4 auf die übrigen drei Schritte. Jeder Ansatzpunkt ist aus deskriptiver und präskriptiver Sicht charakterisiert: Das *deskriptive Element* beschreibt ein in der Praxis tatsächlich auftretendes bzw. denkbares Problemfeld; hier fließen einerseits Erfahrungen mit der Einführung der BSC bei der ABB Industrie AG ein, andererseits wird auf Erkenntnisse der deskriptiven Entscheidungstheorie zurückgegriffen. Das da-

---

[114] Wie Hoffecker/Goldenberg (1994), S. 6f., zu berichten wissen, entstand bereits 1988 eine frühe Version der BSC aus der Zusammenarbeit von KPMG und Apple Computer. Kaplan – Professor an der Harvard Business School – und der Unternehmensberater Norton haben diese Version dann weiterentwickelt.

[115] Gemeint sind komplexe Vorgehenskonzepte, die der Datenverdichtung zwecks Erstellung einer Alternativenrangfolge dienen. Dazu gehören die klassischen Methoden der MAVT/MAUT ebenso wie neuere entscheidungstechnologische Ansätze; zu dieser Einteilung vgl. Zimmermann/Gutsche (1991), S. 25ff.

[116] Vgl. nochmals Abbildung 9–2.

zugehörige *präskriptive Element* beschreibt eine bereits angedachte bzw. noch auszuarbeitende methodische Hilfe.

Schritt 1 der BSC-Methodik	deskriptive Sicht: Beispiele tatsächlicher bzw. möglicher Problemfelder	präskriptive Sicht: Beispiele bereits angedachter bzw. zukünftiger Hilfen
Identifikation strategischer Ziele	– fehlende Unterstützung der Perspektivenbestimmung	→ Ableitung von Perspektiven aus den fundamentalen Oberzielen der Unternehmung
	– fehlende Unterstützung der Zielselektion	→ Aufstellung eines BSC-spezifischen Katalogs von Anforderungen an strategische Ziele
Aufdeckung zentraler Ursache-Wirkungs-Ketten	– fehlende Unterstützung des Selektionsprozesses	→ Nutzung der AHP-Methode
Ableitung von Kennzahlen	– Fokussierung auf Messbarkeitsanforderung im Sinne kardinaler Messniveaus	→ Aufstellung eines BSC-spezifischen Katalogs von Anforderungen an Kennzahlen
	– Messung eines Ziels anhand mehrerer Aspekte	→ Hinwirkung auf ‚1 zu 1'-Relationen zwischen Zielen und Messparametern
Quantifizierung von Zielvorgaben	– fehlende Unterstützung der Abbildung von Wirkungsverzögerungen	→ Nutzung des ‚Generalized Criteria'-Ansatzes zur Ableitung der Etappenwerte aus den Einzelmaßnahmen
Auswahl Strategischer Programme	– fehlende Unterstützung der Programmaufdeckung	→ Nutzung bereits entwickelter Methoden der Alternativenaufdeckung
	– fehlende Unterstützung der Programmselektion	→ Nutzung der AIM-Methode

Tab. 9–3: Ansatzpunkte zur Verbesserung der Strategiekonkretisierung

Schritte 2–4 der BSC-Methodik	deskriptive Sicht: Beispiele tatsächlicher bzw. möglicher Problemfelder	präskriptive Sicht: Beispiele bereits angedachter bzw. zukünftiger Hilfen
Kommunikation	– Überforderung der Mitarbeiter durch laufende Kommunikation des Kennzahlenstatus	→ Nutzung des ‚Harmonious Houses'-Ansatzes
Budgetierung	– Auftreten des ‚Splitting Bias'-Effekts im Rahmen der Budgetaufteilung	→ Integration der Programmkonkretisierung und Budgetaufteilung
+ Kontrolle	– Auftreten eines Referenzpunkt-Bias hinsichtlich anspruchsvoll gesetzter Zielvorgaben	→ Formulierung verschiedener Anspruchsniveaus für die ursprünglichen Zielvorgaben
	– Auftreten eines Vereinfachungs-Bias bei vergleichender Beurteilung	→ Fokussierung der Kontrolle auf die einzigartigen Merkmale der zu beurteilenden Einheiten
Strategisches Lernen	– dem Lernprozess entgegenwirkender Groupthink-Bias bzw. ‚Sunk Costs'-Bias	→ Anstoß des Lernprozesses durch neutrale Instanz

Tab. 9–4: Ansatzpunkte zur Verbesserung der übrigen Schritte der BSC-Methodik

Soweit genannte Elemente nicht auf eigenen Überlegungen beruhen, wird auf die entsprechenden Quellen im Rahmen der folgenden Erläuterungen zu den Ansatzpunkten näher eingegangen. Diese Erläuterungen sind gemäß nachstehendem Schema einheitlich strukturiert:

Bezeichnung des Problemfelds

> ➢ Erläuterungen zum Problemfeld

→ Bezeichnung der möglichen Hilfestellung

> ➢ Erläuterungen zur Hilfestellung

9.4.2.3 Skizzierung von Ansatzpunkten zur Verbesserung der Strategiekonkretisierung

Zur Identifikation strategischer Ziele:

Problemfeld: fehlende Unterstützung der Perspektivenbestimmung

- Es handelt sich um ein empirisch relevantes Problemfeld: So wurde z.B. bei der ABB Industrie AG die Anpassung der von *Kaplan/Norton* vorgeschlagenen Perspektiven und ihrer Struktur an die individuellen Erfordernisse der Unternehmung erst gar nicht näher thematisiert.

→ Hilfestellung: Ableitung von Perspektiven aus den fundamentalen Oberzielen der Unternehmung

- Die Idee besteht im Kern in der Anbindung der BSC-Methodik an die normative Ebene.[117]

Problemfeld: fehlende Unterstützung der Zielselektion

- Auch mit diesem Problemfeld sah sich die ABB Industrie AG konfrontiert. So waren die zunächst ermittelten 40 strategischen Ziele auf eine Anzahl von ca. 20 zu reduzieren.

→ Hilfestellung: Aufstellung eines BSC-spezifischen Katalogs von Anforderungen an strategische Ziele

- Es steht noch eine Prüfung aus, inwieweit die von der ABB Industrie AG selbst zusammengestellten Anforderungen durch in der Entscheidungstheorie thematisierte Anforderungen[118] zu ergänzen bzw. zu ersetzen sind.

Zur Aufdeckung zentraler Ursache-Wirkungs-Ketten:

Problemfeld: fehlende Unterstützung des Selektionsprozesses

- Da sich wohl für kaum ein Paar strategischer Ziele *keine* Ursache-Wirkungs-Beziehung ableiten lässt, besteht das Problem darin, die mutmaßlich besonders relevanten Beziehungen zu identifizieren.
- Es handelt sich um ein tatsächliches Problem der ABB Industrie AG, bei der jede einzelne der in großer Anzahl zusammengetragenen Ursache-Wirkungs-

---

[117] Vgl. dazu die detaillierten Erläuterungen in Kapitel 10.

[118] Vgl. z.B. Keeney/Raiffa (1993), S. 50ff.

Beziehungen in einem langwierigen Diskussionsprozess auf ihre Stichhaltigkeit hin abgeklopft wurde.

→ Hilfestellung: Nutzung der AHP-Methode

- Die Idee zur Nutzung des AHP geht auf *Ossadnik* zurück: „Für die Entwicklung der komplexen ... Verknüpfungsstruktur bietet sich m.E. der Analytische Hierarchie Prozeß als ein praktikables Vorgehen an. In diesem wäre die relative Relevanz der Kennzahlen/Einflussfaktoren in einem systematischen hierarchischen Rahmen ... zu gewichten.“[119]
- Gemäß dieser Idee sind die Ursache-Wirkungs-Beziehungen als Alternativen aufzufassen, die im Hinblick auf ihre jeweilige Wirkungsstärke paarweise miteinander zu vergleichen sind.
- Es ist noch zu prüfen, inwieweit hier die Methodik des AHP grundsätzlich trägt, ob der Einsatz der Methodik tatsächlich eine Erleichterung für die Praxis bedeutet und wie andere entscheidungstheoretische Methoden im Vergleich zum AHP zu bewerten sind.

Zur Ableitung von Kennzahlen:

Problemfeld: Fokussierung auf Messbarkeitsanforderung im Sinne kardinaler Messniveaus

- Es besteht die Gefahr, zugunsten der Messbarkeitsanforderung andere wichtige Aspekte, z.B. den unmittelbaren Zusammenhang zwischen Ziel und Kennzahl, zu vernachlässigen.
- Obwohl die ABB Industrie AG die kardinale Messbarkeit der Kennzahlen nicht explizit als Anforderung formuliert hat, deuten die letztlich ausgewählten Kennzahlen doch auf eine hohe Gewichtung dieser Anforderung hin.

→ Hilfestellung: Aufstellung eines BSC-spezifischen Katalogs von Anforderungen an Kennzahlen

- Die von der ABB Industrie AG zugrunde gelegten Anforderungen sind um in der Entscheidungstheorie thematisierte Aspekte[120] zu ergänzen und daraufhin gegeneinander abzuwägen.

---

[119] Ossadnik in Eberenz et al. (2000), S. 83. Den Einsatz des AHP schlagen auch Liberatore/Miller (1998) vor, und zwar zur Abschätzung des relativen Nutzenbeitrags jedes strategischen Ziels.

[120] Vgl. z.B. Eisenführ/Weber (1999), S. 67ff.

Problemfeld: Messung eines Ziels anhand mehrerer Aspekte

- Die ABB Industrie AG hat zwei Kennzahlen je Zielformulierung zugelassen, um unterschiedliche Aspekte eines Ziels erfassen zu können.[121]
- In einem solchen Fall lässt sich mutmaßen, dass es sich nicht um *ein* Ziel, sondern um – in einer Formulierung zusammengefasste – *mehrere* Ziele handelt.
- Dadurch wird zum einen die geforderte Fokussierung auf maximal ca. 20 Ziele unterlaufen, zum anderen erschwert ein gegensätzlicher Verlauf zweier entsprechend gekoppelter Kennzahlen die Beurteilung der Zielentwicklung und der dazugehörenden Ursache-Wirkungs-Zusammenhänge erheblich.

→ Hilfestellung: Hinwirkung auf ‚1 zu 1'-Relationen zwischen den Zielen und Messparametern

- Die Berücksichtigung mehrerer Kennzahlen für eine Zielsetzung ist zu unterbinden. Gegebenenfalls sind Zielformulierung und Zielkatalog zu überdenken.

Zur Quantifizierung von Zielvorgaben:

Problemfeld: fehlende Unterstützung der Abbildung von Wirkungsverzögerungen

- Da sich die unterstellten Ursache-Wirkungs-Zusammenhänge nicht unmittelbar auswirken, sondern zeitverzögert, muss dies seinen Niederschlag in den Zielvorgaben und ihrer Unterteilung in Etappen- bzw. Endwerte finden.
- Die ABB Industrie AG hat diesem Aspekt Rechnung getragen, musste ihre diesbezüglichen Schätzungen freilich ohne methodische Unterstützung durchführen.

→ Hilfestellung: Heranziehung des ‚Generalized Criteria'-Ansatzes zur Ableitung der Etappenwerte aus den Einzelmaßnahmen

- *Scheubrein/Bossert* schlagen vor, die zeitliche Entwicklung der durch eine Einzelmaßnahme erwarteten Zielverbesserung auf Basis bestimmter, im Rahmen der Fuzzy Set Theorie thematisierter Zugehörigkeitsfunktionen (‚Generalized Criteria') transparent zu machen.[122]

---

[121] Als weitere Beispiele für die Verwendung mehrerer Kennzahlen für ein strategisches Ziel vgl. z.B. Butler/Letza/Neale (1997), S. 247, und Dusch/Möller (1997), S. 120.

[122] Vgl. Scheubrein/Bossert (2001), S. 354, und die dort angegebene Literatur. Diese Quelle ist eine der wenigen, die sich konsequent mit der BSC aus entscheidungstheoretischer Sicht befasst; weil mit den unterbreiteten Verbesserungsvorschlägen aber nur *implizit* Kritik geäußert wird, hat die Quelle keinen Eingang in die Klassifikation kritischer Abhandlungen zur BSC (vgl. Abschnitt 9.4.1) gefunden.

- Mit ihrer Idee stellen sie allerdings nur auf eine isolierte Betrachtung von Einzelmaßnahmen ab: Bei der Abschätzung entsprechender Zugehörigkeitsfunktionen sind aber auch die vermuteten Ursache-Wirkungs-Zusammenhänge zu berücksichtigen.
- Unter Beachtung dieser inhaltlichen Erweiterung lassen sich die Zugehörigkeitsfunktionen auch heranziehen, um die Entwicklung der Etappenwerte hin zum angestrebten Endwert eines Ziels leichter abschätzen zu können.
- Diese Idee impliziert, dass die Etappenwerte erst nach Ableitung von Einzelmaßnahmen festgelegt werden.

Zur Auswahl Strategischer Programme:

Problemfeld: fehlende Unterstützung der Programmaufdeckung

- Die Strategischen Programme lassen sich aus entscheidungstheoretischem Blickwinkel als Tätigkeitsalternativen begreifen.
- Während manche dieser Alternativen leicht zu finden sind, mögen sich weniger nahe liegende, aber unter Umständen äußerst vielversprechende Alternativen nur schwer aufdecken lassen.
- Obwohl der Erfolg einer Unternehmung in nicht unerheblichem Maße von der Identifikation aussichtsreicher Strategischer Programme abhängt, wurde diese Aufgabe mangels Unterstützung durch die BSC-Methodik bei der ABB Industrie AG recht pragmatisch angegangen.

→ Hilfestellung: Nutzung bereits entwickelter Methoden der Alternativenaufdeckung

- Es ist noch zu prüfen, inwieweit die entscheidungstheoretisch motivierten Ansatzpunkte zur Aufdeckung von Tätigkeitsalternativen[123] die Identifikation Strategischer Programme unterstützen können.

Problemfeld: fehlende Unterstützung der Programmselektion

- Auch im Hinblick auf die Selektion zwischen den aufgedeckten Strategischen Programmen wurde aufgrund der fehlenden Unterstützung durch die BSC-Methodik bei der ABB Industrie pragmatisch vorgegangen.

→ Hilfestellung: Nutzung der AIM-Methode

[123] Vgl. dazu Dyckhoff/Ahn (1998).

- Der Vorschlag von *Scheubrein/Bossert* ist darauf ausgelegt, eine relativ kleine Anzahl Strategischer Programme, für die jeweils bereits verschiedene Versionen ihrer Konkretisierung vorliegen, miteinander zu vergleichen.[124]
- Dazu bringen sie das Auswahlproblem zunächst in die Form eines Knapsack-Modells, mit dem sich effiziente Lösungen ermitteln lassen. Diese werden dann auf der Grundlage der Aspiration-Level Interactive Method (AIM) miteinander verglichen.
- Da das Knapsack-Modell bereits die Budgetrestriktion abbildet, muss die Reihenfolge der Schritte innerhalb der BSC-Methodik dementsprechend angepasst werden.

9.4.2.4 Skizzierung von Ansatzpunkten zur Verbesserung der übrigen Schritte der BSC-Methodik

Zur Kommunikation:

Problemfeld: Überforderung der Mitarbeiter durch laufende Kommunikation des Kennzahlenstatus

- Diese Gefahr ist bei der ABB Industrie AG durchaus vorhanden, will sie doch ihre Mitarbeiter fortwährend über die Kennzahlenentwicklung informieren.

→ Hilfestellung: Nutzung des ‚Harmonious Houses'-Ansatzes

- Dieser von *Scheubrein/Bossert* vorgeschlagene Ansatz basiert auf der Idee, die Kennzahlenausprägungen in eine bildliche Darstellung zu transformieren, z. B. in Form eines durch wenige Striche gezeichneten Hauses.[125]
- Je stärker die Ist-Werte der Kennzahlen von den Soll-Werten abweichen, desto unharmonischer fällt ihre bildliche Darstellung aus.
- Dadurch lässt sich ein aggregierter, holistischer Eindruck vom Grad der Zielerfüllung vermitteln, der mit einem Blick zu erfassen ist.

---

[124] Vgl. Scheubrein/Bossert (2001), S. 351ff., und die dort angegebene Literatur. Verschiedene Versionen eines strategischen Programms lassen sich dabei als unterschiedliche Kombinationen möglicher Einzelmaßnahmen verstehen.

[125] Vgl. Scheubrein/Bossert (2001), S. 354ff., und die dort angegebene Literatur.

Zur Budgetierung:

Problemfeld: Auftreten des ‚Splitting Bias'-Effekts im Rahmen der Budgetaufteilung

- Die ABB Industrie AG hat für jedes strategische Ziel zunächst Strategische Programme bestimmt, dann Einzelmaßnahmen für die Programme abgeleitet und auf diese Einzelmaßnahmen schließlich das Gesamtbudget verteilt.
- Bei einem solchen Vorgehen kann allerdings der aus der Entscheidungstheorie bekannte ‚Splitting Bias'-Effekt auftreten, welcher auf der Aufspaltung eines Oberziels in Unterziele beruht. Demzufolge neigen Entscheider dazu, den Unterzielen ungerechtfertigter Weise in der Summe ein deutlich höheres Gewicht zuzuordnen als zuvor dem Oberziel.[126]
- Das mögliche Auftreten des Effekts bei Umsetzung des BSC-Konzepts beruht auf dem Aspekt, dass kein Augenmerk auf den Zusammenhang zwischen Inhalt und Anzahl der Strategischen Programme und ihrer Einzelmaßnahmen gelegt wird.
- Für einen bestimmten Sachverhalt lassen sich z.B. statt *einem* Programm *zwei* Programme formulieren, und für diese lässt sich auf die gleiche Weise eine größere Zahl von Einzelmaßnahmen ableiten. Werden letztgenannten schließlich Anteile am Gesamtbudget zugeordnet, können diese in der Summe höher ausfallen als in dem Fall, wenn nur ein Programm formuliert worden wäre.
- Die Parallele zum ‚Splitting Bias'-Effekt wird erkennbar: Die Strategischen Programme und ihre Einzelmaßnahmen fungieren quasi als Unterziele zu einem strategischen Ziel, und die Teilbudgets entsprechen den Gewichtungen der Einzelmaßnahmen.
- Ein konkreter Nachweis, dass dieser Effekt im Rahmen der BSC auftreten kann, steht freilich noch aus.[127]

→ Hilfestellung: Integration der Programmkonkretisierung und Budgetaufteilung

- Um dem ‚Splitting Bias'-Effekt vorzubeugen, sind die üblicherweise sequentiell ablaufenden Schritte der Strategieauswahl und -konkretisierung sowie der Budgetaufteilung miteinander zu verzahnen.

---

[126] Vgl. z.B. Weber/Eisenführ/v. Winterfeldt (1988).

[127] Zwecks Nachweis der möglichen Existenz von Entscheidungsdefekten bei der Implementierung und Nutzung der BSC bieten sich Laborexperimente an, wie sie in der deskriptiven Entscheidungstheorie üblich sind.

- Eine erste Budgetaufteilung erfolgt dabei bereits auf Basis der ausgewählten strategischen Programme. Als Verteilungsschlüssel kann z.B. nach *Scheubrein/ Bossert* die relative Bedeutung der jeweiligen Perspektive herangezogen werden, die sie unter Einsatz des AHP ermitteln.[128]
- Parallel zur schrittweisen Konkretisierung der so budgetierten Strategischen Programme durch Zuordnung von Maßnahmenbündeln und schließlich einzelnen Maßnahmen erfolgt auch die weitere Aufspaltung der Teilbudgets.

Zur Kontrolle:

Problemfeld: Auftreten eines Referenzpunkt-Bias hinsichtlich anspruchsvoll gesetzter Zielvorgaben

- Die ABB Industrie AG ist der oft geäußerten Empfehlung gefolgt, Zielvorgaben so setzen, dass die für die Zielerfüllung Verantwortlichen sie als anspruchsvoll, bei hohem Einsatz aber noch erreichbar ansehen: Man verspricht sich davon eine motivierende Wirkung.
- Geht man vereinfachend von einem deterministischen Fall aus, gilt für derlei Zielvorgaben, dass sie höchstens erreicht, aber nicht übertroffen werden können.
- Es besteht die Gefahr, dass dieser Aspekt bei der Kontrolle keine Beachtung mehr findet. Die Beurteilung eines Zielverantwortlichen (durch seinen Vorgesetzten) orientiert sich dann allein an der Höhe der Zielvorgabe, nicht aber an ihrem Charakter als Extremwert.
- Ein solcher Effekt stellt eine Variante des Referenzpunkt-Bias[129] dar, sein konkreter Nachweis im Rahmen der BSC stehlt freilich noch aus.

→ Hilfestellung: Formulierung verschiedener Anspruchsniveaus für die ursprünglichen Zielvorgaben

- Um der Fixierung der Kontrolle auf eine bestimmte Zielvorgabe vorzubeugen, bietet es sich an, die Beurteilung auf Basis mehrerer in der Höhe gestaffelter Anspruchniveaus durchzuführen.

---

[128] Vgl. wiederum Scheubrein/Bossert (2001), S. 351.

[129] Vgl. dazu allgemein Eisenführ/Weber (1999), S. 370. Entsprechende empirische Befunde, die auf die obige Thematik übertragbar erscheinen, werden z.B. von Hsee (1998) vorgestellt.

- Wenn diese Anspruchsniveaus erst ex post festgelegt werden, trägt dies zur Erhaltung der gewünschten motivierenden Wirkung ex ante anspruchsvoll gesetzter Zielvorgaben bei.
- Zugleich kann damit Fehlern entgegengewirkt werden, die aus der Beurteilung unsicherer Entscheidungen anhand ihrer Ergebnisse resultieren. So können ergebnisrelevante Ereignisse, auf welche die Zielverantwortlichen keinen Einfluss hatten, in die Formulierung der Anspruchsniveaus einfließen.[130]

Problemfeld: Auftreten eines Vereinfachungs-Bias bei vergleichender Beurteilung

- Wie in Abschnitt 9.4.1 bereits erläutert, konnten *Lipe/Salterio* zeigen, dass Manager gerade diejenigen Kennzahlen unterbewerten oder sogar unbeachtet lassen, welche die individuellen strategischen Stoßrichtungen der zu beurteilenden Geschäftseinheiten abbilden.[131]

→ Hilfestellung: Fokussierung der Kontrolle auf die einzigartigen Merkmale der zu beurteilenden Einheiten

- Vorstellbar ist, der Bedeutung der einzigartigen Kennzahlen im Rahmen eines formalisierten Kontrollprozesses Rechnung zu tragen.

Zum Strategischen Lernen:

Problemfeld: dem Lernprozess entgegenwirkender Groupthink-Bias bzw. ‚Sunk Costs'-Bias[132]

- Im Rahmen des Groupthink-Bias tritt unter anderem der Effekt auf, dass das Zusammenwirken in der Gruppe ein Gefühl von überlegener Kompetenz vermittelt, welche eine Entscheidung als scheinbar sicher erscheinen lässt.
- Der ‚Sunk Costs'-Bias führt z.B. zur Argumentation, man habe schon einen beträchtlichen Teil des Budgets in die Verfolgung eines bestimmten strategischen Ziels gesteckt, das man jetzt nicht aufgeben dürfe, sonst wären die investierten Gelder verloren. Diese Gelder sind aber i.d.R. entscheidungsirrelevant, wenn es um die Frage geht, ob ein ehemals gesetztes Ziel zu überdenken ist.

---

[130] Dass aus der nachträglichen Formulierung der Anspruchsniveaus auch erhebliche Manipulationsgefahren resultieren, soll hier nicht unerwähnt bleiben.

[131] Vgl. nochmals Lipe/Salterio (2000).

[132] Vgl. dazu Eisenführ/Weber (1999), S. 312f. bzw. S. 7f. und S. 372.

- Beide Entscheidungsdefekte können dazu führen, dass die bei der Strategiekonkretisierung unterstellten Prämissen zu spät hinterfragt werden.
- Ob die Effekte in Zusammenhang mit der BSC tatsächlich auftreten, ist noch zu untersuchen.

→ Hilfestellung: Anstoß des Lernprozesses durch neutrale Instanz

- Den Effekten kann entgegengewirkt werden, indem eine neutrale Instanz, welche nicht an der BSC-Entwicklung mitgewirkt hat, den Lernprozess in Gang bringt.

9.5 Die Ausführungen im Lichte der erarbeiteten Controlling-Konzeption

Abschließend soll der Bogen zur ausgearbeiteten Controlling-Konzeption geschlagen werden. Diesbezüglich besteht offensichtlich ein *enger Zusammenhang* zwischen dem der BSC zugrunde liegenden Managementprozess und dem in Kapitel 6 herausgearbeiteten idealtypischen Managementzyklus; dessen Phasen des Lernens und der Kontrolle finden sich nämlich explizit in den vier Schritten der BSC-Methodik wieder, und in seine Phase der Selektion lassen sich die Strategiekonkretisierung sowie die Budgetierung verorten.

Freilich hat die Strategiekonkretisierung strategischen, die Budgetierung operativen Charakter. Von daher bedarf es eines differenzierteren Modells, um die Beziehungen zwischen dem Managementprozess nach *Kaplan/Norton* und dem idealtypischen Managementphasen Lernen/Selektion/Kontrolle abzubilden. Wie sich demgemäß die Schritte der BSC-Methodik einem mehrstufigen Managementzyklus zuordnen lassen, visualisiert Abbildung 9–13.

In Anlehnung an die Darstellungsweise aus Abbildung 6–3 sind vier miteinander verbundene Ebenen mit jeweils einem Zyklus aufgeführt. Diejenigen Zyklenbestandteile, welche die Schritte der BSC-Methodik verkörpern,[133] sind mittels Fettdruck hervorgehoben und durch die zugehörigen Begriffe spezifiziert. Auf eine detaillierte Erläuterung der Abbildung 9–13, die sich wohl weitgehend selbst erschließt, wird hier verzichtet.

---

[133] Vgl. nochmals Abb. 9–2.

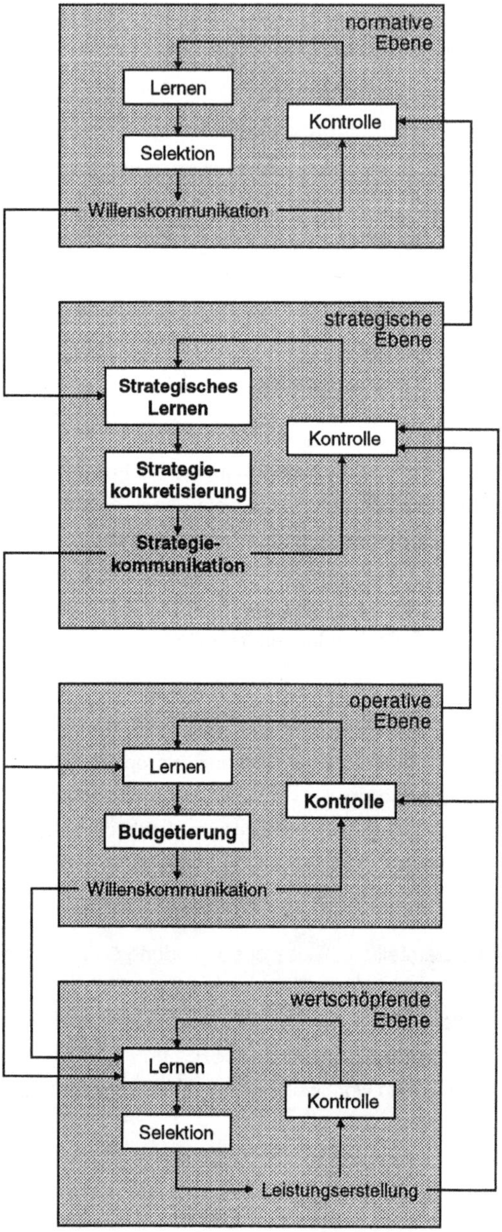

Abb. 9–13: Einbindung der BSC-Methodik in einen mehrstufigen idealtypischen Managementzyklus

Indessen sei angemerkt, dass die Abbildung zu verdeutlichen vermag, worauf das BSC-Konzept seine *besondere Leistungsfähigkeit* gründet: Zum einen wird die Lücke zwischen der Strategieplanung und ihrer Umsetzung nicht zuletzt dadurch geschlossen, dass die entsprechenden Informationen[134] im Rahmen der Strategiekommunikation auch *direkt* der wertschöpfenden Ebene vermittelt werden. Zum anderen fließen im Kontext der Leistungserstellung sich ergebende Soll-Ist-Abweichungen auch *unmittelbar* in die strategische Ebene ein, um gegebenenfalls die der Strategieplanung zugrunde gelegten Prämissen frühzeitig hinterfragen zu können.

Die visualisierten Zusammenhänge lassen ebenso deutlich werden, dass die BSC dem rationalitätsorientierten Controlling eine Vielfalt von Ansatzpunkten zur Effektivitäts- und Effizienzsicherung bietet. Dazu gehört vor allem die Bewältigung der in Abschnitt 9.4.2 aufgeführten Problemfelder. In diesem Rahmen können alle vier Teilaspekte der Effektivitäts- und Effizienzsicherung[135] zum Tragen kommen. Beispielsweise ist die fehlende Unterstützung der Perspektivenbestimmung eine Problemfeld, welches die Frage nach den Determinanten totaler Effektivität bzw. Effizienz betrifft. Dieses Problemfeld wird im folgenden Kapitel aufgegriffen und anhand des Umweltschutzes als potentielle Determinante totaler Effektivität und Effizienz vertieft.

[134] Insbesondere die auf strategischer Ebene erarbeiteten strategische Ziele, Ursache-Wirkungs-Ketten, Kennzahlen und Zielvorgaben.

[135] Vgl. nochmals Abschnitt 7.3.2.

10 Positionierung von Umweltzielen innerhalb der Balanced Scorecard: Konzeptionelle Grundlagen und Praxisbeispiele

10.1 Einleitung

Das BSC-Konzept ist auf die Berücksichtigung auch nicht-monetärer Ziele auf strategischer Ebene ausgelegt. Damit ist es prädestiniert, den von einer Unternehmung (gegebenenfalls) verfolgten *strategierelevanten Umweltzielen* zu adäquater Beachtung zu verhelfen. Es stellt sich allerdings die Frage, was in diesem Zusammenhang ‚adäquat' bedeutet. So kann der Umweltschutz in Form einzelner Ziele Eingang in die BSC finden, oder es kann ihm eine eigenständige Perspektive gewidmet werden.

Hinsichtlich der letztgenannten Möglichkeit wurde bereits in Abschnitt 9.4.2.3 auf die mangelnde *Unterstützung der Perspektivenbestimmung* hingewiesen. Die diesbezüglich von *Kaplan/Norton* angeführten Hinweise[1] scheinen zu wenig konkret, als dass sie den Unternehmungen wirklich hilfreich sein könnten. So gesteht die Praxis denn auch Probleme bei der Perspektivenableitung ein.[2]

Nicht zuletzt aufgrund dieser Probleme droht die Gefahr, den ohnehin eingängigen Perspektivenvorschlag von *Kaplan/Norton* unreflektiert zu übernehmen; eine solche rezeptartige Adaption der ‚Standard-Perspektiven' ist z.B. der ABB Industrie AG zu bescheinigen. *Weber/Schäffer* befürchten mit Blick auf ihre bisherigen Erfahrungen sogar eine unternehmensübergreifende Normenbildung.[3]

Eine fehlende Anpassung der Standard-Perspektiven an die unternehmensspezifischen Erfordernisse kann freilich zur Folge haben, dass die resultierende ‚Standard-BSC' den verfolgten Zwecken und strategischen Zielen in ihrer Bedeutung – oder gar überhaupt – nicht Rechnung trägt. Dies zu verhindern, obliegt dem rationalitätsorientierten Controlling: Mit Blick auf die Teilaspekte der Effektivitäts- und Effizienzsicherung[4] geht es um die Aufgabe, die Kongruenz zwischen der BSC-Zielhierarchie und

---

[1] Vgl. Kaplan/Norton (1997a), S. 33ff.

[2] Vgl. dazu die von Zimmermann/Jöhnk (2000), S. 604, empirisch ermittelte Relevanz verschiedener Problemfelder der BSC-Umsetzung.

[3] Vgl. Weber/Schäffer (1998b), S. 355.

[4] Vgl. Abschnitt 7.3.2.

den *strategisch relevanten Determinanten totaler Effektivität und Effizienz* zu gewährleisten. Zu diesen Determinanten kann z.B. der Umweltschutz – als Zielsetzung oder sogar als Zweck – gehören.

Vor dem skizzierten Hintergrund wird in Abschnitt 10.2 eine Methodik zur Unterstützung der Perspektivenbestimmung vorgestellt. Sodann werden die Überlegungen am Beispiel der Positionierung von Umweltzielen innerhalb der BSC-Zielhierarchie konkretisiert; dabei werden mögliche Positionierungsalternativen zum einen hinsichtlich ihrer theoriegestützten Begründbarkeit (Abschnitt 10.3), zum anderen hinsichtlich ihrer tatsächlichen Umsetzung in exemplarisch ausgewählten Unternehmungen erörtert (Abschnitt 10.4). Unter Bezug auf die erarbeitete Controlling-Konzeption erfolgt in Abschnitt 10.5 eine abschließende Charakterisierung der Problemstellung.

10.2 Unterstützung der Perspektivenbestimmung

10.2.1 Kernidee des Ansatzes

Um der unbedachten Zugrundelegung der Standard-Perspektiven vorzubauen, wird in der Literatur zum einen das Konzept der strategischen Erfolgsfaktoren,[5] zum anderen das Stakeholder-Konzept als Basis zur Bestimmung der unternehmensspezifisch relevanten Perspektiven thematisiert.[6] Beide Vorschläge haben jedoch bedenkenswerte Schwächen. So birgt der letztgenannte Ansatz die Gefahr, wichtige Perspektiven ohne unmittelbaren Zielgruppenbezug (beispielsweise eine Innovationsperspektive) zu vernachlässigen;[7] zudem leistet er keine Hilfestellung bezüglich der Frage, welche der identifizierten Stakeholder-Gruppen im Rahmen eigenständiger Perspektiven Berücksichtigung finden sollten. Eine ähnliche Auswahlproblematik bergen auch die auf Erfolgsfaktoren abstellenden Ansätze; darüber hinaus ist fraglich, ob die mit ihnen verbundene wesentliche Veränderung der Grundidee der BSC in der Praxis auf Akzeptanz stößt.

---

5 Vgl. nochmals den in Abschnitt 9.4.1 bereits thematisierten Ansatz von Wurl/Mayer (2000).

6 Vgl. beispielsweise Atkinson/Waterhouse/Wells (1997). Der Stakeholder-Ansatz wird vor allem für solche Unternehmungen als geeignet eingeschätzt, die sich mit dem verschärften ‚Wettbewerb im Informationszeitalter' konfrontiert sehen; vgl. Clarke (1998), S. 190, und Martinsons/Davison/Tse (1999), insbesondere S. 75ff.

7 Vgl. dazu Horváth & Partner (2000), S. 25f.

Als alternativer Vorschlag wird hier auf die Verknüpfung zweier bereits thematisierter Konstrukte abgestellt: der Abgrenzung von normativer und strategischer (Management-)Ebene mit der in der Entscheidungstheorie gängigen Unterscheidung zwischen Fundamental- und Instrumentalzielen bzw. – damit eng zusammenhängend – Ober- und Unterzielen.[8] Den Kerngedanken des Ansatzes skizziert Abbildung 10–1.

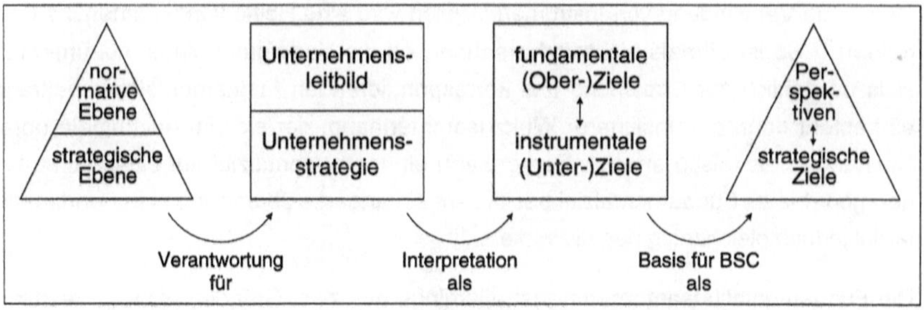

Abb. 10–1: Ansatz zur Ableitung von BSC-Perspektiven und ihren Zielen

Entsprechend dem linken Pfeil in Abbildung 10–1 wird auf *normativer Ebene* die Festlegung der Unternehmenspolitik als normative Aussage(n)[9] zu den generellen Zwecken unternehmerischen Handelns angesiedelt; ein solches Statement schlägt sich gegebenenfalls in der Formulierung eines *(Unternehmens-)Leitbilds*[10] nieder. Der Aufbau und die Pflege von Potentialen zur Verwirklichung der artikulierten Zwecke werden hingegen der *strategischen Ebene* zugerechnet; die in diesem Rahmen festzuschreibenden, langfristig angelegten Stoßrichtungen finden ihren Ausdruck in der *(Unternehmens-)Strategie.* Diese lässt sich auch verstehen als Menge aufeinander abgestimmter Teilstrategien, welche zentrale Aktionsfelder einer Unternehmung, z.B. einzelne Funktions- oder Geschäftsbereiche, betreffen.

Leitbild und Strategie ist gemeinsam, dass sie auf verschiedenen Ebenen die von einer Unternehmung angestrebten Zustände abbilden; sie können deshalb als zwei Kategorien von Zielen – als Leitbildziele und Strategieziele – interpretiert werden, die in hierarchischer Beziehung zueinander stehen.[11] Es bietet sich an, diese Beziehung aus entscheidungstheoretischem Blickwinkel zu betrachten (vgl. einstweilen den mitt-

---

[8] Vgl. dazu nochmals die Ausführungen in Abschnitt 8.1.2 bzw. Abschnitt 7.2.3.

[9] Es wird z.B. von der Unternehmensmission bzw. -vision gesprochen.

[10] Auch bezeichnet als Unternehmensgrundsätze bzw. -leitlinien.

[11] Die inhaltliche Überlappung des Strategie- und des Zielbegriffs wird eingehend von Steffenhagen (2002) erörtert. Hier wird eine Strategie als Bündel noch *vage formulierter* Ziele verstanden, welche im Rahmen der BSC in *konkrete, messbare* Ziele zu überführen sind.

leren Pfeil in Abbildung 10–1). So sollte sich jedes Strategieziel als *Unterziel* einem bestimmten Leitbildziel als *Oberziel* zuordnen lassen; umgekehrt sollte jedes Leitbildziel durch Strategieziele konkretisiert sein. Ebenso sollten beide Zielkategorien nach Möglichkeit auch der entscheidungstheoretisch begründeten Fundamentalitätsanforderung genügen.[12]

Gegen die Verwendung von Instrumentalzielen wird eine Reihe von Gründen ins Feld geführt.[13] So ist oftmals nicht vorhersehbar, ob die Verfolgung eines Instrumentalziels tatsächlich zur Erreichung des korrespondierenden Fundamentalziels beiträgt; es besteht dann ein unsicherer Wirkzusammenhang, der sich im nachhinein unter Umständen als falsch erweist. Ferner kann ein Instrumentalziel auf ein bestimmtes übergeordnetes Fundamentalziel positiv, auf ein anderes übergeordnetes Fundamentalziel jedoch gleichzeitig negativ wirken.[14]

Die Fundamentalitätsanforderung ist allerdings aus zwei Gründen nicht so restriktiv zu handhaben, wie es zunächst scheint. Zum einen steht ihr die Anforderung der Messbarkeit von Zielen gegenüber. Ein bestimmtes Ziel mag zwar fundamental, aber nur sehr schlecht messbar sein; falls nun die möglichst genaue Erfassung von Zielerfüllungsgraden im betrachteten Kontext eine große Rolle spielt, kann es sinnvoll sein, das Fundamentalziel durch ein gut messbares Instrumentalziel zu ersetzen.[15] Beispielsweise ist die Zufriedenheit der Aktionäre ein gängiges (Fundamental-)Ziel der Unternehmensleitung, welches in der Praxis aber i.d.R. durch leicht messbare (Instrumental-)Ziele, etwa die Dividendenrendite, ersetzt wird.

Zum anderen hängt die Einschätzung, ob Ziele fundamentaler oder instrumentaler Natur sind, von der jeweiligen Perspektive ab. So mag der Produktionsbereich einer Unternehmung die Verkürzung der Durchlaufzeit von Aufträgen als Fundamentalziel verfolgen; die Unternehmensleitung wird darin hingegen nur ein Instrumentalziel zur Steigerung der aus *ihrer* Sicht fundamentalen – etwa finanzwirtschaftlichen – Zielsetzungen sehen. Zwar laufen auch solche hierarchischen Mittel-Zweck-Beziehungen der Fundamentalitätsanforderung zuwider, sie sind aber unvermeidbar, um die Ent-

[12] Es sei in Erinnerung gerufen, dass ein Ziel als *fundamental* bezeichnet wird, wenn es um seiner selbst Willen verfolgt wird. Demgegenüber ist ein Ziel *instrumentaler* Natur, wenn es lediglich der Verbesserung anderweitiger Fundamentalziele dient.

[13] Vgl. dazu und im Folgenden Eisenführ/Weber (1999), S. 56ff.

[14] Im Gegensatz zu solchen Mehrfachbeziehungen zwischen fundamentalen Oberzielen und instrumentalen Unterzielen lässt sich ein fundamentales Unterziel ausschließlich demjenigen fundamentalen Oberziel zuordnen, dessen Teilaspekt es abbildet. Zu weiteren Argumenten, die gegen die Verwendung von Instrumentalzielen vorgebracht werden, vgl. Eisenführ/Weber (1999), S. 56f.

[15] Vgl. dazu auch die gelungene Aufarbeitung der Thematik bei Dassen (1993), S. 113ff.

scheidungsfähigkeit untergeordneter Ebenen sicherzustellen. Wann etwa ein Fertigungsauftrag freizugeben ist, kann nun mal kaum direkt anhand von Renditezielen entschieden werden.

Gemäß den vorstehenden, entscheidungstheoretisch motivierten Überlegungen hat die Fundamentalitäts- bzw. die Messbarkeitsanforderung unterschiedliche Relevanz für die Leitbild- und die Strategieziele. So spielt die Messbarkeit von Leitbildzielen in der Praxis keine nennenswerte Rolle; vielmehr steht im Rahmen des normativen Managements die Frage im Vordergrund, welche Ziele die Unternehmung *überhaupt* verfolgen soll, d.h. welche Ziele für sie ‚fundamental' sind. Dagegen ist die Messbarkeit von Strategiezielen insbesondere im Kontext der BSC von zentraler Bedeutung; die Forderung nach Fundamentalität tritt dann – sogar aus dem Blickwinkel des strategischen Managements – dahinter zurück. Dieser Sachverhalt ist in Abbildung 10–1 vereinfachend durch die Interpretation des Leitbilds als fundamentale (Ober)Ziele, der Strategie als dazu instrumentale (Unter-)Ziele dargestellt.

10.2.2 Die Perspektiven- und Zielableitungsmethodik

Zweifelsohne entspricht es dem Zweck der BSC, den Schwerpunkt auf die Messbarkeit der die Strategie konkretisierenden Ziele zu legen. Durch die Vernachlässigung der Fundamentalitätsanforderung besteht freilich auch die Gefahr einer mangelnden Kongruenz zum Unternehmensleitbild. Dass diese Befürchtung durchaus begründet ist, lässt sich sowohl in konzeptioneller als auch in empirischer Hinsicht untermauern.

So erklären Kaplan/Norton zwar die Herunterbrechung von Mission *und* Strategie als Ausgangspunkt der BSC-Entwicklung:

> „The Balanced Scorecard should translate a business unit's *mission and strategy* [H.d.V.] into tangible objectives and measures."[16]

In ihren konzeptionellen Überlegungen differenzieren sie jedoch nicht dahingehend, sondern blenden die normative Ebene aus. Symptomatisch dafür ist folgendes Zitat:

> „The scorecard process starts with the senior executive management team working together to translate its business unit's *strategy* [H.d.V.] into specific strategic objectives."[17]

---

[16] Kaplan/Norton (1996b), S. 10.

[17] Ebenda! Bemerkenswert erscheint, dass entgegen dem existierenden *konzeptionellen* Defizit in von Kaplan/Norton präsentierten Fallbeispielen sehr wohl von der jeweiligen Unternehmensmission ausgegangen wird; vgl. z.B. Kaplan/Norton (1997a), S. 196f. und S. 232f., und (2001b), S. 123ff.

Als vereinfachendes Vorgehen ist das alleinige Ansetzen an der Strategie aber lediglich vertretbar unter der Voraussetzung einer in ihren Details explizit formulierten, mit dem Unternehmensleitbild in jeder Hinsicht korrespondierenden Strategie. Im Einzelnen sind es vor allem drei implizit unterstellte Prämissen, deren Nichterfüllung ursächlich für Diskrepanzen zwischen Leitbild und BSC einer Unternehmung sein kann:

- Prämisse 1: Das explizite Leitbild entspricht dem tatsächlichen Leitbild.
- Prämisse 2: Leitbild und Strategie sind kongruent.
- Prämisse 3: Die Strategie liegt in ihren Facetten und Schwerpunkten offen.

Gemäß der *Prämisse 1* besteht kein Unterschied zwischen explizit formuliertem und tatsächlich gelebtem Leitbild. Freilich ist denkbar, dass ein nach außen vertretenes Leitbild faktisch nicht ernsthaft umgesetzt wird bzw. werden soll. Es dient dann beispielsweise nur dazu, ein populäres Unternehmensimage aufzubauen, welches den wirklichen Leitbildzielen förderlich ist.

Entsprechend der *Prämisse 2* ist die Kongruenz von Leitbild und Strategie notwendige Voraussetzung dafür, dass im Rahmen des traditionellen BSC-Konzepts, dessen Ausgangspunkt die Strategiekonkretisierung ist, auch dem Leitbild Rechnung getragen werden kann. Selbst bei ehemals vorhandener Kongruenz können sich aber im Laufe der Zeit z.B. durch unmerkliche einseitige Veränderungen Unstimmigkeiten zwischen Leitbild und Strategie ergeben. In einem solchen Fall führt der ausschließliche Rückgriff der BSC auf die Strategie aus normativer Sicht zu falscher Prioritätensetzung.

Eine leitbildkonforme Strategie muss gemäß *Prämisse 3* auch alle ihre Teilaspekte und Schwerpunktsetzungen erkennen lassen. Liegen diese Details nicht offen, ist eine adäquate Anpassung der Standard-Perspektiven an die unternehmensspezifischen Erfordernisse allein auf der Grundlage der Strategie kaum zu bewerkstelligen. Die mögliche Konsequenz ist wiederum eine aus normativer Sicht fehlerhafte Prioritätensetzung.

Die aufgeführten Prämissen werden in der Praxis nicht immer – vielleicht sogar nur selten – erfüllt sein.[18] Es verwundert deshalb kaum, dass einige publizierte BSCs *keinen durchweg schlüssigen Zusammenhang* zum jeweiligen Unternehmensleitbild

[18] Vielfach stellt sich denn auch die Identifikation strategischer Ziele als problematisch heraus; vgl. z.B. Greiner/Tretter (2001), S. 498f., und Weber/Radtke/Schäffer (2001), S. 23. Gemäß Zimmermann/Jöhnk (2000), S. 604, beurteilten die 24 von ihnen befragten Unternehmungen mit BSC-Erfahrung die Ableitung strategischer Ziele als eines der wesentlichen Problemfelder im Rahmen der BSC-Implementierung.

erkennen lassen.[19] Um dem entgegenzuwirken, sollte im Rahmen des BSC-Konzepts auf eine Methodik zurückgegriffen werden können, welche den Bezug zur normativen Ebene herstellt.

Dahingehend besteht die Idee darin, die einzelnen Leitbildziele als Basis zur Ableitung der unternehmensindividuellen BSC-Perspektiven heranzuziehen (siehe rechter Pfeil in Abbildung 10–1.[20] Das Ablaufschema einer entsprechend ausgearbeiteten Perspektiven- und Zielableitungs-Methodik – kurz: *P&Z-Methodik* – gibt Abbildung 10–2 wieder.

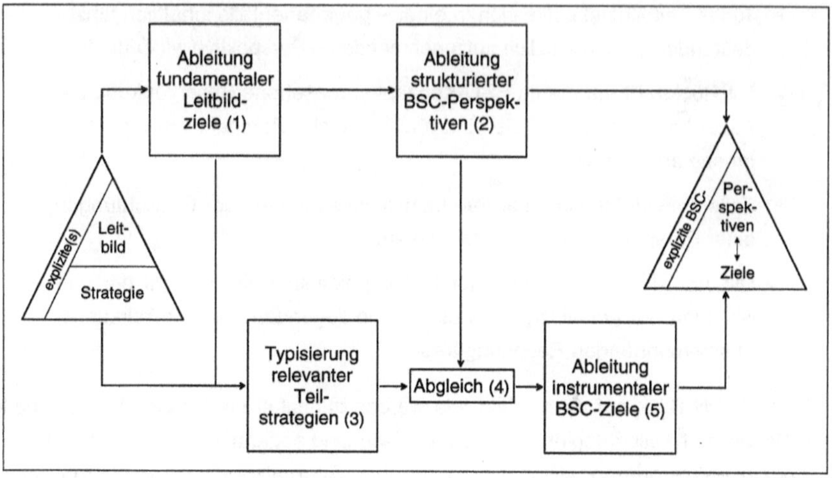

Abb. 10–2: Die ‚P&Z-Methodik' zur Ableitung von BSC-Perspektiven und ihren Zielen

Den *Ausgangspunkt* der P&Z-Methodik bilden das Leitbild und die Strategie einer Unternehmung; sie liegen – wie hier unterstellt – idealer Weise bereits explizit, z.B. in schriftlicher Form, vor.[21] Gemäß der in Abbildung 10–2 vorgenommenen Nummerierung sind folgende fünf Schritte zu durchlaufen:[22]

---

[19] Bezüglich einzelner Beispiele, die *umweltbezogene* Diskrepanzen zwischen Leitbild- und BSC-Inhalten aufzeigen, sei auf Abschnitt 10.4.1 verwiesen.

[20] Analog dazu bilden die Strategieziele – wie schon im originären BSC-Konzept – die Basis zur Ableitung der einzelnen BSC-Ziele. Dabei sind die Leitbildziele als Orientierungshilfe zur leichteren Selektion der BSC-Ziele heranziehbar.

[21] Sofern dies nicht der Fall ist, sind Leitbild und Strategie z.B. im Vorfeld der Perspektiven-Ableitung explizit zur formulieren. Denkbar ist aber auch ein alle Aspekte integrierendes Vorgehen.

[22] Zur weiteren, exemplarischen Konkretisierung der Schritte vgl. einstweilen Abschnitt 10.3.

Schritt 1: Die Kernaussagen des Leitbilds werden herausgearbeitet, auf ihren Charakter als fundamentale Ziele hin geprüft und gegeneinander abgewogen. Letzteres kann etwa heuristisch durch Zuordnung zu Wichtigkeitsniveaus erfolgen.

Schritt 2: Die gewichteten Leitbildziele werden in eine BSC-konforme Perspektivenstruktur gebracht. Dabei sind nachstehende Grundsätze zu beachten:

- Die vier Standard-Perspektiven und ihre Anordnung dienen als Orientierungshilfe zur Entwicklung der unternehmensindividuellen Perspektivenstruktur.
- Jedes Leitbildziel sollte sich in einer – gegebenenfalls inhaltlich umzudeutenden oder zusätzlich aufzunehmenden – Perspektive wiederfinden.
- Mit Rücksicht auf die im BSC-Konzept vorgesehene Beschränkung der Anzahl strategischer Ziele sind fünf bis sechs Perspektiven als Obergrenze anzusehen.
- Falls notwendig, sind mehrere Leitbildziele mit geringer Gewichtung in einer Perspektive zusammenzufassen.
- Die Anordnung der abgeleiteten Perspektiven sollte sowohl der Gewichtung der Leitbildziele als auch nahe liegenden Ursache-Wirkungs-Zusammenhängen Rechnung tragen.

Schritt 3: Mit Blick auf die Leitbildziele werden zunächst die für die Unternehmung maßgeblichen Teilstrategien identifiziert. Diese sind sodann – jede für sich – in eine Typologie einzuordnen, welcher die möglichen Alternativen zur Verankerung einer Teilstrategie in der Standard-BSC zugrunde liegen. Als Basis der Einordnung bietet es sich z.B. an, Ausmaß und Art der durch eine Teilstrategie autorisierten Maßnahmen zu analysieren; daraus lassen sich Rückschlüsse auf die hierarchische Stellung der jeweiligen strategischen Ziele ziehen.

Schritt 4: Die Ergebnisse der Schritte 2 und 3 werden abgeglichen. Vorhandene Unstimmigkeiten[23] sind auszuräumen, indem beispielsweise die Teilstrategien inhaltlich an die abgeleitete Perspektivenstruktur angepasst werden. Umgekehrt kann aber auch ein Überdenken der Perspektiven und ihrer Anordnung in Erwägung gezogen werden.[24]

---

[23] Solche Unstimmigkeiten können darauf beruhen, dass Leitbild und Strategie nicht in jeder Hinsicht kongruent sind. Aber selbst wenn dies der Fall ist, können im Rahmen von Schritt 2 und 3 Interpretationsspielräume unterschiedlich genutzt worden sein.

[24] In Abbildung 10–2 wurde darauf verzichtet, mögliche Rückkopplungen einzuzeichnen.

Schritt 5: Auf Basis der abgestimmten Teilstrategien werden konkrete strategische Ziele abgeleitet und den Perspektiven zugeordnet. Diese Ziele werden aus Sicht der obersten Unternehmensleitung i.d.R. instrumentaler Natur sein; wichtig ist, dass sie sich durch relativ leichte Messbarkeit auszeichnen und in ihrer Anzahl auf maximal ca. 20–25 beschränkt sind.[25]

Im *Ergebnis* ermöglicht die P&Z-Methodik die Herausarbeitung einer leitbild- und strategiekonformen Hierarchie von BSC-Perspektiven und ihnen zugeordneter strategischer Ziele. Eine ‚Erfolgsgarantie' ist mir ihr aber nicht verbunden. So erfordert die explizite Anbindung der BSC an das Unternehmensleitbild ein ausgesprochen hohes Engagement der Unternehmensleitung, welche zumindest in die ersten beiden Schritte persönlich und aktiv eingebunden sein muss. Als problematisch könnte sich auch der Umstand erweisen, dass das nach außen hin kommunizierte Leitbild nicht komplementär zu den wahren, sich in der Strategie widerspiegelnden Handlungsmaximen der Unternehmung ist.

Der letztgenannte Gesichtspunkt spricht allerdings nicht gegen, sondern für die Nutzung der P&Z-Methodik: Sie erlaubt es, Unstimmigkeiten auszuräumen, die ansonsten zu Problemen im Rahmen des Einsatzes der BSC selbst führen können. Darauf sei nachfolgend eingegangen.

10.2.3 Zur besonderen Relevanz der Thematik

Treten Diskrepanzen zwischen den propagierten normativen Unternehmenszielen und den im Rahmen der BSC verfolgten strategischen Zielen offen zu Tage, ist zum einen die *unternehmensinterne Akzeptanz* der BSC als strategisches Managementinstrument gefährdet. Solche Diskrepanzen können aber noch gravierendere Auswirkungen haben, falls – wie es in jüngster Zeit verstärkt geschieht – das Instrument mit der *externen Berichterstattung* in Verbindung gebracht wird. Zwar stehen die BSC-Erfinder *selbst* der entsprechenden Offenlegung strategischer Informationen zurückhaltend gegenüber: Sie befürchten, dass die Informationen der Konkurrenz zum Vorteil gereichen, aber auch von den Aktionären als Klagegrundlage herangezogen werden könnten.[26] Andererseits erlaubt es das Instrument – so argumentiert beispielsweise *Klingebiel* –, den steigenden Erwartungen der internationalen Kapital-

[25] Zu weiteren Auswahlkriterien sei auf Abschnitt 9.3.2.2 verwiesen.

[26] Vgl. Kaplan/Norton (1993), S. 141, und (1997a), S. 202f.

märkte in Bezug auf die Veröffentlichung nicht-monetärer Leistungsindikatoren Rechnung zu tragen.[27]

Als anerkannter Fachmann auf dem Gebiet externer Berichterstattung greift auch *Küting* zusammen mit seinen Mitarbeitern das Thema BSC in seinem Buch „Internet und externe Rechnungslegung" auf.[28] Er sieht in der BSC ein Element fortschrittlicher Berichterstattung[29] und dokumentiert zugleich, dass entsprechende Überlegungen nicht nur rein akademischer Natur sind. So führt er aus dem privatwirtschaftlichen Sektor die Deutsche Bank AG als *Praxisbeispiel* an.[30] Diese gliedert den ersten Teil ihres im Internet einsehbaren Geschäftsberichts seit 1999 nach den vier Perspektiven ihrer BSC, nämlich nach ihren zentralen Zielgruppen ‚Aktionäre', ‚Kunden', ‚Mitarbeiter' und ‚Gesellschaft'. Dabei werden jeweils detaillierte Informationen über die Entwicklung struktureller Daten und Leistungskennzahlen gegeben sowie die jeweils verfolgten ‚besonderen Projekte' offengelegt.[31]

Wird wie in diesem Beispiel die BSC als Mittel zur externen Kommunikation der strategischen Ziele genutzt, ist deren Abgleich mit den normativen Unternehmenszielen dringend geboten, wenn diese ebenso öffentlich zugänglich sind. Andernfalls können Diskrepanzen zwischen den beiden Zielkategorien zu *Verlust an Glaubwürdigkeit* einer Unternehmung führen. Das gilt insbesondere für diejenigen normativ gesetzten Ziele, die nicht zu den *traditionellen* obersten Unternehmenszielen gehören (also gegebenenfalls z.B. für den Umweltschutz) und gerade deshalb einer erhöhten Aufmerksamkeit bestimmter gesellschaftlicher Gruppen unterliegen.

Im Rahmen der Umsetzung des BSC-Konzepts kommt der Perspektivenbestimmung mithin eine besondere Stellung zu. Diesem Aspekt lässt sich durch den Einsatz der P&Z-Methodik Rechnung tragen. Freilich weist die Methodik noch Detaillierungsspiel-

---

[27] Vgl. Klingebiel (2000); vgl. auch Coenenberg/Alvarez (2002), Sp. 442, und Scheffner/Strutz (2002), S. 204. Derweil argumentieren Kaplan/ Norton (1997a), S. 203, dass „Finanzexperten gegenüber den Kennzahlen der langfristigen Strategie der Unternehmen weiterhin .. gleichgültig bleiben". Dabei lassen sie freilich den empirisch bestätigten Sachverhalt außer Acht, dass Portfoliomanager qualitativen Leistungsindikatoren durchaus eine erhebliche Bedeutung beimessen; vgl. dazu Low/ Siesfeld (1998), S. 25.

[28] Siehe Küting/Dawo/Heiden (2001), S. 112ff.

[29] Die Ausführungen von Küting/Dawo/Heinen (2001), S. 112ff., beziehen sich speziell auf die Veröffentlichung von BSC-Daten *im Internet*; zur grundsätzlichen Würdigung der „Balanced Scorecard als Instrument einer externen Evaluation der Unternehmenswertorientierung" siehe auch Küting/ Heiden/Lorson (2000), S. 6f.

[30] Als Beispiel aus dem öffentlichen Sektor wird die im Internet veröffentlichte BSC der University of California angeführt; vgl. Küting/Dawo/Heinen (2001), S. 118ff.

[31] Vgl. etwa Deutsche Bank AG (2002), S. 13ff.

räume auf, die es auszufüllen gilt. So bedarf etwa die Typisierung von Teilstrategien zusätzlicher Hilfestellung. Wie sich dies realisieren lässt, wird im folgenden Abschnitt am Beispiel von Umweltzielen verdeutlicht.

10.3 Konzeptionelle Überlegungen zur Positionierung von Umweltzielen innerhalb der BSC

In Ergänzung von Teilstrategien für traditionelle Tätigkeitsfelder einer Unternehmung, etwa für den finanz- und absatzwirtschaftlichen Bereich, gewinnt der Umweltschutz zunehmend an strategischer Bedeutung. Allerdings existieren erst wenige Beiträge, die sich *detailliert* mit der Einbindung strategierelevanter Umweltziele in die BSC befassen. Beispielsweise setzen sich *Czymmek/Faßbender-Wynands* mit der Integration ökologischer Ziele in die Standard-Perspektiven der BSC auseinander;[32] *Deegen* thematisiert darüber hinaus die Einbettung einer eigenständigen Umweltperspektive in die Ursache-Wirkungs-Zusammenhänge der Standard-Perspektiven.[33] Die Frage, *wann* einzelnen ökologischen Zielen bzw. einer Umweltperspektive jeweils der Vorzug zu geben ist, blieb jedoch bislang weitgehend unbeantwortet.

Vor diesem Hintergrund werden nachstehend mögliche Alternativen zur Positionierung von Umweltzielen innerhalb der BSC in den Mittelpunkt der Betrachtung gestellt.[34] Zugleich werden dabei die konzeptionellen Überlegungen zur P&Z-Methodik konkretisiert; ihre fünf Schritte greifen die Abschnitte 10.3.1 bis 10.3.5 auf.

10.3.1 Grundhaltungen betrieblicher Umweltpolitik

Das Selbstverständnis einer Unternehmung findet seinen Niederschlag in der Unternehmenspolitik und somit auch in der *betrieblichen Umweltpolitik*.[35] Diese gibt normativ vor, welche Bedeutung dem Umweltschutz im Rahmen betrieblicher Tätigkeiten beigemessen wird. Ergänzt um andere auf normativer Ebene formulierte Grundsätze, z.B. bezüglich der Finanz- und Absatzpolitik, wird so ein autorisiertes Wertesystem für die Aktionen der Unternehmung auf strategischer und operativer Ebene festgelegt; es entspricht den Leitbildzielen.[36]

---

[32] Vgl. Czymmek/Faßbender-Wynands (2001), insbesondere S. 25ff.

[33] Vgl. Deegen (2001), insbesondere S. 69ff.

[34] Vgl. auch Ahn/Breitling (2002).

[35] Vgl. im Folgenden Dyckhoff (2000), S. 17ff.

[36] Vgl. dazu Schritt 1 der P&Z-Methodik.

Ob der Umweltschutz den Charakter eines Leitbildziels hat, hängt demnach von der jeweils verfolgten Umweltpolitik ab. Diesbezügliche Grundhaltungen lassen sich unter Rückgriff auf eine *zweistufige Legitimationsstruktur* des Unternehmensverhaltens in einer Marktwirtschaft systematisieren. So kann das umweltbezogene Gebaren einer Unternehmung zum einen an den ordnungspolitischen Vorgaben gemessen werden; abgrenzbar sind legales und illegales Verhalten. Zum anderen muss sie sich eine Bewertung anhand moralischer Maßstäbe gefallen lassen; hier sind legitimes und illegitimes Verhalten unterscheidbar.

Die *Inkongruenz von Legalität und Legitimität* ist auf Defizite im ordnungspolitischen Rahmen zurückzuführen, die durch mangelndes ordnungspolitisches Bewusstsein bzw. fehlenden Konsens maßgeblich geprägt werden.[37] Unter der Prämisse, dass illegales Verhalten auch illegitim ist, ergeben sich drei idealtypische *Grundhaltungen* betrieblicher Umweltpolitik, die sich nach *Dyckhoff* als

- kriminell (illegal und illegitim),
- defensiv (legal, aber illegitim) und
- offensiv (legal und legitim)

kennzeichnen lassen.[38]

Im Rahmen *krimineller Umweltpolitik* wird in einer Unternehmung systemwidriges Verhalten, z.B. die Nichtbefolgung von Umweltauflagen, als akzeptabel erachtet. Eine solche Haltung erscheint hinsichtlich der im Jahre 2000 registrierten 41.152 Umweltstraftaten in Deutschland nicht unüblich zu sein.[39] Die *defensive Umweltpolitik* setzt derweil auf ein Ergebnisziel-maximierendes Verhalten unter Berücksichtigung der gesetzlichen Vorgaben. Darüber hinausgehende moralische Ansprüche, die von der Ordnungspolitik nicht abgedeckt sind, werden ignoriert, solange dadurch die monetären Zielsetzungen nicht beeinträchtigt werden. Eine *offensive Umweltpolitik* trägt ebenfalls den gesetzlichen Bestimmungen Rechnung, strebt aber auch die Legitimität unternehmerischen Handelns an. Dies äußert sich im Trachten nach Vermeidung

---

[37] Als Beispiel für letztgenannten Aspekt seien auf internationaler Ebene die Probleme bei der Umsetzung des so genannten Kyoto-Protokolls angeführt; vgl. dazu auch Kulick (2001). Auf nationaler Ebene lässt sich exemplarisch die Diskussion um den Ausstieg aus der Atomenergieversorgung anführen.

[38] Vgl. Dyckhoff (2000), S. 19.

[39] Vgl. Umweltbundesamt (2001). Allerdings ist seit zwei Jahren ein Rückgang der Straftaten zu verzeichnen, deren Zahl sich im Jahre 1998 noch auf rund 47.900 belief.

bzw. Verminderung von Umweltbelastungen,[40] welches in letzter Konsequenz in der Vision vom ‚ökologisch nachhaltigen Wirtschaften' mündet.[41]

Während die (Il-)Legalität einer Handlung unter Zugrundelegung der gesetzlichen Bestimmungen grundsätzlich objektiv nachprüfbar sein sollte,[42] hängt die Einschätzung ihrer (Il-)Legitimität vom subjektiven Empfinden des Einzelnen ab: Was ein Teil der Bevölkerung – oder der Unternehmungen – noch für moralisch vertretbar hält, mag dem anderen Teil bereits verwerflich erscheinen. Damit lassen sich Realtypen moralischer Einstellung nicht als *vollkommen* illegitim bzw. *vollkommen* legitim kennzeichnen, sondern bewegen sich innerhalb eines Kontinuums zwischen diesen Extrempunkten. Entsprechendes gilt für die Frage, wie Realtypen betrieblicher Umweltpolitik in das Kontinuum zwischen *vollkommen* defensiver und *vollkommen* offensiver Haltung einzuordnen sind. Diesen Aspekt visualisiert Abbildung 10–3, welche den Zusammenhang zwischen ordnungspolitischer und moralischer Einstellung sowie der daraus resultierenden Umweltpolitik nochmals im Überblick wiedergibt.

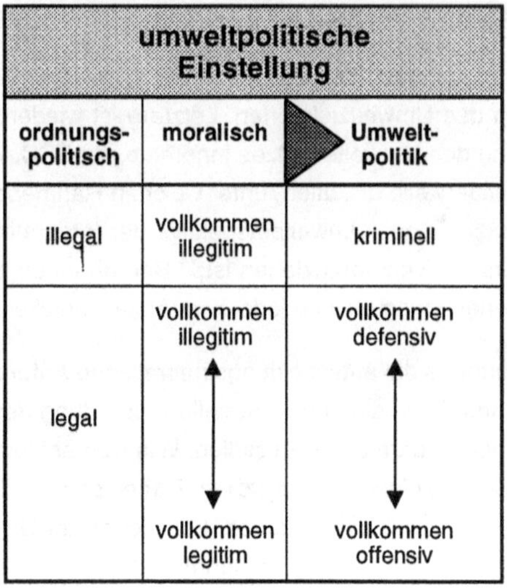

Abb. 10–3: Typisierung betrieblicher Umweltpolitik

---

[40] Vgl. auch Meffert/Kirchgeorg (1998), S. 18.

[41] Vgl. dazu Dyllick/Hummel (1997), S. 147ff.

[42] Oftmals bedarf es (subjektiver) Gerichtsentscheide darüber, was als (il-)legale Handlung zu betrachten ist.

Es ist demnach nicht intersubjektiv festlegbar, was unter ‚defensiver Umweltpolitik bzw. ‚offensiver Umweltpolitik' inhaltlich *genau* zu verstehen ist. Allerdings lässt sich der jeweilige Status des Umweltziels allgemein beschreiben:

- Der Legitimitätsanspruch offensiver Umweltpolitik verleiht dem Umweltschutz den Rang eines auf normativer Ebene fundamentalen Ziels, dass seine Verankerung im Unternehmensleitbild finden sollte.[43]
- Zur dauerhaften Erfüllung des Legalitätsanspruchs defensiver Umweltpolitik reicht es wohl nicht aus, dem Umweltschutz nur auf operativer Ebene Rechnung zu tragen. Er ist auf strategischer Ebene zumindest als Instrumentalziel zu berücksichtigen.
- Eine kriminelle Umweltpolitik impliziert, dem Umweltschutz auf operativer und strategischer Ebene nur insofern Beachtung zu schenken, wie sich ‚Kapital aus einer Umweltbelastung schlagen lässt'.

10.3.2 Alternativen zur Einbindung des Umweltschutzes in die BSC

Die obigen Ausführungen legen den Zusammenhang zwischen Umweltpolitik und hierarchischer Stellung des Umweltziels offen. Letztere ist wiederum ausschlaggebend für die Positionierung des Umweltschutzes innerhalb der BSC. Diesbezüglich wird in der Literatur zwar mittlerweile diskutiert, unter welchen Rahmenbedingungen die Entwicklung einer eigenständigen Umweltperspektive der Integration ökologischer Ziele in die Standard-Perspektiven vorzuziehen ist;[44] Bemühungen zur theoriegestützten Fundierung der Überlegungen bleiben jedoch im Ansatz stecken.

Demgegenüber erlaubt es die entscheidungstheoretische Anforderung der (relativen) Fundamentalität eines Ziels, die konzeptionelle Einbindung des Umweltschutzes in die BSC auf eine begründbare Basis zu stellen. Wie sich entsprechende Alternativen ableiten lassen, ist in Abbildung 10–4 skizziert. Dabei ist auch die Unterlassensalternative aufgeführt (Fall 1), d.h. die Situation, in welcher der Umweltschutz aufgrund mangelnder strategischer Bedeutung im Rahmen der BSC-Entwicklung unbeachtet bleiben kann.

---

[43] Diese Forderung erhebt z.B. auch Hahn (1999), S. 37, allerdings aus der generellen Begründung heraus, dass Umweltschutz eine der „lebensnotwendigen Rahmenbedingungen unserer Unternehmungen" darstellt.

[44] Neben dem eingangs erwähnten Beitrag von Deegen (2001) vgl. z.B. auch Figge et al. (2001), S. 18ff.

Bedeutung des Umweltschutzes als unternehmerisches Ziel	
hierarchische Stellung	**Verankerung in der BSC**
Fall 1: auf strategischer Ebene ohne Relevanz	keine
Fall 2: auf strategischer Ebene instrumental	unsystematisch-situativ
Fall 3: auf strategischer Ebene fundamental, auf normativer Ebene instrumental	als einzelne Ziele ausgewählter Standard-Perspektiven
Fall 4: auf normativer Ebene fundamental, den Finanzzielen untergeordnet	als eigenständige, untergeordnete Perspektive, ergänzt um Finanzziel-komplementäre Wirkungsketten
Fall 5: auf normativer Ebene fundamental, den Finanzzielen gleichgeordnet	als eigenständige Perspektive auf oberster Ebene, ergänzt um Finanzziel-unabhängige Wirkungsketten

Abb. 10–4: Alternativen der Verankerung von Umweltzielen in der Standard-BSC

10.3.2.1 Umweltschutz innerhalb der klassischen Perspektiven

Da die BSC auf strategische Ziele abstellt, erfordert eine entsprechende Berücksichtigung des Umweltschutzes, dass ihm zumindest auf *strategischer Ebene* Relevanz zugesprochen wird. Diese Einschätzung kann einerseits einen *instrumental* motivierten Hintergrund haben (Fall 2): Nicht Umweltschonung ist die eigentliche Triebfeder zur Aufnahme eines ökologischen Ziels in die BSC, sondern die unterstellte Wirkungsbeziehung zu dem sich dahinter verbergenden (strategischen) Fundamentalziel. Umweltziele finden denn auch nur situativ – quasi unsystematisch – Eingang in die BSC.

Andererseits kann der Umweltschutz auf strategischer Ebene *fundamentaler Natur* sein[45] (Fall 3): Dann wird der Aufbau bzw. die Pflege ökologischer Potentiale als notwendig erachtet, um die normativ gesetzten Zwecke unternehmerischen Handelns verwirklichen zu können. In einem solchen Fall stehen prinzipiell alle BSC-Perspektiven für strategische Umweltziele offen.[46] Zu ihrer systematischen Aufdeckung kann man sich an den *grundlegenden Stoßrichtungen* der einzelnen Perspektiven orientieren. Je nach Ausrichtung der Umweltstrategie sind etwa folgende Fragen zu beantworten:

[45] Bei gleichzeitiger Instrumentalität auf normativer Ebene.

[46] Vgl. dazu z.B. auch Fahrbach/Heinrich/Pfitzner (2000), S. 88.

- Wie beeinflussen umweltbezogene Ausgaben und Einnahmen den finanziellen Unternehmenserfolg?
- Welche Bedeutung haben umweltorientierte Aspekte der Produkte, des Unternehmensverhaltens und des Service für die Kunden?
- Welchen Einfluss haben realisierte bzw. alternative Prozesse auf die Umwelt, und welcher Anspruch wird an ihre Umweltwirkung gestellt?
- Wie sollen die Mitarbeiter gefördert werden, um sie auf steigende Anforderungen durch umweltbezogene Aufgaben vorzubereiten?

Auf der Suche nach relevanten Zielen kann die Heranziehung der Norm ISO 14031 hilfreich sein, die eine umfangreiche Systematisierung möglicher Umweltkennzahlen enthält.[47] Allerdings werden derart aufgedeckte Umweltziele vom Charakter her wohl vornehmlich vergangenheitsorientiert sein, so dass darüber hinaus entsprechende unternehmensindividuelle Leistungstreiber aufzuspüren sind. Dies mag zwar schwerer fallen als der Rückgriff auf Kennzahlenlisten, ermöglicht aber eine deutlichere Differenzierung von den Mitbewerbern.

Es ist erwägbar, umweltbezogene Ziele über mehrere Perspektiven hinweg zu Ursache-Wirkungs-Ketten zu verknüpfen. Derartige Beziehungen gibt Abbildung 10–5 wieder.[48] Als Beispiel veranschaulicht sie, wie ausgehend von Fortbildungsmaßnahmen zur Störfallvermeidung und -bewältigung letztendlich eine Verbesserung der obersten Zielgröße EVA erreicht werden soll. Jeder Pfeil markiert eine kausale Verknüpfung zwischen zwei Zielen, wobei jeweils angegeben ist, ob eine positive oder negative Wirkung vermutet wird.

Aus Sicht des Umweltschutzes erscheinen insbesondere ‚*durchgängige*', d.h. alle Perspektiven verbindende *Kausalketten* wünschenswert. Allerdings ist zu bedenken, dass eine durchgängige Ursache-Wirkungs-Kette im Beispiel immerhin vier Ziele umfasst. Dem steht die nicht nur von *Kaplan/Norton* geforderte Beschränkung der BSC auf ca. 20 strategische Ziele gegenüber. Unter dieser Restriktion ist sorgfältig abzuwägen, ob die Bedeutung der Umweltstrategie im Vergleich zu anderen Teilstrategien der Unternehmung wirklich die Berücksichtigung einer durchgängigen Kette ökologischer Ziele rechtfertigt.

---

47 Vgl. dazu Seifert (1998), S. 109ff.; der dort aufgeführte Entwurf der ISO 14031 beinhaltet mehr als 130 umweltbezogene Kennzahlen, die jeweils in eine von drei Hauptkategorien bzw. 21 Unterkategorien eingeordnet sind.

48 Vgl. Johnson (1998), S. 37.

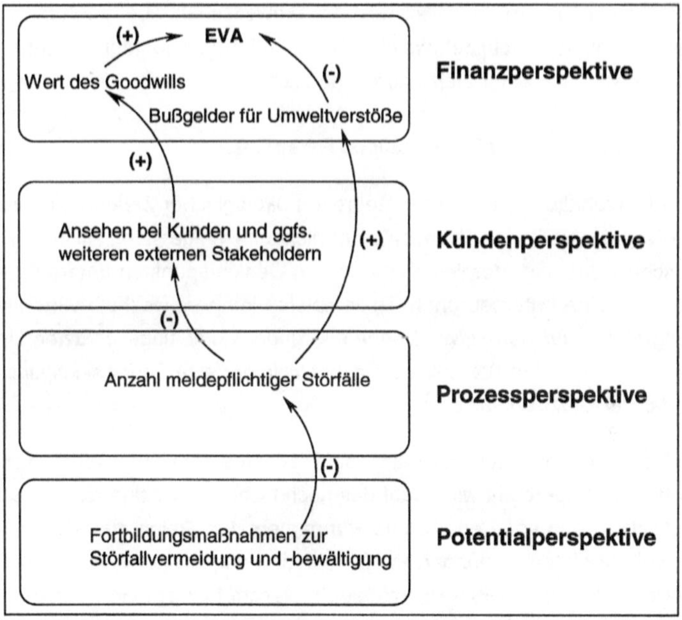

Abb. 10–5: Wirkungszusammenhänge zwischen Umweltzielen in den klassischen Perspektiven der BSC

Zudem sollte geprüft werden, ob potentielle Umweltziele auch tatsächlich *maßgebliche* Wirkung auf die nachgelagerten Ziele ausüben. Es ist leicht vorstellbar, dass andere, nicht-umweltbezogene Einflussfaktoren eine bedeutend wichtigere Rolle spielen. Als Beispiel für diesen Einwand kann die gemäß Abbildung 10–5 unterstellte Wirkung der ‚Bußgelder für Umweltverstöße' auf den finanziellen Erfolg herangezogen werden. Auch wenn der Zusammenhang offensichtlich ist, kann er vor dem Hintergrund anderer Einflussfaktoren wie Marktanteil, Kundenzufriedenheit und Herstellungskosten vernachlässigbar gering sein. In diesem Fall würde seine Berücksichtigung falsche Signale setzen.

Aus den angeführten Gründen erscheint es im Rahmen der Einbringung des Umweltschutzes in die klassischen BSC-Perspektiven eher zweckmäßig, *einzelne* ökologische Ziele von besonderer strategischer Relevanz auszuwählen und sie in Kausalketten mit nicht-umweltbezogenen Zielsetzungen einzubetten. Die in der Literatur angeführten Praxisbeispiele, die den Umweltaspekt explizit berücksichtigen, bevorzugen diesen Ansatz. So ist in die BSC der *Mobil Oil* das Ziel eingebunden, die „Zahl der Umweltschäden"[49] zu verringern. Zuweilen wird der Umweltschutz aber auch mittels eigens konzipierter Indizes abgebildet, welche die verknüpfte Betrachtung mehrerer ökologischer Aspekte unter einer Zielsetzung erlauben.[50]

10.3.2.2 Umweltschutz als zusätzliche Perspektive

Es bleibt festzuhalten, dass einer Integration ökologischer Ziele in die klassischen Perspektiven der BSC vom Grundsatz her nichts im Wege steht. Allerdings wird der Umweltschutz dabei im Vergleich zu anderen Gesichtspunkten unternehmerischen Handelns nur eine untergeordnete Rolle spielen können. Deshalb wird diese Positionierung einem auf *normativer Ebene* als *fundamental* eingeschätzten Umweltziel nicht gerecht; sein hoher Stellenwert verlangt vielmehr eine Berücksichtigung auf dem Niveau der Perspektiven selbst.[51]

Aber selbst wenn dem Umweltschutz[52] ein Platz im autorisierten Wertesystem einer Unternehmung eingeräumt wird, sagt das noch nichts über seine relative Bedeutung im Vergleich zu den anderen normativ-fundamentalen Zielen aus. So gesteht man für gewerbliche Unternehmungen in einer Marktwirtschaft gewöhnlich der Erzielung ökonomischen Erfolgs oberste Priorität zu. In diesem Fall ist eine eigenständige Umweltperspektive *unterhalb* der Finanzperspektive anzusiedeln (Fall 4).[53]

Wie dabei die Umweltperspektive in die traditionelle Perspektivenstruktur eingebettet werden kann, veranschaulicht beispielartig Abbildung 10–6. So legt es ein auf alle Phasen des Produktlebenszyklus abstellendes Umweltziel nahe, die Umweltperspektive oberhalb der – einzelne Elemente des Zyklus abbildenden – Kunden-, Prozess- und Potentialperspektive zu positionieren. Auf diese Weise lassen sich durchgängige Ursache-Wirkungs-Ketten umweltbezogener Ziele ableiten. Wurden diese im vorigen Abschnitt noch kritisiert, weil sie zu einem relativ hohen Anteil ökologischer Ziele in der BSC führen, ist ihre Berücksichtigung jetzt sogar geboten, um der Wertung des Umweltschutzes als normatives Fundamentalziel angemessen Rechnung tragen zu können.

---

[49] So Kaplan/Norton (2001a), S. 64. Diese Zielformulierung scheint allerdings fragwürdig, wenn wirklich die numerische Anzahl der Umweltschäden ohne Berücksichtigung ihres jeweiligen Ausmaßes ermittelt werden soll.

[50] Vgl. die von Kaplan/Norton (1997a), S. 197 und S. 211, angeführten Praxisbeispiele.

[51] Vgl. diesbezüglich Schritt 2 der P&Z-Methodik.

[52] Oder einem anderen Ziel.

[53] Vgl. etwa das bei Müller (2000), S. 72f., angeführte Praxisbeispiel.

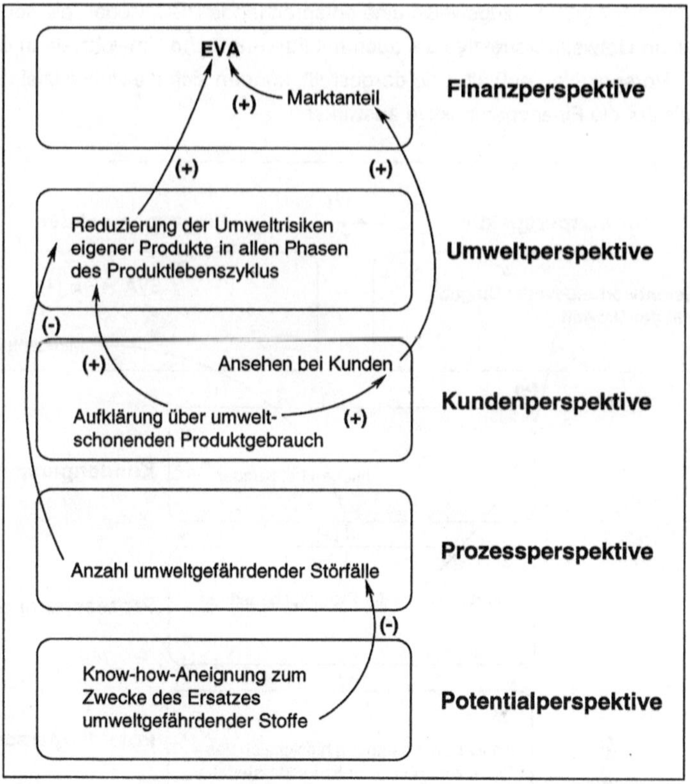

Abb. 10–6: Umweltbezogene Wirkungszusammenhänge in einer BSC mit zusätzlicher, der Finanzperspektive untergeordneter Umweltperspektive

Abschließend soll die Möglichkeit erörtert werden, die Umweltperspektive auf dem Niveau der Finanzperspektive anzuordnen (Fall 5).[54] Diese Alternative kann vor allem für kleine und mittelgroße, sich in privater Hand befindende Unternehmungen ohne starken Wettbewerbsdruck durchaus in Frage kommen; sie bietet sich aber eher an für Unternehmungen mit öffentlichem Auftrag.[55]

---

54 Dieser Fall wird in der Literatur bislang kaum diskutiert. Eine Ausnahme bilden die Überlegungen von Deegen (2001), S. 50f.

55 Ein diesbezügliches Praxisbeispiel ist mir allerdings nicht bekannt. Die Idee, eine (zusätzliche) BSC gänzlich auf den Umweltschutz als alleinige oberste Zielsetzung auszurichten, soll hier nur der Vollständigkeit halber erwähnt werden; vgl. zu einer solchen ‚Sustainability Balanced Scorecard' z.B. Bieker et al. (2001) und Hahn/Wagner (2001).

Abbildung 10–7 gibt auszugsweise eine entsprechende BSC wieder, die sowohl eine zusätzliche Umweltperspektive als auch mit ihr verknüpfte Umweltziele in den klassischen Perspektiven enthält. Wie dargestellt, können sich die Umweltziele natürlich ebenfalls auf die Finanzperspektive auswirken.

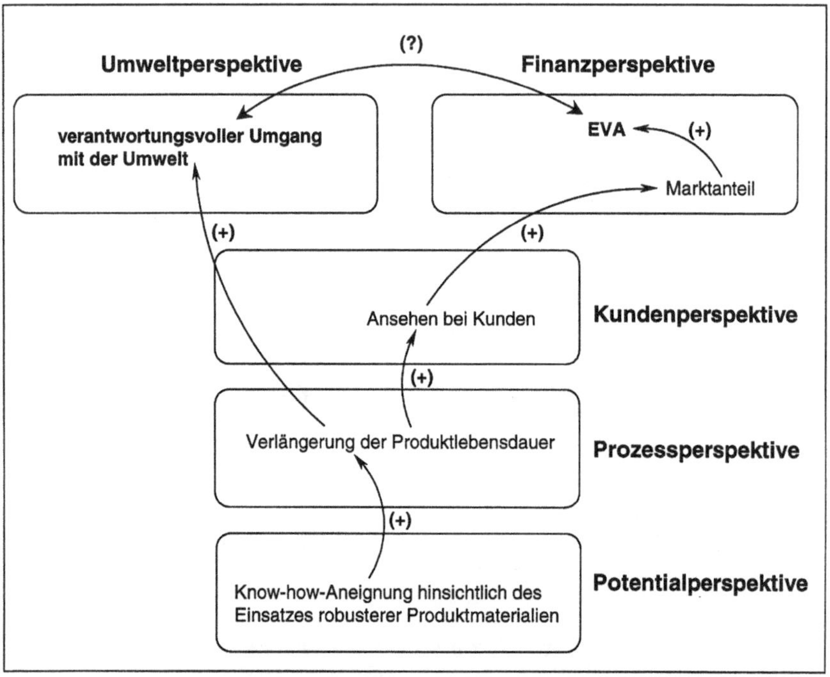

Abb. 14–7: Umweltbezogene Wirkungszusammenhänge in einer BSC mit zusätzlicher, der Finanzperspektive gleichgeordneter Umweltperspektive

Als maßgebliches Problem der Anordnung der Umweltperspektive auf oberster Ebene in der BSC ist der relevant werdende *Zielkonflikt* zur Finanzperspektive zu sehen, in Abbildung 10–7 durch den mit Fragezeichen versehenen Doppelpfeil angedeutet. Es wird schließlich kaum gelingen, im Hinblick auf das Zielbeispiel ‚verantwortungsvoller Umgang mit der Umwelt' ausnahmslos zu den Ergebniszielen komplementäre Umweltziele abzuleiten; so kann z.B. die gemäß Abbildung 10–7 angestrebte Verlängerung der Produktlebensdauer auch eine – die Zielgröße EVA möglicherweise negativ beeinflussende – Verminderung der Absatzmenge nach sich ziehen. Die Bewältigung entsprechender Zielkonflikte wird aber im ursprünglichen Konzept der BSC schlichtweg vernachlässigt, gehen ihre Erfinder doch vom „Primat der Finanzzahlen"[56] aus.[57]

Grundsätzlich ist zwar eine diesbezügliche Ergänzung des Konzepts um Methoden mit immanenter *Zielgewichtung* nicht weiter schwierig. Die damit steigende Komplexität der BSC unterminiert jedoch auch zwei ihrer wichtigsten Vorteile – ihre methodische Einfachheit und ihre intuitiv verständliche Vermittlung der Unternehmensstrategie: Die simple Devise „Steigere das Ziel X, um eine Verbesserung des Ziels Y zu erreichen" ist nicht mehr haltbar.

10.3.3 Typisierung von Umweltstrategien

Auf normativer Ebene werden mit Festlegung der Umweltpolitik die Weichen zur Beantwortung der Frage gestellt, welche der aufgezeigten Alternativen zur Einbindung des Umweltschutzes in die BSC zu verwirklichen ist. *Auf strategischer Ebene* sollte sich diese Wahl in der jeweiligen Umweltstrategie manifestieren. Dahingehend liegt es nahe, alternative Umweltstrategien mit Blick auf die zugebilligte *hierarchische Stellung ökologischer Ziele* zu typisieren.[58]

In der Literatur existieren bereits zahlreiche Vorschläge zur Typisierung von Umweltstrategien.[59] Diesbezüglich sticht im gegebenen Kontext eine von *Jacobs* abgeleitete Klassifikation hervor; sie setzt im Wesentlichen an der *Art* der autorisierten Umweltschutzaktivitäten an. Demgemäß können einerseits direkte Maßnahmen von indirekten Maßnahmen, andererseits nachgeschaltete Maßnahmen von präventiven Maßnahmen abgegrenzt werden.[60]

---

[56] Weber/Schäffer (2000c), S. 7.

[57] Zwar propagieren Kaplan/Norton (2001b), S. 119ff., für Non-Profit-Organisationen neuerdings ein modifiziertes BSC-Konzept, bei dem die Finanz- und die Kundenperspektive auf gleicher Ebene angesiedelt sind. Wie eventuell daraus resultierende Zielkonflikte zu handhaben sind, geht aus ihren Fallbeispielen freilich nicht hervor. Dieses Problem umgehen Berens/Karlowitsch/Mertes (2001), S. 288ff., indem sie für Non-Profit-Organisationen eine Perspektiven-Struktur vorschlagen, die der Finanzperspektive nur noch eine untergeordnete Position zuerkennt; eine entsprechende Fallstudie präsentieren Lange/Lampe (2002) für das Deutsche Rote Kreuz.

[58] Vgl. dazu Schritt 3 der P&Z-Methodik.

[59] Eine entsprechende Übersicht präsentieren Meffert/Kirchgeorg (1998), S. 197.

[60] Vgl. dazu und im Folgenden Jacobs (1994), S. 67ff., sowie – weiter ausführend – Dyckhoff (2000), S. 24ff. Jacobs selbst spricht leicht missverständlich vom *Ausmaß* bzw. *Umfang* der Umweltschutzmaßnahmen. Neben diesem für ihn entscheidenden Differenzierungskriterium thematisiert Jacobs auch die für die jeweilige Umweltstrategie typischen Kommunikations- und Überwälzungsmaßnahmen.

Die Unterscheidung zwischen *direkt* und *indirekt* bezieht sich auf den Ausgangspunkt der Umweltbeeinträchtigung, die mittels der betreffenden Maßnahme gemindert oder unterbunden werden soll. Wird durch eine Maßnahme eine unmittelbar von der Unternehmung ausgehende Beeinträchtigung, etwa die Emission bestimmter Schadstoffe, reduziert, spricht man von einer direkten Maßnahme. Dagegen wird eine Maßnahme als indirekt angesehen, wenn sie eine nur mittelbar im Einflussbereich, aber dennoch im Verantwortungsbereich der Unternehmung liegende Beeinträchtigung mindern soll; ein Beispiel dafür ist die Entwicklung von Produkten, die in ihrer Nutzungsphase besonders emissionsarm sind.[61]

Umweltschutzmaßnahmen werden als *präventiv* betrachtet, wenn sie dazu führen, dass potentielle Umweltbeeinträchtigungen gar nicht erst bzw. nur in geringerem Umfang als üblich entstehen. *Nachgeschaltete* Umweltschutzmaßnahmen sollen hingegen nur den Übergang von potentiellen zu tatsächlichen Umweltbeeinträchtigungen verhindern. Demnach wäre die Installation eines Rußfilters an einer Verbrennungsanlage eine nachgeschaltete Maßnahme, da der schädliche Ruß zwar entsteht, die Freisetzung in die Umwelt aber unterbunden wird. Der Einsatz eines verbesserten Verbrennungsprozesses, der bereits die Entstehung von Rußpartikeln vermeidet, wäre indessen eine präventive Maßnahme.[62]

Über die Kennzeichnung der Umweltstrategien anhand der Maßnahmenart hinaus wird hier in Erweiterung zu *Jacobs* auch auf das *Ausmaß der Freiwilligkeit* autorisierter Umweltschutzaktivitäten abgestellt. Es geht dabei maßgeblich um die Frage, inwieweit die Maßnahmen ohne unmittelbaren Zwang des Gesetzgebers ergriffen werden.

Mittels beider Kriterien – Art und Ausmaß der autorisierten Umweltschutzaktivitäten – wird nachfolgend zwischen fünf *Strategietypen ökologischen Handelns* differenziert, die charakterisierbar sind als

- abwehrorientiert,
- outputorientiert,
- prozessorientiert,
- zyklusorientiert und
- nachhaltigkeitsorientiert.[63]

[61] Vgl. Jacobs (1994), S. 26.

[62] Vgl. Jacobs (1994), S. 80.

[63] Jacobs unterscheidet namentlich nur zwischen den vier erstgenannten Strategietypen.

Abbildung 10–8 visualisiert den Zusammenhang zwischen den autorisierten Maßnahmen und den abgeleiteten Umweltstrategietypen. Es handelt sich um ‚diskrete Basisstrategien' in einem Kontinuum denkbarer strategischer Ausrichtungen zwischen den beiden Extremen ‚möglichst kein Umweltschutz' (abwehrorientiert) und ‚möglichst vollkommener Umweltschutz' (nachhaltigkeitsorientiert). Im Rahmen der weiteren Beschreibung der Strategietypen wird auch auf die jeweils korrespondierende Umweltpolitik und die entsprechende Alternative zur Verankerung ökologischer Ziele in der BSC eingegangen.

<table>
<tr><th colspan="3">umweltstrategische Ausrichtung</th></tr>
<tr><th colspan="2">autorisierte Maßnahmen</th><th rowspan="2">Umwelt-strategie</th></tr>
<tr><th>nach Ausmaß</th><th>nach Art</th></tr>
<tr><td>möglichst keine</td><td>möglichst keine</td><td>abwehr-orientiert</td></tr>
<tr><td rowspan="3">nur gesetzlich gebotene
↕</td><td>nur direkt-nachgeschaltete</td><td>output-orientiert</td></tr>
<tr><td>+ direkt-präventive</td><td>prozess-orientiert</td></tr>
<tr><td>+ indirekt-nachgeschaltete</td><td>zyklus-orientiert</td></tr>
<tr><td>darüber hinaus möglichst viele freiwillige</td><td>+ indirekt-präventive</td><td>nachhaltigkeits-orientiert</td></tr>
</table>

Abb. 10–8: Typisierung umweltbezogener Unternehmensstrategien
(auf Basis von: *Jacobs* (1994), S. 88)

Im Rahmen extrem umweltfeindlicher Einstellung zeichnet sich die *abwehrorientierte Strategie* durch Ignoranz gegenüber umweltbezogenen Ansprüchen aus und folgt dem Motto „Wir tun möglichst nichts!". Lobbyismus und Überwälzung der Ansprüche auf Dritte stellen die wesentlichen Abwehrmechanismen dar. Diese strategische Haltung stimmt insbesondere mit einer kriminellen Umweltpolitik der Unternehmung überein. Eine methodische Berücksichtigung umweltbezogener Ziele in der BSC ist hier nicht zu erwarten.

Dies gilt ebenfalls für die *outputorientierte Strategie* mit ihrem Leitgedanken „Wir tun nur soviel wie nötig!". Als Ausdruck rein defensiver Umweltpolitik fokussiert sie auf die Handlungslegalität. Darüber hinausgehende, moralische Ansprüche bleiben unbeachtet, solange sie nicht als unternehmensbedrohend wahrgenommen werden. Aktiv wird die Unternehmung lediglich bei Verschärfung gesetzlicher Auflagen, auf die sie nach Möglichkeit mit direkt-nachgeschalteten Umweltschutzmaßnahmen in Form additiver Produktionstechniken reagiert. Diese lassen sich im Vergleich zu präventiven Maßnahmen relativ schnell umsetzen, da sie nicht in den eigentlichen Produktionsprozess eingreifen.[64]

Die *prozessorientierte Strategie* basiert auf einer Umweltpolitik, die sich im Übergang von defensiver hin zu offensiver Ausrichtung befindet. Eine solche Strategie kann anhand der grundlegenden Haltung „Wir tun bei uns so viel wie möglich!" charakterisiert werden. Ihre Umsetzung erfolgt maßgeblich auch durch freiwillige direkt-präventive Umweltschutzmaßnahmen. So wird eine Übererfüllung gesetzlicher Auflagen mittels integrierter Produktionstechniken[65] angestrebt, die im Rahmen alternativer Produktionsprozesse auf Verminderung von Rückständen und Emissionen abzielen. Dazu wird nicht selten Verbesserungsbedarf über den Stand der Technik hinaus bestehen, d.h. es werden Prozessinnovationen notwendig. Zwar sind damit in der Anlaufphase höhere Risiken und Kosten verbunden, langfristig kann aber die eigene Wettbewerbsposition gestärkt werden, vor allem durch eine verbesserte Kostenstruktur und einen Vorsprung bezüglich der Umsetzung steigender gesetzlicher Anforderungen.

Die mit der prozessorientierten Strategie einhergehenden direkt-präventiven Umweltschutzmaßnahmen scheinen nur durchsetzbar, wenn der Umweltschutz auf strategischer Ebene als fundamental eingeschätzt wird. Dieser Bedeutung entspricht die Verankerung einzelner ökologischer Ziele in der BSC. Im Kontext der thematisierten integrierten Produktionstechniken und der mit ihnen verbundenen Prozessinnovationen wird dabei die Prozessperspektive von besonderer Relevanz sein.

Mit der *zyklusorientierten Strategie* wird ein weiterer Schritt hin zur offensiven Umweltpolitik vollzogen. Gemäß der Einstellung „Wir tun nicht nur bei uns (vor Ort), sondern auch hinsichtlich unserer Produkte so viel wie möglich!" werden freiwillig direkte (nachgeschaltete und präventive) Umweltschutzmaßnahmen um indirekt-nachgeschaltete Maßnahmen ergänzt. Letztere fokussieren vor allem auf die umweltrelevanten Wir-

[64] Das bringt auch die Bezeichnung der additiven Techniken als End-of-Pipe-Techniken zum Ausdruck.

[65] Es findet auch der Begriff ‚Clean Technology' Verwendung; zur Gegenüberstellung additiver und integrierter Produktionstechniken vgl. Hartje (1990), S. 140ff.

kungen der eigenen Erzeugnisse in deren Nutzungs- und Entsorgungsphase; einzelne – aus freien Stücken ergriffene, aber durchaus auf Wettbewerbsvorteile abzielende – Maßnahmen betreffen z.B. die Reduzierung der vom Produkt ausgehenden Emissionen ebenso wie die Einrichtung von Pfand- und Recycling-Systemen. Damit rückt der gesamte Produktlebenszyklus in das Blickfeld strategischer Überlegungen.

Die über Wettbewerbsvorteile angestrebten positiven Effekte freiwillig ergriffener indirekt-nachgeschalteter Maßnahmen auf die monetären Ziele einer Unternehmung sind mit vergleichsweise hoher Unsicherheit und starken Wirkungsverzögerungen verbunden. Die Umsetzung einer zyklusorientierten Strategie bedarf von daher der dauerhaften Unterstützung der Unternehmensleitung. Dieser Zusammenhang legt es nahe, den Umweltschutz auf normativer Ebene als fundamentale – wenn auch den monetären Zielen untergeordnete – Zielsetzung zu verankern. In der BSC sollte er entsprechend auf dem Niveau einer eigenständigen Perspektive Berücksichtigung finden,[66] welche mit der Finanzperspektive durch komplementäre Ursache-Wirkungs-Ketten zu verknüpfen ist.

Die *nachhaltigkeitsorientierte Strategie* richtet sich an der Idealvorstellung des ökologisch nachhaltigen Wirtschaftens[67] aus und entspricht einer ausgeprägt offensiven Unternehmenspolitik. Der Grundsatz „Wir tun bei uns und bei anderen so viel wie möglich!“ legitimiert nun auch die freiwillige Initiierung indirekt-präventiver Umweltschutzmaßnahmen. Unter Einbezug aller Akteure der unternehmensübergreifenden Wertschöpfungskette zielen solche Maßnahmen darauf ab, ökologische Gestaltungsansätze der Nachhaltigkeit zu realisieren; dazu gehören beispielsweise die Umsetzung vermeidungsorientierter Produktnutzungskonzepte, die bessere Ausnutzung von Energiepotentialen und die Bildung möglichst geschlossener Stoffkreisläufe.[68]

Die Kernpostulate nachhaltigen Wirtschaftens stehen losgelöst von und damit prinzipiell in Konkurrenz zu den monetären Zielsetzungen einer Unternehmung. So wird

---

[66] Wie auch in Schritt 2 (insbesondere Punkt 4) der P&Z-Methodik berücksichtigt, muss dies in der Praxis nicht unbedingt eine ausschließlich umweltbezogene Perspektive sein. So berichten Kaplan/ Norton (1997a), S. 33, von einer Chemieunternehmung, die – das lässt sich aus den Anmerkungen schließen – umwelt- und gemeinschaftsbezogene Aspekte in einer Perspektive zusammenfassen. Zur verfolgten Strategie äußern sich dabei die befragten Führungskräfte wie folgt: "Unsere Strategie ist, dass wir mehr tun als das, wozu wir verpflichtet sind, damit wir ... nicht nur als gesetzestreu gelten, sondern vielmehr als vorbildliche Arbeitgeber in bezug auf Umweltschutz, Sicherheit und Produktivität.“

[67] Zu den Grundsätzen nachhaltigen Wirtschaftens (bzw. des ‚Sustainable Development') vgl. World Commission on Environment and Development (1987), S. 43ff. Zu seiner Relevanz für die Betriebswirtschaftslehre vgl. z.B. Strebel (1997) und Wagner 1997, S. 34ff.

[68] Eine entsprechende Übersicht findet sich bei Kreibich (1997), S. 11.

etwa gefordert: „Die generelle Funktionsfähigkeit ökologischer Systeme darf durch die wirtschaftlichen Tätigkeiten des Menschen nicht beeinträchtigt werden!“[69] Vor diesem Hintergrund sind beispielsweise negative monetäre und positive ökologische Wirkungen einer Maßnahme zur Verlängerung der Lebensdauer eines Produktes gegeneinander abzuwägen. Mithin haben dann Umweltziele nicht nur normativ fundamentalen Charakter, sondern sind auch den Ergebniszielen gleichgeordnet. Diesem Sachverhalt kann in der BSC nur durch eine eigenständige Umweltperspektive auf dem Niveau der Finanzperspektive angemessen Rechnung getragen werden.

10.3.4 Abgleich zwischen Umweltpolitik, -strategie und -verankerung in der BSC

Die in den Abschnitten 10.3.1 bis 10.3.3 angestellten Überlegungen lassen sich nunmehr zusammenführen. Sowohl aus der umweltpolitischen Einstellung als auch aus der umweltstrategischen Ausrichtung einer Unternehmung kann auf die hierarchische Stellung des Umweltschutzes und seine daraus resultierende optimale Verankerung in der BSC geschlossen werden. Im Idealfall gibt es dabei keine Diskrepanzen: Die verfolgte Umweltpolitik stimmt mit der verfolgten Umweltstrategie inhaltlich überein, und beide finden die ihnen angemessene Berücksichtigung in der BSC. Die entsprechenden Zusammenhänge gibt Abbildung 10–9 nochmals im Überblick wieder.

Die betriebliche Praxis kann allerdings aus einer Reihe von Gründen vom beschriebene Idealfall abweichen; exemplarisch seien hier genannt:

- Umweltpolitik und Umweltstrategie divergieren, da sie unabhängig voneinander festgelegt wurden.
- Umweltpolitik und Umweltstrategie divergieren, da sie zwar ehemals aufeinander abgestimmt wurden, dann aber im Laufe der Zeit unabhängig voneinander eine Veränderung erfahren haben.
- Die Umweltpolitik entspricht zwar der Umweltstrategie; der in der BSC eigentlich auf Perspektiven- oder Zielebene zu berücksichtigende Umweltschutz fiel aber im Rahmen der BSC-Entwicklung einem – falsche Prioritäten setzenden – Selektionsprozess zum Opfer.
- Die Umweltpolitik entspricht zwar der Umweltstrategie, beide haben aber im Laufe der Zeit eine Veränderung erfahren, ohne dass die ehemals adäquate BSC entsprechend angepasst wurde.

---

[69] So Schmid (1999), S. 286, der dort auch weitere Kernpostulate aufführt.

umweltpolitische Einstellung			umweltstrategische Ausrichtung			relative Bedeutung des Umweltschutz-Ziels	
ordnungs-politisch	moralisch	Umwelt-politik	autorisierte Maßnahmen nach Ausmaß	autorisierte Maßnahmen nach Art	Umwelt-strategie	hierarchische Stellung	Verankerung in der BSC
illegal	vollkommen illegitim	kriminell	möglichst keine	möglichst keine	abwehr-orientiert	auf strategischer Ebene ohne Relevanz	keine
legal	vollkommen illegitim	vollkommen defensiv	nur gesetzlich gebotene	nur direkt-nachge-schaltete	output-orientiert	auf strategischer Ebene instrumental	unsystematisch-situativ
				+ direkt-präventive	prozess-orientiert	auf strategischer Ebene fundamental, auf normativer Ebene instrumental	als einzelne Ziele hauptsächlich in der Prozessperspektive
				+ indirekt-nachge-schaltete	zyklus-orientiert	auf normativer Ebene fundamental, den Finanzzielen untergeordnet	als eigenständige, untergeordnete Per-spektive, ergänzt um Finanzziel-komplemen-täre Wirkungsketten
	vollkommen legitim	vollkommen offensiv	darüber hinaus möglichst viele freiwillige	+ indirekt-präventive	nach-haltigkeits-orientiert	auf normativer Ebene fundamental, den Finanzzielen gleichgeordnet	als eigenständige Per-spektive auf oberster Ebene, ergänzt um Finanzziel-unabhängige Wirkungsketten

Abb. 10–9: Idealtypischer Zusammenhang zwischen Umweltpolitik, -strategie und -verankerung in der BSC

In diesem Kontext kann das in Abbildung 10–9 dargestellte Beziehungsgeflecht zweierlei Funktionen erfüllen: Zum einen ist es als *Analyseinstrument* nutzbar, um bestehende Diskrepanzen zwischen Umweltpolitik, -strategie und -verankerung in der BSC aufzudecken; zum anderen lässt es sich als entscheidungstheoretisch fundierte *Heuristik* einsetzen, um Umweltpolitik und -strategie einander anzupassen sowie darauf aufbauend die geeignete Alternative zur Einbindung des Umweltschutzes in die BSC zu bestimmen.[70]

10.3.5 Hilfsmittel zur Verknüpfung von Umwelt- und Ergebniszielen

Im Anschluss an eine Entscheidung, den Umweltschutz in der BSC zu verankern, stellt sich die Frage nach geeigneten strategischen Umweltzielen.[71] Dabei sind komplementäre Beziehungen zwischen diesen Umweltweltzielen und den Ergebniszielen selbst dann erstrebenswert, wenn dem Umweltschutz eine der Finanzperspektive gleichgeordnete Perspektive zugebilligt wird. Nachfolgend sollen daher beispielartig zwei Ansatzpunkte vorgestellt werden, die ein Auffinden entsprechender Zielkomplementaritäten erleichtern.

10.3.5.1 Analyse empirischer Befunde

Eine Reihe empirischer Untersuchungen beschäftigt sich mit dem Zusammenhang zwischen der umweltbezogenen Leistungsfähigkeit von Unternehmungen und dem daraus resultierenden Einfluss auf ihren Erfolg. Dabei sind *zwei Ansätze* unterscheidbar: Auf der einen Seite stehen Untersuchungen im Rahmen der empirischen Erfolgsfaktorenforschung, die auf verallgemeinerbare Aussagen über Zusammenhänge zwischen umweltgerechtem Verhalten einer Unternehmung und ihrem finanziellen Erfolg abzielen.[72] Auf der anderen Seite stehen Fallstudien, die dokumentieren, wie einzelne Unternehmungen durch ökologisch motiviertes Verhalten erfolgreicher geworden sind.

Die *Ergebnisse der empirischen Erfolgsfaktorenforschung* scheinen zu belegen, dass eine klug gewählte Umweltstrategie einer langfristigen Verbesserung des Unterneh-

---

[70] Das Beziehungsgeflecht kann insbesondere zur Unterstützung von Schritt 4 der P&Z-Methodik herangezogen werden. Dabei sind die Überlegungen vom Prinzip her nicht auf den Umweltschutz beschränkt, sondern auch auf andere Teilpolitiken und -strategien einer Unternehmung übertragbar.

[71] Vgl. diesbezüglich Schritt 5 der P&Z-Methodik.

[72] Zum Begriffs des Erfolgsfaktors sowie zur Methodik der empirischen Erfolgsfaktorenforschung vgl. Thiem (2000), S. 17ff.

menserfolges durchaus zuträglich sein kann.[73] Indes herrscht Uneinigkeit darüber, ob der Umweltschutz lediglich situations- bzw. branchenspezifisch als Erfolgsfaktor zu sehen ist oder ob es sich um einen allgemeingültigen, branchenübergreifenden Erfolgsfaktor handelt.[74] Zudem sind der Erfolgsfaktorenforschung keine konkreten Anhaltspunkte für die komplementäre Verknüpfung von ökologischen und finanziellen Zielen zu entnehmen.

Solche Anhaltspunkte liefern dagegen *Fallstudien zur Erfolgswirkung einzelner Umweltschutzaktivitäten*, die sich größerer Verbreitung erfreuen.[75] Dabei weist diese Art der empirischen Untersuchung wesentliche Vorzüge auf. So bieten Fallstudien einen relativ weitreichenden Einblick in die Aktivitäten von Unternehmungen. Die wiedergegebenen Situationen sind zwar höchst individuell, ihre übergreifende Analyse lässt es aber unter Umständen dennoch zu, bestimmte generelle Muster herauszuarbeiten.[76]

Fallstudien vermitteln zudem eine Vorstellung von branchenfremden Aktivitäten zum Umweltschutz, die als Basis für kreative Ansätze zur Abbildung ökologischer Ziele in der unternehmenseigenen BSC genutzt werden können. Entsprechenden Vorbildcharakter mag etwa das Beispiel eines führenden LKW-Herstellers (Volvo) haben: Durch intensive Bewerbung des geringen Kraftstoffverbrauchs sowie der niedrigen Emissionen seiner neuesten Produktreihe konnte die Unternehmung ihren Marktanteil und die Produktmargen beträchtlich steigern.[77]

Als wesentliche Nachteile von Fallstudien sind allerdings ihr starker Kontext- und Vergangenheitsbezug zu nennen. So lassen sich erfolgreiche Strategien anderer Unternehmungen nicht ohne weiteres auf die eigene Unternehmung übertragen, und es gibt auch keine Garantie, dass sie in Zukunft erfolgverheißend sind. Zudem fehlt vielen empirischen Studien der theoretische Unterbau.[78]

---

[73] Die Aussage wurde vor dem Hintergrund der z.B. von Nicolai/Kieser (2002) vorgebrachten Kritik an der Erfolgslosigkeit der Erfolgsfaktorenforschung bewusst vorsichtig formuliert.

[74] Vgl. Thiem (2000), insbesondere S. 191ff., versus Fritz (1995), insbesondere S. 354.

[75] Vgl. z.B. Blumberg/Korsvold/Blum (1997) mit 15 Fallstudien und Epstein (1996) mit Beispielen aus mehr als 50 Unternehmungen.

[76] So Blumberg/Korsvold/Blum (1997), S. 14.

[77] Zu einer ausführlichen Darstellung des Beispiels vgl. Blumberg/Korsvold/Blum (1997), S. 14.

[78] Entsprechende Kritik an Fallstudien äußern etwa Sousa de Vasconcellos/Hambrick (1989), S. 367, und Grabner-Kräuter (1993), S. 295.

10.3.5.2 Umwelt-Risiko-Analyse

Bei der Umwelt-Risiko-Analyse handelt es sich um ein Instrument, das der besseren Einschätzung der strategischen Bedeutung umweltbezogener Themen für eine Unternehmung dient. Sie ist vor allem für Branchen interessant, die von Veränderungen ökologischer Rahmenbedingungen stark betroffen sind, wie beispielsweise für die chemische Industrie sowie für die Energie- und Wasserversorger.[79] Die Methode ist als Erweiterung der klassischen Szenario-Analyse[80] zu sehen. Ein auf *Repetto/Austin* zurückgehendes *Vorgehensschema* zur Umsetzung der Umwelt-Risiko-Analyse gibt Abbildung 10–10 wieder.[81]

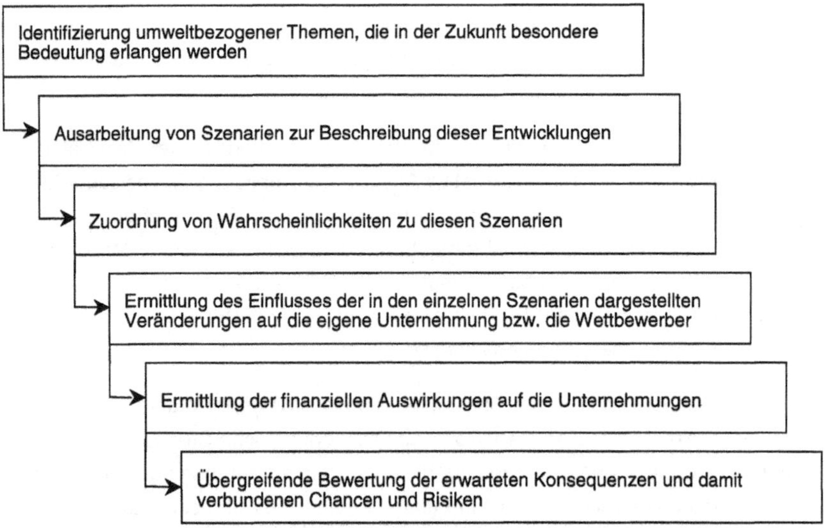

Abb. 10–10: Schematische Vorgehensweise bei der Umwelt-Risiko-Analyse

Ein erster Verfahrensschritt dient der Identifizierung umweltbezogener Themen mit zukünftig möglicherweise hoher Relevanz. Daraus werden im Unterschied zur klassischen Szenario-Analyse nicht notwendigerweise umfassende Szenarien(gruppen) abgeleitet und die zu ihnen führenden Entwicklungspfade aufgezeigt. Vielmehr stehen

[79] Ein Beleg für diese starke Betroffenheit ist der Anteil der Investitionen in Umweltschutzanlagen an den Gesamtinvestitionen, der in der chemischen Industrie beachtliche 10% bis 20%, bei den Energie- und Wasserversorgern sogar 20% bis 25% beträgt; vgl. Schaltegger/Figge (1999), S. 203.

[80] Die Szenario-Analyse geht letztlich wohl auf Kahn/Wiener (1967), S. 5ff., zurück. Für eine Einführung in die Technik der Szenario-Analyse vgl. Götze (1993).

[81] Vgl. Repetto/Austin (2000).

die potentiellen *Auswirkungen singulärer Ereignisse* im Fokus.[82] Derartige singuläre Ereignisse können z.B. Änderungen in der Umweltgesetzgebung sein, die für Unternehmungen der angesprochenen Branchen maßgebliche Bedeutung besitzen. Daneben lassen sich freilich auch kontinuierliche Veränderungen wie tendenziell ansteigende Rohstoff- und Energiepreise oder Änderungen der Kundenanforderungen in die Szenariobildung einbeziehen.

Der Ausarbeitung einzelner Szenarien und ihrer Wahrscheinlichkeitsschätzung folgt die Analyse denkbarer Konsequenzen für die jeweilige Unternehmung selbst und für ihre Wettbewerber. Ein Schwerpunkt liegt dabei auf der *Untersuchung der finanziellen Auswirkungen*, etwa auf den erwarteten Unternehmenswert.[83] Aus identifizierten Risiken lassen sich z.B. Tätigkeitsfelder ableiten, in denen Verbesserungen der Umwelt-Performance der Unternehmung besonders wirksam zu einer Verringerung des Risikos und damit zu einer Steigerung des Unternehmenswertes führen.[84] Die Methode erlaubt insofern die Herausarbeitung von Umweltzielen, die als komplementär zu den finanziellen Zielen der Unternehmung zu sehen sind.

10.4 Praxisbeispiele zur Positionierung von Umweltzielen innerhalb der BSC

Angelehnt an die fünf Schritte der P&Z-Methodik wurde in den Abschnitten 10.3.1 bis 10.3.5 die Positionierung des Umweltschutzes innerhalb der BSC von konzeptioneller Seite her aufgegriffen. Als Gegenpol zu diesen Überlegungen idealtypischer Natur ist aber auch das entsprechende Vorgehen in der unternehmerischen Praxis von Interesse: Zum einen belegen die in Abschnitt 10.4.1 angeführten Beispiele, dass es in der Tat zu einer mit dem Unternehmensleitbild nicht korrespondierenden Verankerung des Umweltschutzes in der BSC kommen kann; zum anderen bestätigen die in Abschnitt 10.4.2 skizzierten Erfahrungen im Rahmen einer Fallstudie, dass die Idee der Ableitung individueller BSC-Perspektiven aus den normativen Zielsetzungen einer Unternehmung durchaus praktikabel ist.

---

82 Vgl. auch Weber/Weißenberger/Liekweg (1999), S. 27.

83 Vgl. dazu Repetto/Austin (2000), insbesondere S. 79.

84 Vgl. Pollanz (1999), S. 1279.

10.4.1 Beispiele inadäquat erscheinender Positionierungen

10.4.1.1 Vorbemerkungen

Nachstehend werden *drei Beispiele* aus der Unternehmenspraxis vorgestellt, in denen mit Blick auf den Umweltschutzaspekt normative Statements nicht mit der individuellen BSC-Zielhierarchie zu harmonieren scheinen. Die Überlegungen beruhen allein auf der Auswertung unternehmensbezogener Aufsätze, Broschüren, Tagungsunterlagen und Internetveröffentlichungen.[85] Naturgemäß bleibt dabei eine detaillierte Einsicht in den Prozess der Ableitung der jeweiligen BSC-Zielhierarchie verwehrt.

Die Ausführungen beschränken sich denn auch auf die Darlegung des empirisch beobachtbaren, widersprüchlichen *Verhältnisses zwischen Ausgangspunkt und Ergebnis* eines solchen Prozesses. Die Ableitung der Zielhierarchie selbst bleibt, wie in Abbildung 10–11 skizziert, eine Black Box; insbesondere lassen sich keine Aussagen über die Hintergründe der Widersprüchlichkeiten – vor allem über die jeweils verletzten Prämissen[86] – treffen.[87]

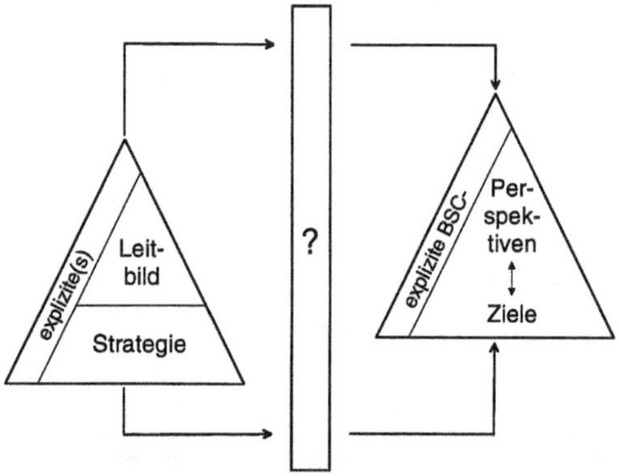

Abb. 10–11: Der in der Praxis ablaufende Prozess der Ableitung einer BSC-Zielhierarchie als Black Box

Die identifizierten Unstimmigkeiten beruhen letzten Endes alle auf dem Sachverhalt, dass der Ansatz einer nachhaltigen Entwicklung postuliert wird. Wie bereits erläutert, legt dieser Ansatz im Rahmen der BSC die Berücksichtigung einer *eigenständigen*

---

[85] Die Auswahl der Beispiele orientierte sich an der Zugänglichkeit entsprechender Informationen über Leitbild und BSC der jeweiligen Unternehmungen.

[86] Zu einzelnen Prämissen vgl. nochmals Abschnitt 10.2.2.

[87] Vor diesem Hintergrund wurde den hier angesprochenen Unternehmen Gelegenheit zur Stellungnahme gegeben. Aus den entsprechenden Statements ergaben sich allerdings keine nennenswerten Erkenntnisse.

Umweltperspektive nahe, welche zudem grundsätzlich als *gleichrangig zur Finanzperspektive* zu sehen ist.[88] Von dieser idealtypischen Sollsituation weichen die BSCs der drei Beispiele maßgeblich ab.

Es sei indessen betont, dass die folgenden Ausführungen keineswegs darauf abzielen, Kritik an der Haltung der Beispiel-Unternehmungen zum Umweltschutz zu üben, sind doch gerade sie für ihr überdurchschnittliches Engagement in Sachen Ökologie bekannt. Vielmehr soll exemplarisch veranschaulicht werden, dass es das traditionelle BSC-Konzept nicht vermag, dem Zielsystem einer Unternehmung gesamthaft Rechnung zu tragen: Es leistet keinen Beitrag, die umweltbezogene Lücke im strategischen Management zu schließen.[89]

10.4.1.2 Beispiel Deutsche Lufthansa AG

Die Statements der Deutschen Lufthansa AG zum Umweltschutz lassen keinen Zweifel daran, dass sich die Unternehmung den Nachhaltigkeitsansatz auf die Fahnen geschrieben hat.[90] Diesbezügliche zentrale Passagen aus den seit 1996 geltenden ‚Leitlinien zur Umweltvorsorge' sind auf der linken Hälfte der Abbildung 10–12 zusammengestellt. Darin wird zum einen die Umweltvorsorge als ein *vorrangiges Unternehmensziel* eingestuft, zum anderen die Orientierung am Prinzip des *nachhaltigen Wirtschaftens* verlautbart.[91]

Die Leitlinien autorisieren solche Umweltschutzmaßnahmen, die unverkennbar mit dem abgeleiteten Typ der *nachhaltigkeitsorientierten Umweltstrategie* korrespondieren. So wird unter dem Titel „Wir wollen stetig besser werden" ausgeführt:

- „Umweltvorschriften halten wir ein. Wir wollen aber mehr tun und im Rahmen unserer wirtschaftlichen Möglichkeiten die beste verfügbare Technik einsetzen, um negative Auswirkungen unserer Tätigkeit auf die Umwelt stetig zu verringern."

---

[88] Es sei klargestellt, dass hier nicht der Meinung das Wort geredet werden soll, dem Umweltschutz gebühre dieser Status unbedingt. Es wird lediglich konstatiert, dass sich dieser Status aus der Verfolgung des Nachhaltigkeitsansatzes ableitet.

[89] Überspitzt ließe sich formulieren: Der Umweltschutz findet in den Beispiel-Unternehmen auf strategischer Ebene nicht wegen, sondern trotz der BSC Berücksichtigung.

[90] Damit ist die Unternehmung keinesfalls mehr ein Einzelfall. Schätzungen gehen davon aus, dass sich mittlerweile ca. 100.000 der 3,3 Millionen Unternehmungen in Deutschland dem Nachhaltigkeitsansatz verschrieben haben; vgl. Schulz et al. (2002), S. 80.

[91] Vgl. Deutsche Lufthansa AG (2000), S. 3, und (2003). Hier wird auf die veröffentlichten Umweltleitlinien abgestellt, da die Unternehmung nach eigenem Bekunden kein umfassendes Leitbild formuliert hat.

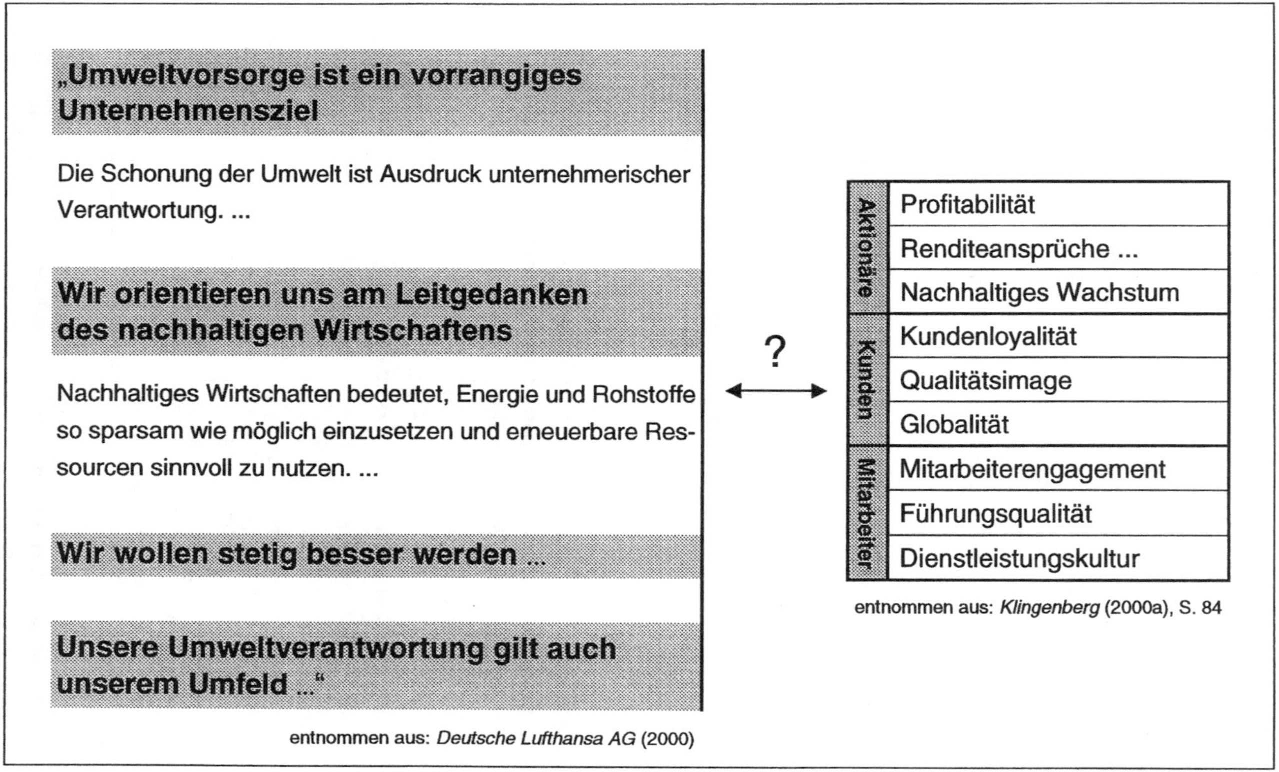

Abb. 10–12: Umweltleitlinien und BSC-Ziele der Deutschen Lufthansa AG in der Gegenüberstellung

Diese Aussage betrifft das freiwillige Ergreifen *präventiver Umweltschutzmaßnahmen*. Weiterhin wird aus freien Stücken auch *indirekter Umweltschutz* autorisiert, wenn es unter dem Titel ‚Unsere Umweltverantwortung gilt auch unserem Umfeld' heißt:

➢ „... bei allen Konzern- und Beteiligungsgesellschaften, Joint Ventures und in Kooperationsprojekten werden wir [unseren Leitlinien und Umweltzielen] im Rahmen unserer Möglichkeiten Geltung verschaffen. Wie sie Umweltnormen beachten und welche Anstrengungen sie auf dem Gebiet der Umweltvorsorge unternehmen, sind für uns Kriterien für die Auswahl unserer Vertragspartner."

Ein Blick in Publikationen über das Thema ‚BSC bei der Deutschen Lufthansa AG' offenbart allerdings: Die hinsichtlich Umweltschutz hoch gesteckten normativen Ansprüche finden auf strategischer Ebene *keine adäquate Berücksichtigung*. So lässt die angepasste Perspektivenstruktur den Umweltschutz außen vor; sie trägt lediglich den Aktionären, Kunden und Mitarbeitern Rechnung, erklärter Maßen die wichtigsten Stakeholder der Deutschen Lufthansa AG.[92] Und selbst unter den einzelnen strategischen BSC-Zielen sucht man vergeblich nach umweltbezogenen Kriterien, wie das auf der rechten Hälfte der Abbildung 10-12 wiedergegebene Beispiel einer BSC der Deutschen Lufthansa AG belegt.[93]

10.4.1.3 Beispiel ABB Konzern

Der ABB Konzern präsentiert sich öffentlich als „nachhaltigkeitsorientierter Akteur auf internationaler Ebene"[94]. Entsprechend dieser Positionierung hat der Umweltschutz Eingang in das Leitbild des Konzerns gefunden. Dort wird der Ökologieaspekt im Rahmen einer von vier Kernaussagen angesprochen,[95] die auf der linken Hälfte der Abbildung 10–13 nachzulesen sind. Der den Umweltschutz betreffende Leitsatz ist dabei schattiert hinterlegt.

---

92 Vgl. Klingenberg (2000a), S. 83f., und (2000b), S. 68.

93 Dieses Beispiel wird – zusammen mit weiteren Detailangaben zu den BSC-Zielen – von Klingenberg (2000a), S. 84, aufgeführt. Die Detailangaben erlauben es, einen unmittelbaren Bezug zu ökologischen Zielen auszuschließen.

94 So der Titel eines Beitrags von Weis (2002), der ‚Country Sustainability Controller' bei der ABB AG aus Ladenburg/Deutschland ist.

95 Vgl. dazu ABB Ltd (o.J.), S. 5f.; das Unternehmensleitbild findet sich auch im Internet unter http://www.abb.com.

„Unsere Vision – unser Ziel

Wir schaffen Werte, indem wir

... unsere Kunden in einer vernetzten Welt wettbewerbsfähiger machen. ...

... unseren Mitarbeitern die Möglichkeit geben, zu lernen, sich weiter zu entwickeln und an der gemeinsamen Wertschöpfung teilzuhaben. ...

... Erträge erwirtschaften, welche die Erwartungen unserer Aktionäre erfüllen oder übertreffen. ...

... uns einer nachhaltigen Entwicklung verpflichten. ...“

entnommen aus: *ABB Ltd* (o.J.), S. 5f.

? ←→

Finanzen	Bildung genügender Rückstellungen ...
	... Steigerung des ... Pro-Kopf-Umsatzes
	... Steigerung des Umsatzes mit externen Kunden
	... Steigerung des Umsatzanteils mit Produkten
Kunden	Erfüllung des Grundauftrags
	Steigerung ... der Wertschätzung
	Publikation des Produkt-/Markt-Portfolios
	Differenzierung ... durch Seniority-Image
	Überraschung der Kunden durch: – Flexibilität ...
Prozesse	Aufbau eines Finanzmanagements
	Aufbau ... von Akquisitions- und Abwicklungsprozessen
	Aufbau ... von ... Produktmanagementprozessen
	Aufbau der Kontinuität der Produkt-/Marktleistungen
Potentiale	Bildung von Kooperationen ...
	Steigerung der Attraktivität ... für die ... Mitarbeiter
	... Ausbildung aller Mitarbeiter zu Beratern
	Aufbau ... einer passenden Infrastruktur
	Stärkung des ‚Wir-Gefühls' unter den Mitarbeitern

entnommen aus: *Quervain* (2000), S. 19

Abb. 10–13: Die Leitbildziele des ABB Konzerns und BSC-Ziele aus der ABB Schweiz in der Gegenüberstellung

Mit seiner diesbezüglichen Bekräftigung, sich einer *nachhaltigen Entwicklung* zu verpflichten, erkennt der ABB Konzern dem Umweltschutz innerhalb seiner normativen Zielsetzungen einen sehr hohen Stellenwert zu. Demgemäß führt der Konzern denn auch zu seinem umweltbezogenen Leitsatz aus: „ABB ist bestrebt, wirtschaftlichen, ökologischen und gesellschaftlichen Interessen *gleichermaßen* [H.d.V.] gerecht zu werden und Werte für all jene zu schaffen, die mit unserem Unternehmen in Verbindung stehen."[96]

Es stünde nun zu erwarten, dass dem Umweltschutz in den einzelnen Gesellschaften des ABB Konzerns ein entsprechender Platz eingeräumt wird. Zumindest das unter dem Namen ABB Schweiz veröffentlichte Beispiel einer BSC,[97] die auf der rechten Hälfte der Abbildung 10–13 in ihrer Essenz dargestellt ist, trägt dem Nachhaltigkeitsansatz jedoch *in keiner Weise Rechnung*. Nicht genug damit, dass die Standard-Perspektiven zugrunde gelegt wurden: Selbst auf der Ebene strategischer BSC-Ziele – davon werden im Beispiel immerhin 18 Stück verfolgt – bleibt der Umweltschutz unberücksichtigt. Damit tritt auch hier die Diskrepanz zwischen Leitbild und BSC offenkundig zu Tage.

10.4.1.4 Beispiel Henkel KGaA

Die Henkel KGaA genießt weithin den Ruf einer umweltbewusst agierenden Unternehmung. Dass dies nicht nur Resultat geschickter Öffentlichkeitsarbeit ist, belegen die Ergebnisse einer regelmäßig durchgeführten Studie des Hamburger Umweltinstituts e.V. Demnach konnte die Henkel KGaA in Sachen Umweltschutz unter den weltweit größten Chemiekonzernen 1999 erstmals die *Spitzenposition* einnehmen.[98] Die herausgehobene Stellung der Henkel KGaA kommt dabei nicht von ungefähr: Schon 1993 ist das Ziel der *Öko-Führerschaft* vom damaligen Vorstandsvorsitzenden *Dr. H.-D. Winkhaus* formuliert worden, es wurde im 1994 überarbeiteten Unternehmensleitbild verankert, und auch der neue Vorstandsvorsitzende *Dr. U. Lehner* bekannte sich noch im Jahre 2001 dazu.[99]

---

[96] ABB Ltd (o.J.), S. 15.

[97] Vgl. Quervain (2000), S. 19. Da die ABB Schweiz eine Ländergesellschaft ist, wird sich das BSC-Beispiel nicht auf sie, sondern vermutlich auf eine ihrer Tochtergesellschaften beziehen.

[98] Vgl. Palass (1999), S. 129f.

[99] Vgl. dazu im Einzelnen Palass (1999), S. 130, Wagner (1999), S. 246, und Lehner (2001).

Das Bestreben, die ökologisch führende Chemieunternehmung sein zu wollen, ist bei der Henkel KGaA eng verbunden mit dem Prinzip des nachhaltigen Wirtschaftens: Es gilt, der durch dieses Prinzip beschriebenen Idealsituation möglichst nahe zu kommen. Dementsprechend wird immer wieder die *hohe Bedeutung des Nachhaltigkeitsansatzes* für die Henkel KGaA betont.[100]

Im diesbezüglichen Vergleich zwischen Leitbildzielen und BSC der Unternehmung, wie sie sich im Jahr 2000 präsentierten und in Abbildung 10–14 gegenübergestellt sind,[101] fallen freilich abermals *Diskrepanzen* auf. So war die Henkel KGaA zwar bemüht, die BSC-Perspektiven gemäß ihrer individuellen Erfordernisse umzugestalten, sie hat dabei aber den Umweltschutz außen vor gelassen. Allein im Rahmen des einzelnen BSC-Ziels ‚Umwelt- und Verbraucherschutz' wird der Ökologieaspekt angesprochen; auf diesem Niveau wird man jedoch dem Nachhaltigkeitsansatz kaum gerecht werden können.

Während die in Abbildung 10–14 festgehaltenen Leitsätze noch im April 2002 im Internet nachzulesen waren,[102] deutete sich mit der Veröffentlichung des Geschäftsberichts 2001 ein *Wandel* an: Dort wurden umformulierte Leitsätze präsentiert, die schließlich auch (spätestens) seit Juni 2002 im Internet zu finden sind. Im Hinblick auf den Umweltschutz heißt es nun: „Wir betreiben aktiven Umweltschutz"[103]. Im Vergleich zur früheren Zielsetzung, die ökologisch führende Chemieunternehmung zu sein, scheint die Henkel KGaA somit neuerdings eine *weniger offensive Umweltpolitik* zu verfolgen. Allerdings: Eine Abkehr vom Nachhaltigkeitsgrundsatz ist bislang nicht erkennbar[104] – und dies wäre notwendige Bedingung dafür, dass das neue Leitbild und die BSC in Bezug auf den Umweltschutz als kongruent gelten können.

---

[100] Vgl. Neben Wagner (1999), S. 246, und Henkel KGaA (2001) insbesondere Lehner (2001), der auf S. 20 zum verfolgten Prinzip der Nachhaltigkeit ausführt: „Dabei geht es um die *gleichrangige* [H.d.V.] Sicherstellung und Verbesserung der ökonomischen, ökologischen und sozialen Leistungsfähigkeit".

[101] In Abbildung 10–14 wurden die umweltbezogenen Aspekte jeweils grau schattiert hervorgehoben.

[102] Vgl. Henkel KGaA (2002a).

[103] Vgl. Henkel KGaA (2002b), S. 2.

[104] Vgl. dazu den Nachhaltigkeitsbericht 2001 der Henkel KGaA (2002c).

„Unsere Grundsätze ...

1. **Henkel ist der Spezialist für angewandte Chemie ...**
2. **Henkel ist in allen Bereichen kunden- und marktorientiert ...**
3. **Henkel nutzt seine Marktpotentiale weltweit ...**
4. **Henkel ist durch Innovationen ... erfolgreich ...**
5. **Henkel will für tüchtige Mitarbeiter attraktiv sein ...**
6. **Henkel ist das ökologisch führende Chemie-Unternehmen ...**
7. **Henkel achtet die gesellschaftlichen Werte und Normen aller Länder ...**
8. **Henkel gibt sich eine Struktur, die schnelle Anpassung an Veränderung ermöglicht ...**
9. **Henkel richtet alle Entscheidungen danach aus, seinen langfristigen Bestand zu sichern ...**
10. **Henkel pflegt die Tradition der offenen Familiengesellschaft ...“**

entnommen aus: *Henkel KGaA* (o.J.)

? ⟷

Shareholder Value-Ziele	Return on Investment
	Netto-Umsatzrendite
	Eigenkapitalrendite
	Gewinn pro Aktie
Marktführerschafts-Ziele	weltweite Präsenz
	Erreichen der ‚kritischen Masse' in den jeweiligen Märkten
	Erlangung starker Marktpositionen
	überdurchschnittlich hohe Rentabilität
Portfolio-Ziele	Förderung von Systemgeschäften
	Erhöhung des Anteils von Entwicklungsgeschäften
	Betonung regionaler Entwicklungsschwerpunkte
Personal-, Innovations- und Technologie-Ziele	Rekrutierung exzellenter Mitarbeiter
	Technologieführerschaft in möglichst vielen Märkten
	Fokussierung auf ‚Ankerprojekte'
	Umwelt- und Verbraucherschutz
	Veränderung der Organisationsstrukturen

entnommen aus: *Eichstaedt/Kuhnert* (2000), S. 39ff.

Abb. 10–14: Die Leitbildziele und die BSC-Ziele der Henkel KGaA in der Gegenüberstellung (Stand 2000)

10.4.2 Erfahrungen aus einer Fallstudie

Die Idee der Ableitung unternehmensspezifischer BSC-Perspektiven aus den normativen Unternehmenszielen konnte erstmals bei einem Zulieferer der Pharmaindustrie auf den Prüfstand gestellt werden. Die nachfolgend als *Pharma AG* bezeichnete Unternehmung[105] startete Mitte September 2001 mit der Ausarbeitung einer BSC. Dieses Projekt wurde bis zur Ende März 2002 erfolgten Genehmigung der Umsetzung der Projektergebnisse wissenschaftlich begleitet.[106] Dabei wurde besonderes Augenmerk auf die Kongruenz der BSC zum Unternehmensleitbild gelegt.

Das von der Pharma AG eingerichtete Projektteam identifizierte in einem ersten Schritt vier strategische Stoßrichtungen, die es als wesentlich für die Unternehmung ansah. Auf Basis der zusammengetragenen Stoßrichtungen erwog das Team dann – wie im oberen linken Kasten der Abbildung 10–15 angedeutet – die Heranziehung der *Standard-Perspektiven* der BSC. Dieses Ansinnen erschien allerdings aus unternehmensexterner Sicht durchaus fraglich. Es wurde deshalb angeregt, die strategiebezogenen Ergebnisse mit den sieben Grundsätzen aus dem Leitbild der Pharma AG (siehe dazu den oberen rechten Kasten in Abbildung 10–15) abzugleichen.

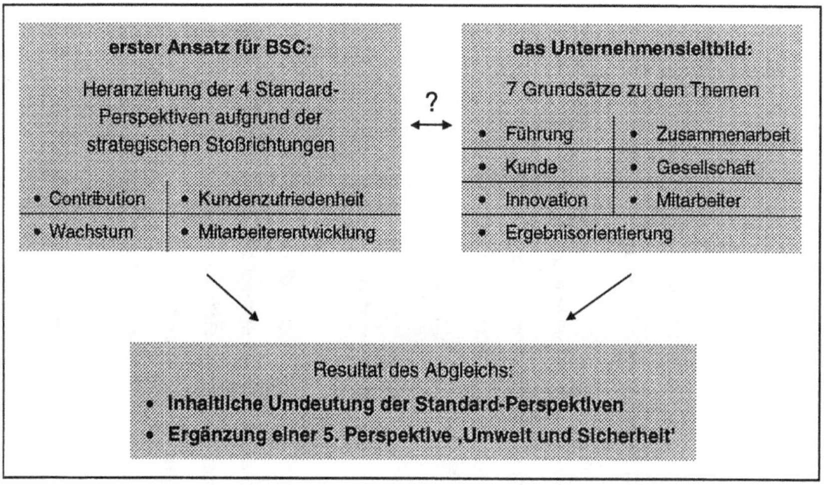

Abb. 10–15: Abstimmung normativer und strategischer Ziele bei einem Zulieferer der Pharmaindustrie

---

[105] Ihr tatsächlicher Name unterliegt der Verschwiegenheitspflicht.

[106] Dies geschah im Rahmen der Betreuung der Diplomarbeit von Anja Peters, die zugleich Projektassistentin bei der Pharma AG war.

Aus dem Abgleich zeigte sich denn auch, dass die Standard-BSC nicht allen Leitbildzielen adäquat Rechnung tragen würde; so ließen sich beispielsweise die im Leitsatz zum Thema ‚Gesellschaft' angesprochenen Ziele des Umweltschutzes und der Arbeitssicherheit nicht angemessen berücksichtigen. Dies führte zu zahlreichen Treffen mit längeren Diskussionen über die zu ziehenden Konsequenzen. Die Erörterungen mündeten schließlich in einer grundlegenden Überarbeitung des ursprünglichen Ansatzes.

Das Resultat dieses Revisionsprozesses ist eine *unternehmensindividuelle BSC*, die sich durch zwei Charakteristika auszeichnet (siehe dazu den unteren Kasten in Abbildung 10–15). Zum einen wurden die Standard-Perspektiven *inhaltlich umgedeutet*. Beispielsweise trat an die Stelle der Potentialperspektive eine rein personalentwicklungsbezogene Perspektive; Aspekte der Produkt- und Prozessentwicklung wurden der Perspektive ‚Produktion/Interne Prozesse' zugeordnet. Zum anderen wurde eine *fünfte Perspektive* mit der Bezeichnung ‚Umwelt und Sicherheit' eingeführt; insbesondere hierin wird eine Bestätigung für die Fruchtbarkeit der Anbindung der BSC an die normative Ebene gesehen.

10.5 Die Ausführungen im Lichte der erarbeiteten Controlling-Konzeption

Wie eingangs von Kapitel 10 bereits erwähnt, liegt der Schwerpunkt des Controllings im Hinblick auf die Unterstützung der Perspektivenableitung in der Gewährleistung der Kongruenz zwischen der BSC-Zielhierarchie und den *strategisch relevanten Determinanten totaler Effektivität und Effizienz*. Damit ist einer der vier herausgearbeiteten Teilaspekte der Effektivitäts- und Effizienzsicherung[107] angesprochen. In Bezug auf die Einbindung der BSC-Methodik in den idealtypischen Managementzyklus[108] betrifft der entsprechende Wirkungskreis des Controllings vornehmlich die als *Selektionsprozess* zu verstehende Strategiekonkretisierung. Beispielsweise gilt es, die unterstellten Zusammenhänge einer bestimmten Perspektivenstruktur transparent zu machen, kritisch zu hinterfragen, und gegebenenfalls Alternativen aufzuzeigen.[109]

---

[107] Vgl. nochmals Abschnitt 7.3.2.

[108] Vgl. nochmals Abschnitt 9.5.

[109] Damit sind exemplarisch die drei identifizierten *Aufgabenfelder* des rationalitätsorientierten Controllings angesprochen; vgl. dazu nochmals Abschnitt 6.1.3.

Freilich ist auch der – der Strategiekonkretisierung vorgeschaltete – *Lernprozess* einzubeziehen. Das rationalitätsorientierte Controlling muss nämlich zunächst klären, ob überhaupt Unterstützungsbedarf besteht. Dies ist zumindest dann der Fall, wenn bereits im Vorfeld der BSC-Entwicklung Diskrepanzen zwischen dem propagierten Unternehmensleitbild und den verfolgten strategischen Stoßrichtungen erkennbar sind. Indem das Controlling solche Diskrepanzen thematisiert,[110] rücken sie in das Bewusstsein der Entscheidungsträger. Dieser Lernprozess verändert die Ausgangskonstellation der Strategiekonkretisierung.

Der eigentliche Vorgang der Perspektivenableitung kann zum einen methodisch unterstützt werden; hierzu bietet sich der Rückgriff auf die vorgestellte P&Z-Methodik an, mit dem sich das rationalitätsorientierte Controlling gegebenenfalls *vertraut machen* muss. Zum anderen ist die Methodik *inhaltlich mit Leben zu füllen*. Welche Einzelaufgaben damit für das Controlling verbunden sein können, lässt sich anhand der Überlegungen zur Positionierung von Umweltzielen innerhalb der BSC nachvollziehen; so mag etwa analog zum Umweltschutz eine Typisierung weiterer Teilpolitiken und -strategien der Unternehmung erforderlich sein.

Die Beispiele zur Positionierung von Umweltzielen innerhalb einer Balanced Scorecard haben den praktischen Bedarf zur Unterstützung der Perspektivenbestimmung deutlich werden lassen. Diesbezüglich sollten sich Controlling-fokussierte Akteure aufgefordert fühlen, auch bereits getroffene Entscheidungen über die Struktur der BSC-Perspektiven zu hinterfragen. Damit schlagen sie den Bogen von der (Endkonstellation der) Strategiekonkretisierung über die Kontrolle zum Strategischen Lernen.

---

[110] Vgl. diesbezüglich auch Hirsch (2001), insbesondere S. 500.

11 Resümee

Die Diskussion um die Inhalte des Controllings lebt zur Zeit wieder auf; davon zeugen unter anderem die Resonanz auf den eingangs erwähnten Workshop zum Status Quo der Controlling-Forschung sowie die in seinem Umfeld publizierten Beiträge.[1] Die vorliegende Arbeit reiht sich in diese Diskussion ein. Ihr zentrales Anliegen ist es, das „Controlling auf dem Weg zu einer eigenständigen betriebswirtschaftlichen Disziplin"[2] ein Stück weit voranzubringen. Im Fokus steht dabei die Entwicklung einer eigenständigen Controlling-Konzeption auf Basis des rationalitätsorientierten Ansatzes, wie er im Jahre 1999 von *Weber/Schäffer* präsentiert wurde.[3]

Teil A der Arbeit ist den thematisch relevanten Grundlagen des Controllings als Objekt betriebswirtschaftlicher Forschung gewidmet. Diesbezüglich werden in Kapitel 2 die Ergebnisse einer explorativen Studie zum Ansehen und Verständnis des Controllings in der Betriebwirtschaftslehre aufgearbeitet. Es zeigt sich, dass dem Fach über die gesamte Professorenschaft hinweg zwar eine hohe Relevanz bescheinigt wird, dass sich aber noch *kein* bestimmtes Controlling-Verständnis durchsetzen konnte. Letzteres scheint im Hinblick auf die langfristige Sicherung der Position des Controllings im Kanon betriebswirtschaftlicher Teilgebiete bedenklich.

Vor diesem Hintergrund geht Kapitel 3 der Fragestellung nach, welche Anhaltspunkte sich zur Konstituierung des Controllings als *eigenständige Disziplin* ableiten lassen. Es wird dargelegt, dass der Bezugsrahmen der traditionellen Controlling-Konzeptionen – die Differenzierung von Führungsteilsystemen nach Aufgabenarten – den mit dem Merkmal der Eigenständigkeit verbundenen Ansprüchen nicht gerecht werden kann. Daraus leitet sich zum einen die Forderung nach einem neuartigen Bezugsrahmen ab. Zum anderen legen die erzielten Erkenntnisse eine Rückbesinnung auf die Kernkompetenzen der Controller als Basis für die Erarbeitung einer tragfähigen Controlling-Theorie nahe.

---

1 Vgl. z.B. Kappler (2002) und Möller/Stoi (2002).

2 So der Titel einer Tagung im April 2003 als Folgeveranstaltung des erwähnten Workshops.

3 Es sei daran erinnert, dass bezüglich der in 1999 vorgestellten Ideen kurz nur vom ‚rationalitätsorientierten Ansatz', von der ‚rationalitätsorientierten Controlling-Konzeption' bzw. vom ‚Ansatz von Weber/Schäffer' gesprochen wird. Zur Weiterentwicklung dieses ursprünglichen Ansatzes durch Weber und seine Mitarbeiter selbst vgl. die in Fußnote 27 des Kapitels 1 genannten Quellen.

Diesbezüglich rückt Kapitel 4 die Überlegungen von *Weber/Schäffer* ins Blickfeld, welche Controlling als Sicherstellung der Rationalität der Führung begreifen. Damit vermögen sie es nicht nur, sich zumindest teilweise vom klassischen Bezugsrahmen zu lösen; ihre rationalitätsorientierte Controlling-Konzeption ist zudem ein Ansatz, der den analytischen und den interpersonellen Kernkompetenzen der Controller gleichermaßen Rechnung trägt. Freilich offenbart die kritische Würdigung des Ansatzes auch *weiteren Konkretisierungsbedarf*.

Ausgehend vom entsprechend aufgedeckten Verbesserungspotential verfolgt Teil B der Arbeit das theoriebezogene Wissenschaftsziel, auf Basis der grundlegenden Ideen von *Weber/Schäffer* eine eigenständige Controlling-Konzeption zu entwickeln. Dazu greift Kapitel 5 die Problematik der Differenzierung zwischen Führungs- und Ausführungssystem auf. Es wird herausgearbeitet, dass einerseits Führungs- und Leistungssystem, andererseits Management- und Ausführungssystem als sich ergänzende Teilsysteme einer Unternehmung verstanden werden können. Gemäß diesem Modell verkörpert das Controlling weder einen Teil der Führung noch bezieht es sich allein auf diese; vielmehr lässt es sich als *Sicherstellung der Rationalität der Entscheidungsfindung* – bzw. als Sicherstellung der Rationalität des Managements (i.e.S.) – auf allen Ebenen der Unternehmung verstehen.

Kapitel 6 dient der inhaltlichen Spezifizierung der Sicherstellungsfunktion. Dazu wird ein Bezugsrahmen für das rationalitätsorientierte Controlling abgeleitet, in dessen Kontext auch jüngere Erkenntnisse der Neurophysiologie und Soziologie über Intuition und Framing-Effekte fruchtbar gemacht werden. Die Grundlage des Bezugsrahmens bildet ein idealtypischer Managementzyklus mit den (Entscheidungsfindungs-)Phasen des Lernens, der Selektion und der Kontrolle. Jede dieser Phasen besteht aus drei Komponenten, nämlich aus der Ausgangssituation, dem Entscheidungsfindungsprozess an sich und der Endkonstellation. Daran anknüpfend lassen sich *drei originäre Aufgabenfelder des Controllings* zur Wahrnehmung der Sicherstellungsfunktion identifizieren, namentlich die Offenlegung der Komponenteninhalte, ihre Güteprüfung sowie die diesbezügliche Erschließung von Verbesserungspotentialen.

Dieses Verständnis der Sicherstellungsfunktion wirft die Frage nach geeigneten Gütekriterien auf. Als solche Kriterien, die sich unmittelbar aus dem von *Weber/Schäffer* zugrunde gelegten Konstrukt der Zweckrationalität ergeben, werden in Kapitel 7 die ‚Effektivität' und ‚Effizienz' erörtert. Für beide Begriffe wird eine Definition erarbeitet, welche hinsichtlich Effektivität auf die relevanten Zwecke von Tätigkeiten, hinsichtlich Effizienz auf deren relevante Ziele und Alternativen abstellt. Diese Definitionen eröffnen die Möglichkeit, das Aufgabenspektrum des Controllings weiter zu konkretisieren. Dahingehend werden insbesondere *vier Teilaspekte des Rationalitätsmaßstabs ‚Effektivität und Effizienz'* abgeleitet, auf die sich die Sicherstellungsfunktion jeweils beziehen kann.

Im Rahmen eines Zwischenfazits wird in Kapitel 8 nochmals zusammenfassend erörtert, welchen Beitrag die theoretisch-konzeptionellen Überlegungen zur Weiterentwicklung des Ansatzes von *Weber/Schäffer* leisten. Zugleich findet eine Überleitung zu Teil C der Arbeit statt; mit ihm wird das pragmatische Wissenschaftsziel verfolgt, konkrete Einzelaufgaben des Controllings exemplarisch zu erschließen und so dessen theoretisch abgeleitetes Aufgabenspektrum mit Leben zu füllen.

Im Fokus von Kapitel 9 steht das Konzept der *Balanced Scorecard*, welches zunächst eingehend erörtert wird. Eine detaillierte Fallstudie über die Umsetzung des Konzepts in der Praxis vermag es, für seine Stärken und Schwächen zu sensibilisieren. Daran anknüpfend werden aus dem Blickwinkel der Entscheidungstheorie die mit den einzelnen Schritten der Balanced Scorecard-Methodik verbundenen Problemfelder erarbeitet und mögliche Hilfestellungen zu ihrer Bewältigung umschrieben; wie dargelegt, fällt dies in den Aufgabenkreis der Effektivitäts- und Effizienzsicherung.

Als eines der aufgezeigten Problemfelder wird in Kapitel 10 exemplarisch die *mangelnde Unterstützung der Perspektivenbestimmung* näher betrachtet. Sie kann zu Inkonsistenzen zwischen der abgeleiteten Zielhierarchie einer Balanced Scorecard und den eigentlichen strategierelevanten Determinanten totaler Effektivität und Effizienz führen. Dass diese Gefahr insbesondere auch im Hinblick auf *Umweltziele* besteht, lässt sich anhand von Praxisbeispielen zeigen. Zur Vermeidung möglicher Inkonsistenzen wird eine Methodik skizziert, welche auf die Anbindung der Balanced Scorecard an die normative Ebene abstellt; ihre Ausarbeitung erfolgt am Beispiel des Umweltschutzes als unternehmerische Zielsetzung. Die entsprechenden Überlegungen für die Praxis nutzbar zu machen, kann als Aufgabe des rationalitätsorientierten Controllings verstanden werden. Im diesem Kontext belegen erste Erfahrungen mit der Methodik, dass sie durchaus hilfreich ist, die drohenden Inkonsistenzen im Rahmen von Lernprozessen abzuwenden.

Schon im Zwischenfazit (Abschnitt 8.1) wurde die entworfene Controlling-Konzeption als Weiterentwicklung des Ansatzes von *Weber/Schäffer* gewürdigt. Im Rahmen ihrer abschließenden Beurteilung sei nunmehr darauf eingegangen, inwieweit sie den Anforderungen an ein eigenständiges Disziplin der Betriebswirtschaftslehre[4] Rechnung trägt. Diesbezüglich ist die abgeleitete Kernaufgabe des rationalitätsorientierten Controllings – die Offenlegung, Güteprüfung und Verbesserung der Entscheidungsfindung im Hinblick auf deren Effektivität und Effizienz – eine Thematik, die von keiner anderen speziellen Betriebswirtschaftslehre explizit vereinnahmt wird; ihr *originärer Charakter* beruht darauf, dass das Controlling die konstitutiven Managementprozesse unter Akzentuierung der vier Teilaspekte der Effektivitäts- und Effizienzsicherung[5] aus einer vom jeweiligen inhaltlichen Sachverhalt abstrahierenden Außensicht kritisch beleuchtet.

Freilich ist die Bezugnahme auf die Entscheidungsfindung im hier definierten Sinne auch kritisch zu sehen. Da nämlich ihrem Komplement, dem Entscheidungsvollzug, keine gestaltbaren Freiheitsgrade mehr zugerechnet werden, beinhaltet das Controlling nicht nur unmittelbar die Effektivitäts- und Effizienzsicherung der Entscheidungsfindung, sondern mittelbar die der gesamten Unternehmung. Insofern existiert keine vom Controlling separierbare Aufgabe der Effektivitäts- und Effizienzsicherung des Entscheidungsvollzugs.[6]

Weiterhin steht die oft formulierte Frage nach originären Controlling-Instrumenten noch im Raum. Dazu ist allerdings auszuführen, dass sich das Merkmal der Eigenständigkeit einer Disziplin nicht unbedingt in neuen Instrumenten äußern muss. Im Rahmen des rationalitätsorientierten Controllings ist es sogar nahe liegend, eine gewisse Distanz zum ‚Werkzeugkasten des Managements' zu wahren. Diese Distanz erleichtert es dem Controlling, zur fundierten Beurteilung, adäquaten Auswahl und situationsspezifischen Ausarbeitung der Instrumente beizutragen. Von daher ist weniger die Entwicklung neuer als vielmehr das „how to use“[7] vorhandener Instrumente in den Mittelpunkt des Controllings zu stellen.

Im Hinblick auf die Anforderung der *theoretischen Fundierung* kann die Aufgabe der Effektivitäts- und Effizienzsicherung als Strukturkern einer ‚Theorie des Controllings' interpretiert werden. Dass diese Aufgabe tatsächlich zentralen Tätigkeitsfeldern der Controller entspricht, lässt sich anhand einer Reihe von (Muster-)Beispielen unter-

---

4 Vgl. nochmals Abschnitt 3.1.

5 Vgl. nochmals Abschnitt 7.3.2.

6 Es sei denn, man betrachtet die Unterbrechung der Leistungserstellung, z.B. das Stoppen fehlerhafter Handlungen bzw. Ausschuss produzierender Maschinen, als solche.

7 Weber (2002b), S. 340. Seine diesbezüglichen Ausführungen stützen die erarbeitete Controlling-Konzeption. Insbesondere kommt er zur Schlussfolgerung: „Das ‚how to use' muss viel stärker als bisher beachtet werden. Hier besteht ein zentral bedeutsames Aufgabenfeld für Controller!“

mauern. So machen etwa das Berichtswesen, Budgetkontrollen und andere Soll-Ist-Vergleiche mangelnde Effektivität und Effizienz von Managementtätigkeiten transparent, während Abweichungs-Ursachen-Analysen, Wirtschaftlichkeitsrechnungen und betriebswirtschaftliche Beratungsleistungen und auf entsprechende Verbesserungen hinwirken.[8] Eine Verallgemeinerung der Beispiele in Form von Hypothesen steht aber noch aus.

Auch werden nicht *alle* wesentlichen Controller-Tätigkeiten von der rationalitätsorientierte Controlling-Konzeption umfasst. Dies lässt sich zum einen mit *Weber/Schäffer* „durch Synergieeffekte bzw. komparative Kostenvorteile und Pfadabhängigkeiten erklären."[9] Zum anderen verkörpert die Effektivitäts- und Effizienzsicherung eben nur *eine* Kernaufgabe des Controllings. Ähnlich zu ihrer Ableitung aus dem Konstrukt der Zweckrationalität mögen weitere Kernaufgaben z.B. aus dem Konstrukt der Wertrationalität oder der Argumentationsrationalität[10] ableitbar sein.

Während sich das Bemühen um eine originäre Problemstellung und theoretische Fundierung des Controllings in Teil B der Arbeit manifestiert, lässt Teil C das Potential des verfolgten Ansatzes zu seiner *Bewährung in der Praxis* erkennen. So sind die deduzierten Einzelaufgaben des rationalitätsorientierten Controllings dadurch gekennzeichnet, dass sie die zunächst grundlegenden, wissenschaftlichen Erörterungen einer unternehmerischen Verwertung zuführen. In diesem Sinne kann das Controlling – bzw. die Controllerzunft – auch als Bindeglied zwischen Wissenschaft und Praxis verstanden werden. Damit korrespondiert der Aspekt, dass zur Erfüllung der Einzelaufgaben genau jene Kernkompetenzen erforderlich sind, die dem Anforderungsprofil der Controller entsprechen.

Den Erkenntnisgewinn zusammenfassend lässt sich konstatieren, dass eine tragfähige Basis für die langfristige Etablierung des Controllings als eigenständiges Teilgebiet der Betriebswirtschaftslehre geschaffen wurde. Diese Basis auszubauen, bleibt zukünftigen Forschungsanstrengungen vorbehalten. Dahingehend seien folgende Ansatzpunkte genannt und exemplarisch verdeutlicht:

---

8 Zur hohen Bedeutung der genannten Tätigkeitsfelder in der Praxis vgl. z.B. die empirischen Studien von Niedermayr (1996), S. 147, Preißner (1998), S. 219, Weber/Schäffer (1998), S. 229 und Matschke (2001), S. 369.

9 Weber/Schäffer (2002), S. 93.

10 Vgl. dazu v. Werder (1994).

- Weiterentwicklung der Controlling-Konzeption im Detail:
  So wie hier der Rationalitätsbegriff mittels Effektivität und Effizienz spezifiziert wurde, sind auch diese Begriffe weiter spezifizierbar. Es wurde z.B. noch nicht berücksichtigt, dass hinsichtlich der mit einer Tätigkeit verbundenen Zustandsveränderungen naturgemäß mehr oder minder große Unsicherheit herrscht. Dem lässt sich etwa im Rahmen der Ableitung eines 'unscharfen' bzw. 'stochastischen' Effektivitäts- und Effizienzbegriffs und der Entwicklung entsprechender Messverfahren Rechnung tragen.

- Fruchtbarmachung anderweitiger Theorien mit engem Bezug zum Rationalitätskonstrukt:
  Als Beispiel sei die ‚Managerial and Organizational Cognition Theory' erwähnt. Dieser im deutschen Sprachraum bislang kaum eingehend behandelte Denkansatz[11] sieht den Kern der Funktion von Managern in der Aufnahme, Analyse und Weitergabe von Informationen. Kognitive Überforderung bei der Ausfüllung ihrer Funktion führt dabei zu begrenzter Rationalität der Manager. Daraus leiten sich interessante Anknüpfungspunkte für die Controlling-Theorie ab.[12]

- Intensivierung der Bemühungen zur Nutzbarmachung der Überlegungen für die Praxis:
  Neben der Umsetzung einzelner Ideen, z.B. zur weiteren Verbesserung der BSC-Methodik, ist der eher grundlegenden Frage nachzugehen, welche Bedeutung die Überlegungen im Hinblick auf die Verankerung des Controllings in der Unternehmensorganisation haben. Dazu bedarf es auch verstärkt empirischer Forschung über die Probleme der Controller bei der Erfüllung ihrer Aufgaben.[13]

---

[11] Eine Ausnahme bildet z.B. die Dissertation von Rogers-Wynands (2002).

[12] Vgl. Lingnau (2001), S. 10.

[13] Eine stärkere empirische Fundierung der Controlling-Forschung mahnt z.B. auch Homburg (2001b) an.

Abkürzungsverzeichnis

AHP	Analytic Hierarchy Process/Analytischer Hierarchie Prozess
BA-FI	Bankbetriebslehre/Finanzierung
BSC	Balanced Scorecard
CHF	Schweitzer Franken
CS	Controllingsystem
DA	Druckereianlagen
EVA	Economic Value Added
F&E	Forschung und Entwicklung
FS	Führungssystem
H.d.V.	Hervorhebung durch Verfasser
i.e.S.	im engeren Sinne
INT	Internationales Management
i.w.S.	im weiteren Sinne
LE	Leistungserstellung
LOG	Logistik
LP	Leistungsplanung
LS	Leistungssystem
MARK	Marketing
MAUT	Multi Attribute Utility Theory/Multiattributive Nutzentheorie
MAVT	Multi Attribute Value Theory/Multiattributive Werttheorie
ÖFF.U.u.V.	Öffentliche Unternehmen und Verwaltungen
OR	Operations Research
ORG	Organisation
PERS	Personalwesen
PROD	Produktionswirtschaft

RECH	Rechnungswesen
RH	rationalitätssichernde Handlungen
ROCE	Return on Capital Employed
ROI	Return on Investment
RÜ	rationalitätssichernde Überlegungen
STEU	Steuerlehre
UMW	Umweltwirtschaft
WB	Willensbildung
WHU	Wissenschaftliche Hochschule für Unternehmensführung
WI	Wirtschaftsinformatik
WISS	Wissenschaftstheorie
WK	Willenskommunikation

Literaturverzeichnis

ABB Industrie AG (1999): Leitfaden zur Erarbeitung einer Balanced Scorecard, Baden.

ABB Ltd (o.J.): ABB: Wir schaffen Werte – Mission & Values, Zürich.

Agor, W.H. (1986): The Logic of Intuitive Decision Making – A Research-Based Approach for Top Management, New York/Westport/London.

Ahn, H. (1999a): Ansehen und Verständnis des Controlling in der Betriebswirtschaftslehre – Grundlegende Ergebnisse einer empirischen Studie, in: Controlling 11, Heft 3, S. 109–114.

Ahn, H. (1999b): Controlling aus der Perspektive spezieller Betriebswirtschaftslehren – Prägt der fachliche Hintergrund die Einstellung zum Controlling?, in: Controlling 11, Heft 10, S. 449–454.

Ahn, H. (2001): Applying the Balanced Scorecard Concept – An Experience Report, in: Long Range Planning 34, Heft 4, S. 441–461.

Ahn, H./Breitling, F. (2002): Grundlegende Aspekte zur Abbildung von Umweltstrategien im Konzept der Balanced Scorecard, Arbeitsbericht Nr. 02/02 des Instituts für Wirtschaftswissenschaften, RWTH Aachen.

Ahn, H./Dyckhoff, H. (1997): Organisatorische Effektivität und Effizienz, in: Wirtschaftswissenschaftliches Studium 26, Heft 1, S. 2–6.

Atkinson, A./Waterhouse, J.A./Wells, R.B. (1997): A Stakeholder Approach to Strategic Performance Measurement, in: Sloan Management Review 38, Heft 3, S. 25–37.

Bach, S./Brettel, M./Grothe, M./Schäffer, U./Weber, J. (2001): Grundmodell einer dynamischen Theorie ökonomischer Akteure, in: Weber, J./Schäffer, U. (Hrsg.): Rationalitätssicherung der Führung – Beiträge zu einer Theorie des Controlling, Wiesbaden, S. 95–111.

Berens, W./Bertelsmann, R. (2002): Controlling, in: Küpper, H.-U./Wagenhofer, A. (Hrsg.): Handwörterbuch Unternehmensrechnung und Controlling, 4. Auflage, Stuttgart, Sp. 280–288.

Berens, W./Karlowitsch, M./Mertes, M. (2001): Performance Measurement und Balanced Scorecard in Non-Profit-Organisationen, in: Klingebiel, N. (Hrsg.): Performance Measurement & Balanced Scorecard, München, S. 277–297.

Bieker, T./Dyllick, T./Gminder, C.U./Hockerts, K. (2001): Management unternehmerischer Nachhaltigkeit mit einer Sustainability Balanced Scorecard – Forschungsmethodische Grundlagen und erste Konzepte, IWÖ-Diskussionsbeitrag Nr. 94, Instituts für Wirtschaft und Ökologie der Universität St. Gallen.

Bleicher, K. (1996): Das Konzept Integriertes Management, 4. Auflage, Frankfurt a.M./New York.

Blumberg, J./Korsvold, Å./Blum, G. (1997): Environmental Performance and Shareholder Value, Genf.

Bodmer, C./Völker, R. (2000): Erfolgsfaktoren bei der Implementierung einer Balanced Scorecard – Ergebnisse einer internationalen Studie, in: Controlling 12, Heft 10, S. 477–484.

Bohr, K. (1993): Effizienz und Effektivität, in: Wittmann, W./Kern, W./Köhler, R./ Küpper, H.-U./Wysocki, K.v. (Hrsg.): Handwörterbuch der Betriebswirtschaft, Stuttgart, Sp. 855–869.

Brabänder,E./Hilcher, I. (2001): Balanced Scorecard: Stand der Umsetzung – Ergebnisse einer empirischen Studie, in: Controller Magazin 26, Heft 3, S. 252–260.

Braun, G.E./Beckert, J. (1992): Funktionalorganisation, in: Frese, E. (Hrsg.): Handwörterbuch der Organisation, 3. Auflage, Stuttgart, Sp. 640–655.

Breuer, H. (2001) Schnappschüsse des Geistes, in: Die Zeit 56, Nr. 39, S. 42.

Brown, M.G. (1997): Kennzahlen – Harte und weiche Faktoren erkennen, messen und bewerten, München/Wien.

Bütikofer, P. (1999): Balanced Scorecard als Instrument zur Steuerung eines IT-Unternehmens im Wandel – Ein Praxisbericht über die Einführung der Balanced Scorecard bei der Systor AG, in: Die Unternehmung 53, Heft 5, S. 321–332.

Butler, A,/Letza, S.R./Neale, B. (1997): Linking the Balanced Scorecard to Strategy, in: Long Range Planning 30, Heft 2, S. 242–253.

Cappon, D. (1994): Intuition and Management – Research and Application, Westport/London.

Cescutti, M./Koch, E./Pfister, P./Egli, A. (1998): Virtuelle Unternehmen – Herausforderung an Management und Controlling, in: Controller Magazin 23, Heft 3, S. 222–226.

Charnes, A./Cooper, W.W./Lewin, A.Y./Seiford, L.M. (1994): DEA – Theory, Methodology and Applications, Boston et al.

Chow, C.W./Haddad, K.M./Williamson, J.E. (1997): Applying the Balanced Scorecard to Small Companies, in: Management Accounting, Heft 3, S. 21–27.

Claassen, U./Hilbert, H. (1998): Controlling – Vom Rechnungswesen zum Potentialmanagement, in: Steinle, C./Eggers, B./Lawa, D. (Hrsg.): Zukunftsgerichtetes Controlling – Unterstützungs- und Steuerungssystem für das Management, 3. Auflage, Wiesbaden, S. 367–383.

Clarke, T. (1998): The Stakeholder Corporation – A Business Philosophy for the Information Age, in: Long Range Planning 31, Heft 2, S. 171–180.

Coenenberg, A.G./Alvarez, M. (2002): Erfolgsrechnung, in: Küpper, H.-U./Wagenhofer, A. (Hrsg.): Handwörterbuch Unternehmensrechnung und Controlling, 4. Auflage, Stuttgart, Sp. 431–443.

Controller Verein (2002): Controller Leitbild, http://www.controllerakademie.de/cainfo/cainfo_leitbild.html, 26. November 2002.

Corsten, H. (1985): Die Partizipation als Determinante des Unternehmenserfolgs, in: Wirtschaftswissenschaftliches Studium 14, Heft 2, S. 53–56.

Creelman, J. (1998): Building and implementing a Balanced Scorecard – An International Study of Corporate Best Practice in Strategy Implementation, London.

Czymmek, F./Faßbender-Wynands, E. (2001): Die Bedeutung der Balanced Scorecard im Rahmen eines auf Kennzahlen basieren Umwelt-Controlling, Nr. 6 der Arbeitsberichte zum Umweltmanagement, herausgegeben von Beuermann, G., Wirtschafts- und Sozialwissenschaftliche Fakultät der Universität zu Köln.

Damasio, A.R. (1995): Descartes' Irrtum – Fühlen, Denken und das menschliche Gehirn, München/Leipzig.

Dassen, A. (1993): Entscheidungsunterstützung für Investitionen in Flexible Fertigungssysteme, Berlin.

Day, G.S. (1983): Tough Questions for Developing Strategies, in: Journal of Business Strategy 47, Heft 2, S. 60–68.

Deegen, T. (2001): Ansatzpunkte zur Integration von Umweltaspekten in die „Balanced Scorecard", Arbeitsbericht des Center for Sustainability Management e.V., Universität Lüneburg.

Dellmann, K. (1992): Eine Systematisierung der Grundlagen des Controlling, in: Spremann, K./Zur, E. (Hrsg.): Controlling – Grundlagen, Informationssysteme, Anwendungen, Wiesbaden, S. 113–140.

Deutsche Bank AG (2002): Results 2001 – Geschäftsbericht, Frankfurt a.M.

Deutsche Lufthansa AG (2000): Umweltbericht 1999/2000, Frankfurt a.M.

Deutsche Lufthansa AG (2003): Leitlinien zur Umweltvorsorge, http://213.198.75.194/de/html/ueber_uns/balance/commitment/leitlinien/, 29. Januar 2003.

Deyhle, A. (1991): Kommentar der 12 Thesen im Beitrag Küpper/Weber/Zünd zum „Verständnis und Selbstverständnis des Controlling", in: Zeitschrift für Betriebswirtschaft 61, Ergänzungsheft 3, S. 1–7.

Deyhle, A. (1999): Brief an Professor Dr. Jürgen Weber: Der Rote Faden in der Arbeit des Controllers – Gedanken zu Ihrem Aufsatz, zusammen mit Herrn Dr. Utz Schäffer, in Controller Magazin Nr.1/99, in: Controller Magazin 24, Heft 1, S. 37–38.

Dinesh, D./Palmer, E. (1998): Management by Objectives and the Balanced Scorecard – Will Rome Fall Again?, in: Management Decision 36, Heft 6, S. 363–369.

Dinkelbach, W. (1978): Ziele, Zielvariablen und Zielfunktionen, in: Die Betriebswirtschaft 38, Heft 1, S. 51–58.

Dirrigl, H. (1995): Koordinationsfunktion und Principal-Agent-Theorie als Fundierung des Controlling? – Konsequenzen und Perspektiven, in: Elschen, R./Siegel, T./ Wagner, F.W. (Hrsg.): Unternehmenstheorie und Besteuerung – Festschrift zum 60. Geburtstag von Dieter Schneider, Wiesbaden, S. 129–170.

Dusch, M./Möller, M. (1997): Praktische Anwendung der Balanced Scorecard – Ein neuer Ansatz zur Fabriksteuerung in der Philips Bildröhrenfabrik Aachen, in: Controlling 9, Heft 2, S. 116–121.

Dyckhoff, H. (1998): Umweltschutz – Gedanken zu einer allgemeinen Theorie umweltorientierter Unternehmensführung, in: Dyckhoff, H./Ahn, H. (Hrsg.): Produktentstehung, Controlling und Umweltschutz – Grundlagen eines ökologieorientierten F&E-Controlling, Wiesbaden, S. 61–94.

Dyckhoff, H. (2000): Betriebliches Umweltmanagement im Überblick, in: Dyckhoff, H.: Umweltmanagement – Zehn Lektionen in umweltorientierter Unternehmensführung, Berlin et al., S. 1–39.

Dyckhoff, H. (2003): Grundzüge der Produktionswirtschaft – Einführung in die Theorie betrieblicher Wertschöpfung, 4. Auflage, Berlin et al.

Dyckhoff, H./Ahn, H. (1998): Integrierte Alternativengenerierung und -bewertung – Überlegungen zu einem von der Entscheidungslehre vernachlässigten Thema, in: Die Betriebswirtschaft 58, Heft 1, S. 49–63.

Dyckhoff, H./Ahn, H. (2001): Sicherstellung der Effektivität und Effizienz der Führung als Kernfunktion des Controlling, in: Kostenrechnungspraxis 45, Heft 2, S. 111–121.

Dyckhoff, H./Ahn, H. (2002): Kernaufgaben des Controllings – Grundlegende Anmerkungen im Hinblick auf die Sicherstellung der Effektivität und Effizienz, in: Weber, J./Hirsch, B. (Hrsg.): Controlling als akademische Disziplin – Eine Bestandsaufnahme, Wiesbaden, S. 113–122.

Dyckhoff, H./Allen, K. (1999): Theoretische Begründung einer Effizienzanalyse mittels Data Envelopment Analysis (DEA), in: Zeitschrift für betriebswirtschaftliche Forschung 51, Heft 5, S. 411–436.

Dyllick, T./Hamschmidt, J. (2000): Wirksamkeit und Leistung von Umweltmanagementsystemen – Eine Untersuchung von ISO 14001-zertifizierten Unternehmen in der Schweiz, Zürich.

Dyllick, T./Hummel, J. (1997): Integriertes Umweltmanagement im Rahmen des St. Galler Management-Konzepts, in: Steger, U. (Hrsg.): Handbuch des integrierten Umweltmanagements, München, S. 137–154.

Eberenz, R. (1999): Controller, aufgepaßt!, in: Kostenrechnungspraxis 43, Heft 3, S. 139–140.

Eberenz, R./Holtsch, H.-J./Neubauer, C./Schubert, G./Ossadnik, W. (2000): Meinungen zum Thema – Balanced Scorecard, in: Betriebswirtschaftliche Forschung und Praxis 52, Heft 1, S. 72–83.

Eichstaedt, W./Kunert, M. (2000): Balanced Scorecard – Instrument zur gezielten strategischen Ausrichtung von Firmen und Geschäftseinheiten im Henkel-Konzern, in: Der Controlling-Berater, Heft 2, S. 25–55.

Eisenführ, F./Weber, M. (1999): Rationales Entscheiden, 3. Auflage, Berlin et al.

Epstein, M.J. (1996): Measuring Corporate Environmental Performance – Best Practices for Costing and Managing an Effective Environmental Strategy, Chicago/ London/Singapore.

Epstein, M.J./Manzoni, J.-F. (1998): Implementing Corporate Strategy – From Tableaux de Bord to Balanced Scorecards, in: European Management Journal 16, Heft 2, S. 190–203.

Esser, H. (1990): „Habits“, „Frames" und „Rational Choice" – Die Reichweite von Theorien der rationalen Wahl (am Beispiel der Erklärung des Befragtenverhaltens), in: Zeitschrift für Soziologie 19, Heft 4, S. 231–247.

Esser, H. (1996): Die Definition der Situation, in: Zeitschrift für Soziologie und Sozialpsychologie 48, Heft 1, S. 1–34.

Ewert, R./Wagenhofer, A. (2003): Interne Unternehmensrechnung, 5. Auflage, Berlin et al.

Fahrbach, M./Heinrich, V./Pfitzner, R. (2000): Strategisches Umweltcontrolling mit Hilfe der Balanced Scorecard, in: Hilty, L.M./Schulthess, D./Ruddy, T.F. (Hrsg.):

Strategische und betriebsübergreifende Anwendungen betrieblicher Umweltinformationssysteme, Marburg, S. 85–96.

Figge, F./Hahn, T./Schaltegger, S./Wagner, M. (2001): Sustainability Balanced Scorecard – Wertorientiertes Nachhaltigkeitsmanagement mit der Balanced Scorecard, Arbeitsbericht des Center for Sustainability Management e.V., Universität Lüneburg.

Fischer, M. (1996): Controlling im Wandel der Zeit – Zukünftige Herausforderungen aus der Sicht des Unternehmensberaters, in: Kostenrechnungspraxis 40, Heft 4, S. 193–196.

Fleischhauer, D. (1998): Studie zu Performance Measurement – Königsdisziplin der Unternehmenssteuerung, in: Managementberater 2, Heft 11, S. 10–12.

Friedag, H.R./Schmidt, W. (2001): Balanced Scorecard – Mehr als ein Kennzahlensystem, 3. Auflage, Freiburg/Berlin/München.

Fritz, W. (1995): Umweltschutz und Unternehmenserfolg – Eine empirische Analyse, in: Die Betriebswirtschaft 55, Heft 3, S. 347–357.

Geanuracos, J./Meiklejohn, I. (1993): Performance Measurement – The New Agenda, London.

Gebert, D. (1991): Managementrolle: Lernender, in: Staehle, W.H. (Hrsg.): Handbuch Management – Die 24 Rollen der exzellenten Führungskraft, Wiesbaden, S. 323–339.

Götze, U. (1993): Szenario-Technik in der strategischen Unternehmensplanung, 2. Auflage, Wiesbaden.

Grabner-Kräuter, S. (1993): Diskussionsansätze zur Erforschung von Erfolgsfaktoren, in: Journal für Betriebswirtschaft 43, Heft 6, S. 278–300.

Greiner, O./Tretter, H. (2001): Erfahrungen mit der Balanced Scorecard als strategisches Führungsinstrument, in: Controller Magazin 26, Heft 5, S. 498–502.

Grundei, J. (1999): Effizienzbewertung von Organisationsstrukturen – Integration verhaltenswissenschaftlicher Erkenntnisse am Beispiel der Marktforschung, Wiesbaden.

Guldin, A. (1997): Kundenorientierte Unternehmenssteuerung durch die Balanced Scorecard, in: Horváth, P. (Hrsg.); Das neue Steuerungssystem des Controllers – Von Balanced Scorecard bis US-GAAP, Stuttgart 1997, S. 289–302.

Gutenberg, E. (1983): Grundlagen der Betriebswirtschaftslehre – Band 1: Die Produktion, 24. Auflage, Berlin/Heidelberg/New York.

Hahn, D. (1997): Controlling in Deutschland – State of the Art, in: Gleich, R./Seidenschwarz, W. (Hrsg.): Die Kunst des Controlling, München, S. 13–46.

Hahn, D. (1999): Strategische Unternehmensführung – Grundkonzept, in: Hahn, D./ Taylor, B. (Hrsg.): Strategische Unternehmensplanung, Strategische Unternehmensführung – Stand und Entwicklungstendenzen, 8. Auflage, Heidelberg, S. 28–50.

Hahn, D./Hungenberg, H. (2001): PuK – Wertorientierte Controllingkonzepte, 6. Auflage, Wiesbaden.

Hahn, T./Wagner, M. (2001): Sustainability Balanced Scorecard – Von der Theorie zur Umsetzung, Arbeitsbericht des Center for Sustainability Management e.V., Universität Lüneburg.

Hammer, R.M. (1998a): Unternehmensplanung – Lehrbuch der Planung und strategischen Unternehmensführung, 7. Auflage, München/Wien.

Harbert, L. (1982): Controlling-Begriffe und Controlling-Konzeptionen – Eine kritische Betrachtung des Entwicklungsstandes des Controlling und Möglichkeiten seiner Fortentwicklung, Bochum.

Hartje, V.J. (1990): Zur Struktur des ‚ökologisierten' Umweltkapitalstocks – Varianten und Determinanten umweltsparender technologischer Anpassung in Unternehmen, in: Zimmermann, K./Hartje, V.J./Ryll, A. (Hrsg.): Ökologische Modernisierung der Produktion, Berlin, S. 135–198.

Heinen, E. (1965): Betriebswirtschaftliche Kostenlehre – Band I: Begriff und Theorie der Kosten, 2. Auflage, Wiesbaden.

Heinen, E. (1985): Einführung in die Betriebswirtschaftslehre, 9. Auflage, Wiesbaden.

Henkel KGaA (o.J.): Leitbild, Grundsätze, Strategie – Mission, Principles, Strategy, Düsseldorf.

Henkel KGaA (2001): Nachhaltigkeitsbericht 2000 – Auf dem Weg zur Nachhaltigkeit, Düsseldorf.

Henkel KGaA (2002a): Unsere Grundsätze – Wie wir unsere Verantwortung verstehen, http://193.97.251.62/deutsch/templates/tpl1.html?page=633, 17. April 2002.

Henkel KGaA (2002b): Geschäftsbericht 2001, Düsseldorf.

Henkel KGaA (2002c): Nachhaltigkeitsbericht 2001, Düsseldorf.

Hepworth, P. (1998): Weighing it up – A Literature Review for the Balanced Scorecard, in: Journal of Management Development 17, Heft 8, S. 559–563.

Heuser, U.J. (2002): Die Revolution hat begonnen, in: Die Zeit 57, Nr. 43, S. 19–20.

Hirsch, B. (2001): Die Bereitstellung von Informationen über Wertvorstelllungen als Controlleraufgabe, in: Controlling 13, Heft 10, S. 497–502.

Hoffecker, J./Goldenberg, C. (1994): Using the Balanced Scorecard to Develop Companywide Performance Measures, in: Journal of Cost Management 8, Heft 3, S. 5–17.

Homann, K. (1999): Das Problem der „Instrumentalisierung" der Moral in der Wirtschaftsethik, in: Kumar, N./Osterloh, M./Schreyögg, G. (Hrsg.): Unternehmensethik und die Transformation des Wettbewerbs, Stuttgart, S. 53–70.

Homburg, C. (2001a): Hierarchische Controlling-Konzeption – Theoretische Fundierung eines koordinationsorientierten Controlling, Heidelberg.

Homburg, C. (2001b): Der Selbstfindungsprozess des Controlling – Einige Randbemerkungen aus der Marketing-Perspektive, in: Die Unternehmung 55, Heft 6, S. 425–430.

Horstmann, W. (1999): Der Balanced-Scorecard-Ansatz als Instrument der Umsetzung von Unternehmensstrategien, in: Controlling 11, Heft 4/5, S. 193–199.

Horváth, P. (1979): Controlling, München.

Horváth, P. (1995): Controlling und Führung, in: Kieser, A./Reber, G./Wunderer, R. (Hrsg.): Handwörterbuch der Führung, 2. Auflage, Stuttgart, Sp. 211–226.

Horváth, P. (1996a): Controlling, 6. Auflage, München.

Horváth, P. (1996b): Controller-Leitbild der "Interessengemeinschaft Controlling" (IGC), in: Controlling 8, Heft 4, S. 203.

Horváth, P. (1997): Erwiderung auf die Stellungnahme von Prof. Dr. Jürgen Weber, in: Controlling 9, Heft 3, S. 184.

Horváth, P. (2001): Controlling, 8. Auflage, München.

Horváth, P. (2002): Das Henne-Ei-Problem des Controlling, in: Controlling 14, Heft 6, S. 367–368.

Horváth, P./Kaufmann, L. (1999): Balanced Scorecard – ein Werkzeug zur Umsetzung von Strategien, in: Harvard Business Manager 21, Heft 5, S. 39–48.

Horváth & Partner (2000): Balanced Scorecard umsetzen, Stuttgart.

Hsee, C.K. (1998): Less is Better – When Low-value Options are Valued More than High-value Options, in: Journal of Behavioral Decision Making 11, Heft 2, S. 107–121.

Hwang C.-L./Lin, M.-J. (1987): Group Decision Making under Multiple Criteria – Methods and Applications, Berlin et al.

Irrek, W. (2002): Controlling als Rationalitätssicherung der Unternehmensführung? – Denkanstöße zur jüngsten Entwicklung der Controllingdiskussion, in: Kostenrechnungspraxis 46, Heft 1, S. 46–51.

Jacobs, R. (1994): Organisation des Umweltschutzes in Industriebetrieben, Heidelberg.

Johnson, H.T. (1988): Activity-Based Information – A Blueprint for World-Class Management Accounting, in: Management Accounting, Heft 6, S. 23–30.

Johnson, S.D. (1998): Identification and Selection of Environmental Performance Indicators – Application of the Balanced Scorecard Approach, in: Corporate Environmental Strategy 5, Heft 4, S. 34–41.

Kahn, H./Wiener, A.J. (1967): The Year 2000 – A Framework for Speculation on the Next Thirty-Three Years, New York/London.

Kaplan, R.S./Norton, D.P. (1992a): The Balanced Scorecard – Measures That Drive Performance, in: Harvard Business Review 70, Heft 1, S. 71–79.

Kaplan, R.S./Norton, D.P. (1992b): In Search of Excellence – Der Maßstab muß neu definiert werden, in: Harvard Manager 14, Heft 4, S. 37–46.

Kaplan, R.S./Norton, D.P. (1993): Putting the Balanced Scorecard to Work, in: Harvard Business Review 71, Heft 5, S. 134–142.

Kaplan, R.S./Norton, D.P. (1994): Wie drei Großunternehmen methodisch ihre Leistung stimulieren, in: Harvard Business Manager 16, Heft 2, S. 96–104.

Kaplan, R.S./Norton, D.P. (1996a): Using the Balanced Scorecard as a Strategic Management System, in: Harvard Business Review 74, Heft 1, S. 75–85.

Kaplan, R.S./Norton, D.P. (1996b): The Balanced Scorecard – Translating Strategy into Action, Boston.

Kaplan, R.S./Norton, D.P. (1997a): Balanced Scorecard – Strategien erfolgreich umsetzen, Stuttgart.

Kaplan, R.S./Norton, D.P. (1997b): Strategieumsetzung mit Hilfe der Balanced Scorecard, in: Gleich, R./Seidenschwarz, W. (Hrsg.): Die Kunst des Controlling, München, S. 313–342.

Kaplan, R.S./Norton, D.P. (2001a): Wie Sie die Geschäftsstrategie den Mitarbeitern verständlich machen, in: Harvard Business Manager 23, Heft 2, S. 60–70.

Kaplan, R.S./Norton, D.P. (2001b): Die Strategiefokussierte Organisation – Führen mit der Balanced Scorecard, Stuttgart.

Kappler, E. (2002): Controlling und Ästhetik, in: Kostenrechnungspraxis 46, Heft 6, S. 377–386.

Kaufmann, L. (1997): Balanced Scorecard, in: Zeitschrift für Planung 8, Heft 4, S. 421–428.

Keeney, R.L. (1992): Value-Focused Thinking – A Path to Creative Decisionmaking, Cambridge/London.

Keeney, R.L./Raiffa, H. (1993): Decisions with Multiple Objectives – Preferences and Value Tradeoffs, 2. Auflage, Cambridge.

Kehrmann, T. (2002): Rationalitätssicherung bei hohen Wissensdefiziten – Entwicklung eines Modells zum Controlling strategischer Problemlösungsteams, Wiesbaden.

Khatri, N./Ng, H.A. (2000): The Role of Intuition in Strategic Decision Making, in: Human Relations 53, Heft 1, S. 57–86.

Kieser, A. (1996): Moden & Mythen des Organisierens, in: Die Betriebswirtschaft 56, Heft 1, S. 21–39.

Kieser, A. (2000): Die Balanced Scorecard als Managementmode, in: Kostenrechnungspraxis 44, Sonderheft 2, S. 123–124.

Kieser, A./Kubicek, H. (1992): Organisation, 3. Auflage, Berlin/New York.

Klingebiel, N. (2000): Externe Berichterstattung via Balanced Scorecard, in: Controller Magazin 25, Heft 2, S. 175–179.

Klingenberg, C. (2000a): Balanced Scorecard bei der Deutschen Lufthansa AG, in: Weber, J./Schäffer, U.: Balanced Scorecard & Controlling – Implementierung, Nutzen für Manager und Controller, Erfahrungen in deutschen Unternehmen, 3. Auflage, Wiesbaden, S. 83–86.

Klingenberg, C. (2000b): Die Bedeutung der Balanced Scorecard für die Strategieentwicklung der Deutschen Lufthansa AG, in: Betriebswirtschaftliche Forschung und Praxis 52, Heft 1, S. 67–71.

Kosiol, E. (1972): Die Unternehmung als wirtschaftliches Aktionszentrum – Einführung in die Betriebswirtschaftslehre, Reinbek bei Hamburg.

Koslowski, P. (Hrsg.) **(1999a):** Shareholder Value und die Kriterien des Unternehmenserfolgs, Heidelberg.

Koslowski, P. (1999b): Shareholder Value und der Zweck des Unternehmens, in: Koslowski, P. (Hrsg.): Shareholder Value und die Kriterien des Unternehmenserfolgs, Heidelberg, S. 1–32.

Krahe, A. (1999): Balanced Scorecard – Baustein zu einem prozeßorientierten Controlling?, in: Controller Magazin 24, Heft 2, S. 116–122.

Kreibich, R. (1997): Nachhaltige Entwicklung – Leitbild für Wirtschaft und Gesellschaft, in: Umweltwirtschaftsforum 5, Heft 2, S. 6–13.

Kreikebaum, H. (1997): Strategische Unternehmensplanung, 6. Auflage, Stuttgart/Berlin/Köln.

Kröckel, H.-G. (1965): Zur Funktion des Controllers im Industriebetrieb der USA (zugleich ein Beitrag über Anwendungsmöglichkeiten im deutschen Betrieb), Berlin.

Küpper, H.-U. (1988): Koordination und Interdependenz als Bausteine einer konzeptionellen und theoretischen Fundierung des Controlling, in: Lücke, W. (Hrsg.): Betriebswirtschaftliche Steuerungs- und Kontrollprobleme, Wiesbaden, S. 163–183.

Küpper, H.-U. (2001): Controlling – Konzeption, Aufgaben und Instrumente, 3. Auflage, Stuttgart.

Küpper, H.-U./Weber, J./Zünd, A. (1990): Zum Verständnis und Selbstverständnis des Controlling – Thesen zur Konsensbildung, in: Zeitschrift für Betriebswirtschaft 60, Heft 3, S. 281–293.

Küting, K./Dawo, S./Heiden, M. (2001): Internet und externe Rechnungslegung – Konsequenzen für Publizität, Jahresabschlussprüfung und Rechnungswesenorganisation, Heidelberg.

Küting, K./Heiden, M./Lorson, P. (2000): Neuere Ansätze der Bilanzanalyse – Externe unternehmenswertorientierte Performancemessung, in: BBK – Betrieb und Rechnungswesen, Beilage zu Heft 1.

Kulick, H. (2001): Klimawandel „das perfekte Verbrechen“, entnommen aus: Spiegel Online, http://www.spiegel.de/politik/deutschland/0,1518,126210,00.html, 3. April 2001.

Kumar, N./Osterloh, M./Schreyögg, G. (Hrsg.) **(1999):** Unternehmensethik und die Transformation des Wettbewerbs, Stuttgart.

Kuo, F.-Y. (1998): Managerial Intuition and the Development of Executive Support Systems, in: Decision Support Systems 24, S. 89–103.

Lange, W./Lampe, S. (2002): Balanced Scorecard als ganzheitliches Führungsinstrument in Non-Profit-Organisationen, in: Kostenrechnungspraxis 46, Heft 2, S. 101–108.

Langer, C. (2002): Ordnungsparameter im handlungsorientierten Führungsmodell – Eine simulationstheoretische Analyse, Wiesbaden.

Lee, S.F./Sai On Ko, A. (2000): Building Balanced Scorecard with SWOT Analysis, and Implementing "Sun Tzu's The Art of Business Management Strategies" on QFD Methodology, in: Managerial Auditing Journal 15, Heft 1/2, S. 68–76.

Lehner, U. (2001): Das Konzept der Öko-Führerschaft bei Henkel, in: Umweltwirtschaftsforum 9, Heft 2, S. 20–24.

Liberatore, M.J./Miller, T. (1998): A Framework for Integrating Activity-based Costing and the Balanced Scorecard into the Logistics Strategy Development and Monitoring Process, in: Journal of Business Logistics 19, Heft 2, S. 131–154.

Lingnau, V. (1998): Geschichte des Controllings, in: Wirtschaftswissenschaftliches Studium 27, Heft 6, S. 274–281.

Lingnau, V. (2001): Vom homo oeconomicus zum homo organisans – Zur Bedeutung von Herbert A. Simon für die Betriebswirtschaftslehre, in: Zeitschrift für Planung 12, Heft 4, S. 274–281.

Link, J. (2002): Führungssystem, in: Küpper, H.-U./Wagenhofer, A. (Hrsg.): Handwörterbuch Unternehmensrechnung und Controlling, 4. Auflage, Stuttgart, Sp. 606–616.

Lipe, M.G./Salterio, S.E. (2000): The Balanced Scorecard – Judgemental Effects of Common and Unique Performance Measures, in: The Accounting Review 75, Heft 3, S. 283–298.

Lorange, P. (1998): Strategy Implementation – The New Realities, in: Long Range Planning 31, Heft 1, S. 18–29.

Low, J./Siesfeld, T. (1998): Measures that Matter – Wall Street Considers Non-Financial Performance More than You Think, in: Strategy & Leadership 26, Heft 2, S. 24–30.

Lüdemann, C. (1997): Rationalität und Umweltverhalten – Die Beispiele Recycling und Verkehrsmittelwahl, Wiesbaden.

Mann, R. (1973): Die Praxis des Controlling – Instrumente, Einführung, Konflikte, München.

Marr, R./Elbe, M. (2001): Die Grenzen der Balanced Scorecard – Gedanken zu den Risiken eines kennzahlenorientierten Führungssystems, in: Wüthrich, H.A./Winter, W.B./Philipp, A.F. (Hrsg.): Grenzen ökonomischen Denkens – Auf den Spuren einer dominanten Logik, Wiesbaden, S. 365–386.

Martinsons, M./Davison, R./Tse, D. (1999): The Balanced Scorecard – A Foundation for the Strategic Management of Information Systems, in: Decision Support Systems 25, Heft 1, S. 71–88.

Matschke, D. (2001): Tendenzen in der Controllingpraxis der 500 grössten deutschen Unternehmen – Ergebnisse einer empirischen Erhebung, in: Controller Magazin 26, Heft 4, S. 368–374.

Meffert, H. (1974): Interpretation und Aussagewert des Produktlebenszyklus-Konzeptes, in: Hammann, P./Kroeber-Riel, W./Meyer, C.W. (Hrsg.): Neuere Ansätze der Marketing-Theorie, Berlin, S. 85–134.

Meffert, H./Kirchgeorg, M. (1998): Marktorientiertes Umweltmanagement – Konzeption, Strategie, Implementierung mit Praxisfällen, 3. Auflage, Stuttgart.

Mintzberg, H. (1991): Mintzberg über Management – Führung und Organisation, Mythos und Realität, Wiesbaden.

Möller, K./Stoi, R. (2002): Quo vadis Controlling? – Status Quo und Perspektiven der Controlling-Forschung, in: Controlling 14, Heft 10, S. 561–569.

Mooraj, S./Oyon, D./Hostettler, D. (1999): The Balanced Scorecard – A Necessary Good or an Unnecessary Evil?, in: European Management Journal 17, Heft 5, S. 481–491.

Mountfield, A./Schalch, O. (1998): Konzeption von Balanced Scorecards und Umsetzung in ein Managementinformationssystem mit dem SAP Business Information Warehouse, in: Controlling 10, Heft 5, S. 316–322.

Müller, A. (1996): Kann die koordinationsbezogene Konzeption eine theoretische Fundierung des Controlling hervorbringen?, in: Kostenrechnungspraxis 40, Heft 3, S. 139–147.

Müller, A. (2000): Strategisches Management mit der Balanced Scorecard, Stuttgart/Berlin/Köln.

Newing, R. (1994): Benefits of a Balanced Scorecard, in: Accountancy 114, Heft November, S. 52–53.

Nicolai, A./Kieser, A. (2002): Trotz eklatanter Erfolglosigkeit: Die Erfolgsfaktorenforschung weiter auf Erfolgskurs, in: Die Betriebswirtschaft 62, Heft 6, S. 579–596.

Nicolai, A./Simon, F.B. (2001): Kritik der Mode, Managementmoden zu kritisieren, in: Wüthrich, H.A./Winter, W.B./Philipp, A.F. (Hrsg.): Grenzen ökonomischen Denkens – Auf den Spuren einer dominanten Logik, Wiesbaden, S. 499–524.

Niedermayr, R. (1996): Die Realität des Controlling, in: Eschenbach, R. (Hrsg.): Controlling, 2. Auflage, Stuttgart, S. 127–174.

Nippa, M. (2001): Intuition und Emotion in der Entscheidungsforschung – State-of-the-Art und aktuelle Forschungsrichtungen, in: Schreyögg, G./Sydow, J. (Hrsg.): Emotionen und Management, Wiesbaden, S. 213–247.

Nørreklit, H. (2000): The Balance on the Balanced Scorecard – A Critical Analysis of Some of its Assumptions, in: Management Accounting Research 11, Heft 1, S. 65–88.

Norton, D.P./Kappler, F. (2000): Balanced Scorecard Best Practices – Trends and Research Implications, in: Controlling 12, Heft 1, S. 15–22.

Oberauer, K. (1998): Schlußfolgerndes Denken und Rationalität, in: Zeitschrift für Experimentelle Psychologie 45, Heft 3, S. 183–202.

Ortmann, G. (2001): Emotion und Entscheidung, in: Schreyögg, G./Sydow, J. (Hrsg.): Emotionen und Management, Wiesbaden, S. 277–323.

Ossadnik, W. (1998): Controlling, 2. Auflage, München/Wien.

Palass, B. (1999): Chemische Reinigung, in: Manager Magazin 29, Heft 9, S. 128–143.

Peemöller, V. (1990): Controlling – Grundlagen und Einsatzgebiete, Herne/Berlin.

Pfaff, D./Kunz, A./Pfeiffer, T. (2000a): Balanced Scorecard als Bemessungsgrundlage finanzieller Anreizsysteme – Eine theorie- und empiriegeleitete Analyse der resultierenden Grundprobleme, in: Betriebswirtschaftliche Forschung und Praxis 52, Heft 1, S. 36–55.

Pfaff, D./Kunz, A./Pfeiffer, T. (2000b): Zu Risiken und Nebenwirkungen eines Ausbaus der Balanced Scorecard vom Planungs- zum Anreizinstrument, in: Kostenrechnungspraxis 44, Sonderheft 2, S. 129–132.

Pietsch, G./Scherm, E. (2000): Die Präzisierung des Controlling als Führungs- und Führungsunterstützungsfunktion, in: Die Unternehmung 54, Heft 5, S. 395–412.

Pietsch, G./Scherm, E. (2001a): Neue Controlling-Konzeptionen, in: Das Wirtschaftsstudium 30, Heft 2, S. 206–213.

Pietsch, G./Scherm, E. (2001b): Controlling – Rationalitätssicherung versus Führungs- und Führungsunterstützungsfunktion, in: Die Unternehmung 55, Heft 1, S. 81–84.

Pietsch, G./Scherm, E. (2002): Gemeinsamkeiten und Forschungsperspektiven in der konzeptionell orientierten Controllingforschung – Acht Thesen, in: Weber, J./Hirsch, B. (Hrsg.): Controlling als akademische Disziplin – Eine Bestandsaufnahme, Wiesbaden, S. 191–204.

Pollanz, M. (1999): Ganzheitliches Risikomanagement im Kontext einer wertorientierten Unternehmensführung (Risk Adjusted Balanced Scorecarding), in: Der Betrieb 52, Heft 25, S. 1277–1281.

Preißner, A. (1998): Was machen Controller? – Eine Analyse von 600 überregionalen Stellenangeboten, in: Controller Magazin 23, Heft 3, S. 217–221.

Pritsch, G. (2000): Realoptionen als Controlling-Instrument – Das Beispiel pharmazeutische Forschung und Entwicklung, Wiesbaden.

Quervain, M.A. de (2000): Translating Strategy into Results: Ein Paradigmenwechsel – Erfahrungsbericht aus der ABB Schweiz, in: Horváth & Partner GmbH (Hrsg.): Balanced Scorecard umsetzen, Unterlagen zur Fachkonferenz vom 31.05.2000 in Frankfurt a.M.

Rappaport, A. (1986): Creating Shareholder Value – The New Standard for Business Performance, New York et al.

Reichmann, T./Kleinschnittger, U. (1987): Die Controllingfunktion in der Unternehmenspraxis – Empirische Untersuchung zur Funktionsbestimmung und -abgrenzung, in: Zeitschrift für Betriebswirtschaft 57, Heft 11, S. 1090–1120.

Remmel, M. (1991): Zum Verständnis und Selbstverständnis des Controlling – Anmerkungen, in: Zeitschrift für Betriebswirtschaft 61, Ergänzungsheft 3, S. 9–15.

Repetto, R./Austin, D. (2000): An Analytical Tool for Managing Environmental Risks Strategically, in: Corporate Environmental Strategy 7, Heft 1, S. 73–84.

Rogers-Wynands, S. (2002): Freilegung strategischen Managementwissens – Ein wissensdiagnostischer Ansatz, Wiesbaden.

Roth, G./Fischer, K. (2001): Müssen die Geisteswissenschaften von der Hirnforschung lernen?, in: Forschung & Lehre 8, Heft 11, S. 584–585.

Scalpone, R.W. (1998): Building a Strategic Scorecarding Process at Amoco Corporation, in: Employment Relations Today, o.J., Heft Winter, S. 41–56.

Schäffer, U. (1996): Controlling für selbstabstimmende Gruppen?, Wiesbaden.

Schäffer, U. (2001): Kontrolle als Lernprozess, Wiesbaden.

Schaltegger, S./Figge, F. (1999): Umweltmanagement und Shareholder Value in den Kriterien des Unternehmenserfolgs, in: Koslowski, P. (Hrsg.): Shareholder-Value und die Kriterien des Unternehmenserfolgs, Heidelberg, S. 201–227.

Schanz, G. (1997): Intuition als Managementkompetenz, in: Die Betriebswirtschaft 57, Heft 5, S. 640–654.

Schanz, G. (1998): Der Manager und sein Gehirn – Neurowissenschaftliche Erkenntnisse im Dienst der Unternehmensführung, Frankfurt a.M. et al.

Scharpff, R. (1961): Stellung und Aufgaben des Controllers in der Unternehmung, in: Betriebswirtschaftliche Forschung und Praxis 13, Heft 4, S. 223–229.

Scheffner, J./Strutz, A. (2002): Thesen zu einem verbesserten externen Reporting in internationalen Konzernen, in: Kostenrechnungspraxis 46, Heft 4, S. 202–205.

Scherm, E. (1993): Lean Planning & Lean Controlling – Planung und Controlling in der „schlanken" Unternehmung, in: Zeitschrift für Planung 4, Heft 3, S. 249–260.

Scheubrein, R./Bossert, B. (2001): An Internet System to Apply the Balanced Scorecard Concept to Supply Chain Management, in: Köksalan, M./Zionts, S. (Hrsg.): Multiple Criteria Decision Making in the New Millennium, Berlin et al., S. 348–357.

Schildbach, T. (1992): Begriff und Grundproblem des Controlling aus betriebswirtschaftlicher Sicht, in: Spremann, K./Zur, E. (Hrsg.): Controlling – Grundlagen, Informationssysteme, Anwendungen, Wiesbaden, S. 21–36.

Schindera, F./Höhner, M.-A. (2000): Mehrdimensionale Navigation – Die Umsetzung der BSC in Excel mit Datenbankanbindung bei den *fischerwerken*, in: Controlling 12, Heft 1, S. 37–44.

Schmelzer, H.J. (1990): Steigerung der Effektivität und Effizienz durch Verkürzung von Entwicklungszeiten, in: Reichwald, R./Schmelzer, H.J. (Hrsg.): Durchlaufzeiten in der Entwicklung, München/Wien, S. 27–63.

Schmid, S. (1998): Shareholder-Value-Orientierung als oberste Maxime der Unternehmensführung? – Kritische Überlegungen aus der Perspektive des Strategischen Managements, in: Zeitschrift für Planung 9, Heft 3, S. 219–238.

Schmid, U. (1999): Ökologisch nachhaltiges Management, in: Wirtschaftswissenschaftliches Studium 28, Heft 6, S. 285–291.

Schmidt, A. (1986): Das Controlling als Instrument zur Koordination der Unternehmensführung – Eine Analyse der Koordinationsfunktion des Controlling unter entscheidungsorientierten Gesichtspunkten, Frankfurt a.M./Bern/New York.

Schmidt, M./Schwegler, R. (Hrsg.) **(2003):** Umweltschutz und strategisches Handeln – Ansätze zur Integration in das betriebliche Management, Publikation in Vorbereitung.

Schmitt, M. (2001): Black-Scholes-Formel, in: Controlling 13, Heft 6, S. 315–316.

Schneider, D. (1991a): Versagen des Controlling durch eine überholte Kostenrechnung – Zugleich ein Beitrag zur innerbetrieblichen Verrechnung von Dienstleistungen, in: Der Betrieb 44, Heft 15, S. 765–772.

Schneider, D. (1991b): Controlling als „Koordinationsfunktion innerhalb eines dezentralen, planungs- und kontrolldeterminierten Führungsparadigmas“?, in: Der Betrieb 44, Heft 35, S. 1789–1790.

Schneider, D. (1992): Controlling im Zwiespalt zwischen Koordination und interner Mißerfolgs-Verschleierung, in: Horváth, P. (Hrsg.): Effektives und schlankes Controlling, Stuttgart, S. 11–35.

Schneider, D. (1995): Betriebswirtschaftslehre – Band 1: Grundlagen, 2. Auflage, München/Wien.

Schneiderman, A.M. (1999): Why Balanced Scorecards Fail, in: Journal of Strategic Performance Measurement, Sonderheft Januar, S. 6-11.

Scholz, C. (1992): Effektivität und Effizienz, organisatorische, in: Frese, E. (Hrsg.): Handwörterbuch der Organisation, 3. Auflage, Stuttgart, Sp. 533–552.

Schreyögg, G. (1999): Strategisches Management – Entwicklungstendenzen und Zukunftsperspektiven, in: Die Unternehmung 53, Heft 6, S. 387–407.

Schreyögg, G./Sydow, J. (2001): Emotionen und Management, Wiesbaden.

Schröder, H.-H. (1995): F&E-Aktivitäten als Lernprozesse – Lernorientiertes F&E-Management, in: Zeitschrift für Betriebswirtschaft 65, Ergänzungsheft 3, S. 49–77.

Schulz, W.F./Krcmar, H./Burschel, C./Kreeb, M. (2002): OEKORADAR.de – Empirische Ergebnisse zum Nachhaltigen Wirtschaften, in: Umweltwirtschaftsforum 10, Heft 1, S. 80–85.

Schulz-Hardt, S. (1997): Realitätsflucht in Entscheidungsprozessen – Von Groupthink zum Entscheidungsautismus, Bern et al.

Schwegler, R./Schmidt, M. (2003): Rationales Umweltmanagement – Schließung der Lücken im Umweltmanagement, in: Umweltwirtschaftsforum 11, Heft 2, S. 4–11.

Seifert, E.K. (1998): Kennzahlen zur Umweltleistungsbewertung – Der internationale ISO-14031-Standard im Kontext einer zukunftsfähigen Umweltberichterstattung, in: Seidel, E./Clausen, J./Seifert, E.K. (Hrsg.): Umweltkennzahlen – Planungs-, Steuerungs- und Kontrollgrößen für ein umweltorientiertes Management, München, S. 71–120.

Siegwart, H./Senti, R. (1995): Product Life Cycle Management – Die Gestaltung eines integrierten Produktlebenszyklus, Stuttgart.

Simon, H.A. (1987): Making Management Decisions – The Role of Intuition and Emotion, in: Academy of Management Executive 1, Heft 1, S. 57–64.

Sousa de Vasconcellos, J.A./Hambrick, D.C. (1989): Key Success Factors – Test of a General Theory in the Mature Industrial-Product Sector, in: Strategic Management Journal 10, Heft 4, S. 367–382.

Speckbacher, G./Bischof, J. (2000): Die Balanced Scorecard als innovatives Managementsystem – Konzeptionelle Grundlagen und Stand der Anwendung in deutschen Unternehmen, in: Die Betriebswirtschaft 60, Heft 4, S. 795–810.

Staehle, W.H. (1999): Management – Eine verhaltenswissenschaftliche Perspektive, 8. Auflage, München.

Stahlmann, V. (1996): Öko-Effizienz und Öko-Effektivität – Läßt sich der Umweltfortschritt eines Unternehmens messen?, in: Umweltwirtschaftsforum 4, Heft 4, S. 70–76.

Steffenhagen, H. (1999): Werbeeffizienz-Leitbilder – Eine Bestandsaufnahme von Wirkungsmechanismen der Werbung, in: Transfer – Werbeforschung & Praxis 44, Heft 4, S. 30–35.

Steffenhagen, H. (2000): Marketing – Eine Einführung, 4. Auflage, Stuttgart/Berlin/Köln.

Steffenhagen, H. (2002): Die Planung von Marketing-Zielen als Bestandteil der Strategieentwicklung und -implementierung in markthierarchisch gegliederten Unternehmen, in: Böhler, H. (Hrsg.): Marketing-Management und Unternehmensführung, Stuttgart, S. 137–166.

Steinle, C. (1992): Stabsstelle, in: Frese, E. (Hrsg.): Handwörterbuch der Organisation, 3. Auflage, Stuttgart, Sp. 2310–2321.

Steinle, C./Bruch, H./Michels, T. (1998): Controller-Rollen: Anforderungsprofile, Persönlichkeit und Selbstverständnis – Ein empirisches Schlaglicht, in: Steinle, C./Eggers, B./Lawa, D. (Hrsg.): Zukunftsgerichtetes Controlling – Unterstützungs- und Steuerungssystem für das Management, 3. Auflage, Wiesbaden, S. 443–468.

Steinmann, H./Scherer, A.G. (1996): Controlling und Unternehmensführung, in: Schulte, C. (Hrsg.): Lexikon des Controlling, München/Wien, S. 139–144.

Steinmann, H./Schreyögg, G. (2000): Management – Grundlagen der Unternehmensführung, 5. Auflage, Wiesbaden.

Strebel, H. (1997): Nachhaltige Wirtschaft – Sustainable Development als Problem einer umweltorientierten Betriebswirtschaftslehre, in: Umweltwirtschaftsforum 5, Heft 2, S. 14–19.

Thiem, H. (2000): Umweltmanagement und Unternehmenserfolg, Wiesbaden.

Töpfer, A./Lindstädt, G./Förster, K. (2002): Balanced Score Card – Hoher Nutzen trotz zu langer Einführungszeit, in: Controlling 14, Heft 2, S. 79–84.

Umweltbundesamt (2001): Umweltkriminalität geht erneut zurück – Trendwende in Sicht?, Pressemitteilung Nr. 50/01 vom 20 Dezember 2001.

v. Mutius, B. (2002): Wertebalancierte Unternehmensführung, in: Harvard Business Manager 24, Heft 5, S. 9–22.

v. Werder, A. (1994): Unternehmensführung und Argumentationsrationalität – Grundlagen einer Theorie der abgestuften Entscheidungsvorbereitung, Stuttgart.

Wagner, G.R. (1997): Betriebswirtschaftliche Umweltökonomie, Stuttgart.

Wagner, R. (1999): Die Henkel-Gruppe – Vom Umweltschutz zur Nachhaltigkeit, in: Michaelis, P. (Hrsg.): Betriebliches Umweltmanagement – Grundlagen des Umweltmanagements, Umweltmanagement in Funktionsbereichen, Fallbeispiele aus der Praxis, Herne/Berlin, S. 245–254.

Wall, F. (2000): Koordinationsfunktion des Controlling und Organisation – Überlegungen zur Eigenständigkeit eines koordinationsorientierten Controlling, in: Kostenrechnungspraxis 44, Heft 5, S. 295–304.

Wall, F. (2001): Ursache-Wirkungsbeziehungen als ein zentraler Bestandteil der Balanced Scorecard – Möglichkeiten und Grenzen ihrer Gewinnung, in: Controlling 13, Heft 2, S. 65–74.

Weber, J. (1991): Versagen des Controlling? – Ein Beitrag zur Theoriefindung, in: Der Betrieb 44, Heft 35, S. 1785–1788.

Weber, J. (1992a): Welche Anstöße kann die Theorie dem Controlling in der Praxis geben?, in: Horváth, P. (Hrsg.): Effektives und schlankes Controlling, Stuttgart, S. 37–56.

Weber, J. (1995): Einführung in das Controlling, 6. Auflage, Stuttgart.

Weber, J. (1996): Zur Bildung und Strukturierung spezieller Betriebswirtschaftslehren – Ein Beitrag zur Standortbestimmung und weiteren Entwicklung, in: Die Betriebswirtschaft 56, Heft 1, S. 63–84.

Weber, J. (1997): A never-ending story?, in: Controlling 9, Heft 3, S. 180–182.

Weber, J. (1999a): Controlling 2000ff.: Neue Perspektiven und Instrumente, in: Scheer, A.-W. (Hrsg.): Electronic Business und Knowledge-Management – Neue Dimensionen für den Unternehmenserfolg, Heidelberg, S. 371–399.

Weber, J. (1999b): Controlling – Entwicklungstendenzen und Zukunftsperspektiven, in: Die Unternehmung 53, Heft 6, S. 465–480.

Weber, J. (1999c): Einführung in das Controlling, 8. Auflage, Stuttgart.

Weber, J. (2001): Neue Perspektiven des Controlling, in: Weber, J./Schäffer, U. (Hrsg.): Rationalitätssicherung der Führung – Beiträge zu einer Theorie des Controlling, Wiesbaden, S. 152–170.

Weber, J. (2002a): Einführung in das Controlling, 9. Auflage, Stuttgart.

Weber, J. (2002b): Betriebswirtschaftliche Instrumente – Segen oder Fluch?, in: Kostenrechnungspraxis 46, Heft 6, S. 339–340.

Weber, J./Grothe, M./Schäffer, U. (2001): Mentale Modelle, in: Weber, J./Schäffer, U. (Hrsg.): Rationalitätssicherung der Führung – Beiträge zu einer Theorie des Controlling, Wiesbaden, S. 105–111.

Weber, J./Hirsch, B. (Hrsg.) **(2002):** Controlling als akademische Disziplin – Eine Bestandsaufnahme, Wiesbaden.

Weber, J./Liekweg, A. (2001): Risikomanagement und Rationalität der Führung in unterschiedlichen Kontexten, in: Lange, K.W./Wall, F. (Hrsg.): Risikomanagement nach dem KonTraG – Aufgaben und Chancen aus betriebswirtschaftlicher und juristischer Sicht, München, S. 457–503.

Weber, J./Radtke, B./Schäffer, U. (2001): Erfahrungen mit der Balanced Scorecard, Vallendar.

Weber, J./Schäffer, U. (1998a): Controlling-Entwicklung im Spiegel von Stellenanzeigen 1990–1994, in: Kostenrechnungspraxis 42, Heft 4, S. 227–233.

Weber, J./Schäffer, U. (1998b): Balanced Scorecard – Gedanken zur Einordnung des Konzepts in das bisherige Controlling-Instrumentarium, in: Zeitschrift für Planung 9, Heft 4, S. 341–365.

Weber, J./Schäffer, U. (1999a): Re-Inventing Controlling, Vallendar.

Weber, J./Schäffer, U. (1999b): Der rote Faden in der Arbeit des Controllers, in: Controller Magazin 24, Heft 1, S. 30–36.

Weber, J./Schäffer, U. (1999c): Sicherstellung der Rationalität von Führung als Aufgabe des Controlling?, in: Die Betriebswirtschaft 49, Heft 6, S. 731–747.

Weber, J./Schäffer, U. (1999d): Sicherung der Rationalität in der Willensbildung durch die Nutzung des fruchtbaren Spannungsverhältnisses von Reflexion und Intuition, in: Zeitschrift für Planung 10, Heft 10, S. 205–224.

Weber, J./Schäffer, U. (1999e): Auf dem Weg zu einem aktiven Kennzahlenmanagement, in: Die Unternehmung 53, Heft 5, S. 333–350.

Weber, J./Schäffer, U. (2000a): Controlling als Koordinationsfunktion?, in: Kostenrechnungspraxis, 44, Heft 2, S. 109–118.

Weber, J./Schäffer, U. (2000b): Einführung der Balanced Scorecard – 8 Erfolgsfaktoren, in: Controller Magazin 25, Heft 1, S. 3–7.

Weber, J./Schäffer, U. (2000c): Balanced Scorecard & Controlling – Implementierung, Nutzen für Manager und Controller, Erfahrungen in deutschen Unternehmen, 3. Auflage, Wiesbaden.

Weber, J./Schäffer, U. (Hrsg.) **(2001a):** Rationalitätssicherung der Führung – Beiträge zu einer Theorie des Controlling, Wiesbaden.

Weber, J./Schäffer, U. (2001b): Controlling als Rationalitätssicherung der Führung, in: Die Unternehmung 55, Heft 1, S. 75–79.

Weber, J./Schäffer, U. (2002): Thesen zum Controlling, in: Weber, J./Hirsch, B. (Hrsg.): Controlling als akademische Disziplin – Eine Bestandsaufnahme, Wiesbaden, S. 91–97.

Weber, J./Schäffer, U./Langenbach, W. (2001): Gedanken zur Rationalitätskonzeption des Controlling, in: Weber, J./Schäffer, U. (Hrsg.): Rationalitätssicherung der Führung – Beiträge zu einer Theorie des Controlling, Wiesbaden, S. 46–76.

Weber, J./Schäffer, U./Prenzler, C. (2001): Zur Charakterisierung und Entwicklung von Controlleraufgaben, in: Zeitschrift für Planung 12, Heft 1, S. 25–46.

Weber, J./Weißenberger, B.E./Liekweg, A. (1999): Risk Tracking and Reporting – Unternehmerisches Chancen- und Risikomanagement nach dem KonTraG, Vallendar.

Weber, M. (1976): Wirtschaft und Gesellschaft – Grundriss der verstehenden Soziologie, 1. Halbband, 5. Auflage, Tübingen.

Weber, M. (1992b): Die „Objektivität" sozialwissenschaftlicher Erkenntnis, in: Winckelmann, J. (Hrsg.): Max Weber – Soziologie, Universalgeschichtliche Analyse, Politik, Stuttgart, S. 186–262.

Weber, M./Eisenführ, F./v. Winterfeldt, D (1988): The Effects of Splitting Attributes on Weights in Multiattribute Utility Measurement, in: Management Science 34, Heft 4, S. 431-445.

Wehrheim, M./Schmitz, T. (2001): Wertorientierte Kennzahlen, in: Wirtschaftswissenschaftliches Studium 29, Heft 9, S. 495–498.

Weis, U. (2002): ABB – Ein nachhaltigkeitsorientierter Akteur auf internationaler Ebene, in: Umweltwirtschaftsforum 10, Heft 1, S. 42–44.

Wielpütz, A.U. (1996): Verhaltensorientiertes Controlling, Lohmar/Köln.

Winckelmann, J. (1976): Erläuterungsband zu Weber, M.: Wirtschaft und Gesellschaft – Grundriss der verstehenden Soziologie, 5. Auflage, Tübingen.

World Commission on Environment and Development (1987): Our Common Future (The Brundtland Report), Oxford.

Wunder, T. (2001): Wie konkret muss eine Balanced Scorecard sein?, in: Controller Magazin 26, Heft 2, S. 133–138.

Wurl, H.-J./Mayer, J.H. (1999): Ansätze zur Gestaltung effizienter Führungsinformationssysteme für die internationale Management-Holding – Ergebnisse einer empirischen Untersuchung, in: Controlling 11, Heft 1, S. 13-21.

Wurl, H.-J./Mayer, J.H. (2000): Gestaltungskonzept für Erfolgsfaktoren-basierte Balanced Scorecards, in: Zeitschrift für Planung 11, Heft 4, S. 1–22.

Zenz, A. (1998): Controlling – Bestandsaufnahme und konstruktive Kritik theoretischer Ansätze, in: Dyckhoff, H./Ahn, H. (Hrsg.), Produktentstehung, Controlling und

Umweltschutz – Grundlagen eines ökologieorientierten F&E-Controlling, Heidelberg, S. 27–60.

Zettelmeyer, B./Pfohl, H.-C. (1986): Anforderungen an den Controller in der Literatur und in Stellenanzeigen, in: Kostenrechnungspraxis 30, Heft 4, S. 125–132.

Zimmermann, G./Jöhnk, T. (2000): Erfahrungen der Unternehmenspraxis mit der Balanced Scorecard – Ein empirisches Schlaglicht, in: Controlling 12, Heft 12, S. 601–606.

Zimmermann, H.-J./Gutsche, L. (1991): Multi-Criteria Analyse – Einführung in die Theorie der Entscheidungen bei Mehrfachzielsetzungen, Berlin et al.

Kolibri 360 GmbH
Ferdinand-Jühlke-Straße 7
99095 Erfurt, Deutschland
produktsicherheit@kolibri360.de

Druck:
CPI Druckdienstleistungen GmbH
im Auftrag der
Kolibri 360 GmbH
Ferdinand-Jühlke-Str. 7
99095 Erfurt